ŒUVRES COMPLÈTES

DE

LAMARTINE

PUBLIÉES ET INÉDITES

HISTOIRE

DE LA RESTAURATION

III

TOME DIX-NEUVIÈME

PARIS
CHEZ L'AUTEUR, RUE DE LA VILLE-L'ÉVÊQUE, 43

M DCCC LXI

ŒUVRES COMPLÈTES

DE

LAMARTINE

—

TOME DIX-NEUVIÈME

HISTOIRE

DE LA

RESTAURATION

III

HISTOIRE

DE LA

RESTAURATION

LIVRE VINGTIÈME

Situation d'esprit de la France après le 20 mars. — Double conduite de Napoléon. — Physionomie du congrès de Vienne. — Remaniement de l'Europe par le congrès. — Politique de M. de Talleyrand. — On apprend à Vienne le départ de Napoléon de l'île d'Elbe, sa marche à travers la France et la fuite de Louis XVIII. — Indignation des souverains contre les Bourbons et la France. — Lutte de M. de Talleyrand contre les alliés. — Conférence du congrès du 13 mars. — Discours de M. de Talleyrand. — Déclaration du 13 mars. — Traité du 25. — Convention de guerre du 31.

I

Tout se taisait en France. On attendait que l'Europe prît la parole devant ce grand changement qui venait de s'accomplir en si peu de jours. Les communications, soigneusement interceptées par la police de l'empereur, ne laissaient pénétrer du dehors aucune nouvelle de nature à enlever aux populations trompées ces espérances de paix que Napoléon avait semées de sa propre bouche sur la route de Cannes à Paris, et que les écrits de ses affidés et les rumeurs de ses agents continuaient à multiplier dans les campagnes. On se flattait que la rapidité de cette révolution déconcerterait toutes les résolutions du congrès ; que les sentiments de famille, noués par le cœur de Marie-Louise et de son fils entre Napoléon et l'empereur d'Autriche, reprendraient leur puissance ; que M. de Metternich, longtemps familiarisé avec la cour impériale, ne répugnerait pas à de nouvelles capitulations de conscience avec le dominateur de la France ; que l'empereur Alexandre retrouverait son ancienne amitié dans son cœur ; que les puissances secondaires de l'Allemagne, mécontentes et humiliées de la part qui leur était faite dans les dépouilles de l'empire français et du joug qu'il fallait accepter de l'ascendant des grandes monarchies du Nord, se rejetteraient par ressentiment vers la France ; enfin que le roi de Naples, Murat, un instant infidèle à la cause de son beau-frère et de son bienfaiteur, saisirait le moment d'une réconciliation avec l'empereur, qui était en même temps sa sûreté, et jetterait le poids de l'Italie entière dans la balance de la guerre ou de la paix. L'Angleterre elle-même, aigrie par l'opposition contre lord Castlereagh et se plaignant avec amertume, par la bouche des orateurs de l'école de Fox, de voir ses intérêts sacrifiés sur le continent à la cause des rois soldée par ses subsides, laissait espérer un amollissement de sa haine contre Napoléon, revenu de beaucoup d'erreurs en revenant de la rude leçon de l'exil. Ces considérations, sincèrement ou artificieusement présentées à l'opinion publique par les publicistes de Napoléon et par les confidents de ses espérances, endormaient au commencement les alarmes suscitées par son retour. L'image de l'Europe entière, coalisée de nouveau pour anéantir celui qui venait encore la défier au sein d'une patrie épuisée de force, était si menaçante, qu'on se plaisait à l'écarter comme une de ces calamités suprêmes que la pensée se refuse à discuter de peur d'en être écrasée. Napoléon lui-même se flattait contre toute espérance. Les espérances, qu'il était obligé d'affecter aux yeux de la nation, afin de lui déguiser les calamités dont il allait être pour elle l'occasion, le contraignaient à des ménagements de paroles et de contenance envers l'Europe qui rendaient équivoque sa situation. Il ne voulait donner aucun prétexte à une agression des puissances par des armements trop soudains, encore moins par une guerre offensive. Sa nature et sa politique étaient en contradiction dans son attitude. L'homme qui avait dû toutes ses victoires à l'audace se voyait enchaîné par la prudence. Il fallait feindre de croire à l'impossibilité de la guerre et rester oisif et immobile au moment même où il aurait le plus besoin de mouvement rapide et d'énergie désespérée. Ainsi, persuader à la France qu'elle n'aurait pas de guerre à supporter pour sa cause, persuader à l'Europe qu'il était devenu un prince pacifique, et cependant se préparer à l'assaut du monde en silence, en secret, et avec des demi-mesures inégales aux extrémités de ses périls : telle était la condamnation de ce génie absolu qu'une témérité heureuse, mais folle, enfermait dans le piége de son ambition. Tel était aussi le secret de ses anxiétés, de ses tergiversations, de ses lenteurs, de ses conseils sans fin, et de sa faiblesse pendant ces jours d'attente où il s'usait lui-même en usant le temps. Les Tuileries ne le reconnaissaient plus ; la France s'étonnait. On s'attendait à des miracles de résolution, de force, d'activité : on n'apercevait que des hésitations, des temporisations, des incertitudes. L'homme manquait aux circonstances, parce que les circonstances manquaient à l'homme. Leçon terrible pour l'orgueil humain. Les plus grands hommes se rapetissent quand ils se mesurent avec de fausses situations. César fut faible, irrésolu et temporisateur à Rome après avoir vaincu sa patrie par un crime. Les coups de poignard qui le débarrassèrent de la vie le délivrèrent aussi d'une impossibilité de conduite envers le sénat et le peuple. Napoléon, reporté par les flots d'une sédition militaire à l'empire, n'était plus le Napoléon de l'espérance, c'était l'homme de la déception pour la patrie et pour lui-même.

II

Le congrès de Vienne était encore réuni quand Napoléon quitta l'île d'Elbe. En posant le pied sur le sable du rivage à Cannes, il s'écria : « Le congrès de Vienne est dissous! » C'était le cri de son espérance. Il se flattait d'avoir déconcerté l'Europe par le seul déplacement de sa personne, et il voulait que ce mot, en courant devant lui sur la France, flattât la nation du même présage. Ce présage le trompa, comme trompent tous les augures que l'homme tire de sa propre passion, au lieu de les prendre dans la réalité des choses. Les correspondants intéressés qu'il avait à Vienne lui avaient persuadé que la coalition était embarrassée de son triomphe, que les peuples étaient soulevés d'indignation contre le partage arbitraire de ses dépouilles distribuées entre les vainqueurs, que les cours, jalouses les unes des autres, ne pouvaient s'entendre sur cette grande distribution des territoires reconquis, qu'enfin son retour en France et son rétablissement sur son trône serait le signal d'une terreur générale des souverains et des ministres, et lui laisserait le choix des alliances entre tant d'ennemis. Il se plaisait à croire que M. de Talleyrand, homme qui ne contestait jamais longtemps avec le succès, serait ramené à lui par les victoires et rachèterait par des services secrets à Vienne ses défections à Paris. Il se proposait de le faire sonder aussitôt qu'il pourrait lui envoyer un négociateur confidentiel.

III

Jamais, depuis la constitution de l'Europe en nationalités, en monarchies et en républiques, un congrès n'avait réuni dans une même capitale une assemblée aussi imposante d'empereurs, de rois, de généraux, de négociateurs, parce que l'Europe aussi, profondément bouleversée, conquise, partagée, reconquise, n'avait jamais eu à opérer une plus vaste reconstruction d'elle-même. Plus de cent mille étrangers intéressés ou spectateurs des grands débats qui allaient occuper les souverains, les diplomates, les peuples, s'étaient rassemblés à Vienne depuis le mois de septembre jusqu'au mois de mars. Tous les souverains du Nord s'y étaient rendus de Paris après l'évacuation de la

France par leurs armées. Leurs familles, leurs ministres, leurs cours, leurs généraux, avaient été appelés par eux pour contempler le triomphe, recevoir les hommages, illustrer ou embellir les fêtes de cette pacification victorieuse de l'Occident. On y voyait l'empereur Alexandre, jeune et modeste Agamemnon de cette cour de rois ; l'impératrice Élisabeth, sa femme, d'une beauté triste comme l'isolement dans la grandeur ; son frère, le grand-duc Constantin, dont la rudesse sauvage, mais loyale, faisait ressortir jusque dans la laideur des traits et dans la brusquerie du langage le contraste du Kalmouk avec la nature élégante, gracieuse et souple du Grec dans Alexandre. Ses principaux conseillers, M. de Nesselrode, M. de Stakelberg, M. Capo d'Istria, destiné plus tard à mourir en régénérant la Grèce sa patrie, Pozzo di Borgo, vengé enfin d'une rivalité d'insulaire corse par l'épée de l'Europe, accompagnaient l'empereur, dirigeaient et négociaient pour lui. Puis venaient le roi de Prusse, toujours attristé de la mort de cette belle reine insultée par Napoléon, et que l'humiliation de la Prusse avait consumée de douleur ; ses deux frères, les princes Guillaume et Auguste de Prusse ; le prince de Hardenberg et le baron de Humboldt, hommes d'État consommés de cette cour ; le roi de Danemark, fils de cette reine Caroline-Mathilde, dont les disgrâces tragiques avaient ému le Nord ; le roi de Bavière, le roi de Wurtemberg, le roi de Saxe, adoré de ses sujets, puni de son infidélité à l'Allemagne, de son dévouement plus honorable que patriotique à Napoléon ; tous les princes souverains du Nord et de l'Italie ; le premier ministre de la Grande-Bretagne, lord Castlereagh ; le duc de Wellington et Blücher, destinés à leur insu par le sort à porter le dernier coup à la puissance de Napoléon déjà une fois abattue ; le prince de Talleyrand, suivi d'un cabinet tout entier de diplomates français, parmi lesquels le duc d'Alberg et le comte Alexis de Noailles ; enfin l'empereur d'Autriche, retiré à Schœnbrunn, ce Versailles champêtre de Vienne, pour laisser les palais et les hôtels de sa capitale aux empereurs, aux rois, aux cours, aux conseils, aux états-majors, aux gardes de ses hôtes couronnés. Le prince Eugène Beauharnais, seul représentant de la grandeur déchue de la famille de Napoléon, avait été autorisé par l'empereur de Russie à le suivre à Vienne. Étranger et déplacé dans cette réunion de souverains et de généraux vainqueurs de sa cause et de sa maison, Eugène Beauharnais cultivait l'amitié d'Alexandre, qui cherchait, de son côté, la popularité jusque dans l'amitié de ses ennemis. On les rencontrait tous les jours dans les rues et dans les promenades de Vienne causant avec l'intimité de deux compagnons d'armes. Cette intimité inquiétait les souverains sur des retours possibles d'Alexandre à la cause de Napoléon.

IV

Pour conserver aux fêtes et aux négociations de la paix l'appareil et le luxe des camps, les souverains avaient retenu autour de Vienne vingt mille grenadiers d'élite des différentes armées. Un camp de soixante mille hommes se rassemblait pour manœuvrer sous les murs. La garde noble de l'empereur d'Autriche, augmentée de la cavalerie volontaire de toute la noblesse de ses provinces militaires, l'entourait d'une splendeur martiale que Vienne n'avait pas revue depuis les guerres avec les Turcs ou depuis les immenses rassemblements de Wagram. L'empereur faisait seul les frais de cette immense hospitalité. Les ministres et les grands officiers de son palais tenaient chaque jour des tables splendides pour ces innombrables convives. Tous les théâtres de l'Allemagne, de l'Italie et de la France avaient été appelés à Vienne pour y donner les représentations de leurs différentes scènes. Tous les grands artistes de l'Europe y étaient accourus pour éterniser par la peinture et la sculpture les images des rois, de leur cour, des hommes ou des femmes célèbres par leur renommée ou par leurs grâces qui les entouraient. Le vieux prince de Ligne, témoin autrefois des fêtes de Catherine en Crimée, homme de guerre, homme d'État, écrivain, poëte, sorte d'Alcibiade de l'Occident, présidait à ces pompes, y retrouvait sa jeunesse, et les popularisait de ses lettres, de ses vers et de ses saillies. Le seul palais de Vienne contenait deux empereurs, deux impératrices, deux princes héréditaires, cinq princes souverains et plusieurs princesses. La table impériale coûtait cent mille francs par jour. L'hospitalité de la cour de Vienne pendant la durée du congrès s'élevait à quarante millions. Sept cents ministres ou envoyés des différentes cours et des différentes nations du globe participaient à cet accueil de la monarchie autrichienne relevée de tant d'abaissement par tant de fortune. Le prince de Metternich inspirait souverainement son souverain. Il ne représentait pas seulement la confiance absolue et constante de l'empereur François II, il représentait la puissance aristocratique des États autrichiens, la pratique expérimentée des affaires depuis sa tendre jeunesse, et le génie de la diplomatie.

L'impératrice Marie-Louise, reconquise à Paris par l'empereur son père, n'était point encore partie pour les États de Parme qu'on lui destinait en compensation de l'empire. Forcée par la convenance de sa situation à s'absenter de ces fêtes dont les victoires sur son mari était l'occasion, elle vivait reléguée avec le roi de Rome, son fils, dans une aile retirée du palais de Schœnbrunn. La reine détrônée de Naples, Caroline, sœur de la reine de France Marie-Antoinette, vivait obscure dans le même asile. Elle était venue revendiquer du congrès ce trône de Naples, occupé encore par Murat, qu'elle avait scandalisé de tant de vices, disputé avec tant de constance, illustré de tant de crimes et de tant de courage tour à tour. Il lui était secrètement rendu par le traité entre l'Autriche, la France et l'Angleterre, quand la mort le lui ravit pour la dernière fois. On abrégea son deuil pour ne rien interrompre des luxes, des chasses, des banquets, des revues, des scènes que chaque nuit devait aux cours pendant que les plénipotentiaires consumaient tous les jours dans les délibérations. Les princes, pour cimenter leur indissoluble amitié, se donnaient mutuellement des régiments de leur garde à commander. Dans leurs courses à cheval, ils se tenaient tour à tour l'étrier, comme le grand Frédéric avait tenu celui de Joseph II. L'étiquette n'était plus que l'empressement de la familiarité.

V

Nous avons raconté plus haut les actes politiques du congrès. Les princes, avec une sagesse que leur équilibre rendait nécessaire, avaient pris pour base la restauration appropriée aux idées constitutionnelles de la nation pour la France, et pour l'Europe la restauration des anciennes familles régnantes et des anciennes limites des États avec les modifications que la force des choses, les écroulements consommés, les intérêts et les ambitions des grandes puissances paraissaient comporter. Telle avait été l'adjonction à la France de la Savoie, nationalisée par sa langue et ses mœurs avec nous, l'adjonction de Gênes au Piémont, celle des provinces polonaises déjà détachées par les anciens partages à la Prusse et à l'Autriche, celle du grand-duché de Varsovie et du reste de la Pologne à la Russie, mais à titre de royaume séparé et constitutionnel. L'Angleterre seule n'avait demandé aucune adjonction de territoire en indemnité des subsides et du sang qu'elle avait donnés à la délivrance du continent conquis sur Napoléon. Elle s'était sagement contentée de la paix, qui lui ouvrait le continent des mers que lui assuraient ses voiles. Cette résolution du congrès de s'approcher le plus possible du *statu quo* avant la guerre, et de reconnaître, à peu d'exceptions près, le droit d'antique possession et la légitimité de transmission de souveraineté, avait donné à ses œuvres, quoi qu'on en ait dit depuis, un caractère de simplicité et de moralité générale qui avait facilité, abrégé et honoré ses actes. La Suède, laissée à Bernadotte par respect pour la libre élection du peuple suédois; Naples, laissé à Murat en récompense de sa coupable neutralité et même de son concours dans la dernière guerre, étaient les principaux contrastes à cette rectification universelle des souverainetés.

On murmurait contre l'effacement ambitieux de quelques puissances secondaires arbitrairement réduites ou fondues dans de plus grandes agglomérations. Mais il était évident que le temps des petites puissances, des nationalités subordonnées incapables de se défendre par elles-mêmes et des fédérations municipales sans poids et sans action dans le monde, était passé. Les nationalités, par l'action même de Bonaparte, qui avait poussé des masses contre des masses, tendaient de plus en plus à se constituer en fortes individualités de race, de nation, de gouvernement, afin de pouvoir résister par elles-mêmes au poids d'individualités nationales déjà créées sur ces grandes mesures. Ce n'était pas là une combinaison d'anarchie européenne : c'était une inspiration de paix qui ne se maintient que par l'équilibre. L'avenir l'a bien prouvé. Les révolutions intérieures de ces États n'ont pas pu entraîner la guerre. Quand les constitutions se sont écroulées, quand les trônes ont disparu en 1830 et en 1848, les contre-poids sont restés tels que les avait distribués le congrès de Vienne. L'immobilité géographique de l'Europe a prévalu sur les oscillations de l'esprit européen. M. de Talleyrand avait été pour beaucoup dans cette œuvre du congrès, bien qu'il y jouât en apparence le rôle de vaincu.

VI

En jetant à Paris, avec une résolution prompte et méritoire aux yeux des puissances, le principe de légitimité et de restauration des Bourbons entre la France vaincue et les princes victorieux, Talleyrand avait conquis leur confiance et bien mérité d'eux. Ce transfuge éclatant de la politique de Bonaparte dans leur cause leur avait ouvert l'accès de Paris. L'habileté, tour à tour audacieuse et astucieuse, avec laquelle il avait fait glisser l'opinion publique en France de Napoléon à un gouvernement provisoire, d'un gouvernement provisoire à un sénat, d'un sénat à une constitution nationale, d'une constitution nationale à une charte royale et à une proclamation sans condition des Bourbons, lui assurait la reconnaissance des souverains réunis à Vienne. Représentant maintenant de cette race royale antique et du principe de légitimité inviolable des trônes, sur lequel les princes eux-mêmes fondaient leur sécurité, M. de Talleyrand faisait cause commune avec eux, et, au nom de cette cause commune, il était en droit de leur demander toutes les concessions nécessaires à la force et à la dignité de cette restauration dans sa patrie. Il ne traitait donc plus en vaincu, mais en égal avec eux. Il avait passé avec son principe dans le camp des souverainetés séculaires. Elles étaient forcées de l'accepter comme principal intéressé dans un conseil de rois où l'on traitait de lui, mais avec lui. Il n'avait point tardé à y prendre la supériorité que la nature lui donnait partout où la justesse et la finesse de l'esprit sont des puissances.

VII

Loin de se montrer embarrassé de son attitude en face des négociateurs de l'Europe triomphante : « Je vous apporte plus que vous n'avez, l'idée d'un droit immuable. Vous n'avez que des forces, je suis un principe, la légitimité des couronnes, la sainteté des couronnes, l'inviolabilité des traditions dans les trônes. » Perçant d'un coup d'œil dans les arrière-pensées des puissances qui composaient la coalition pour se vaincre, mais qui allaient s'observer mutuellement avec inquiétude après avoir vaincu, M. de Talleyrand avait compris que l'immense ascendant de la Russie ne tarderait pas à peser sur l'Autriche en Allemagne, sur l'Angleterre en Orient. Il avait à l'instant grossi ces ombrages, et, en formant faisceau avec l'Angleterre et l'Autriche, il s'était assuré le concours de M. de Metternich et de lord Castlereagh, dans toutes les questions où la Russie se montrait trop exigeante contre nous. Ainsi l'empereur Alexandre lui avait servi à Paris pour peser sur l'empereur d'Autriche contre la régence de Marie-Louise et la reconnaissance du roi de Rome; à Vienne, l'empereur d'Autriche et l'Angleterre lui servaient à peser sur l'empereur Alexandre contre la faveur que ce prince témoignait aux napoléoniens. Irrité, mais trop tard, de ce double rôle et de l'ascendant de M. de Talleyrand, Alexandre s'étonnait d'une attitude qu'il avait laissé prendre lui-même quelques mois auparavant au premier ministre de Louis XVIII : « Talleyrand, disait-il, fait ici le ministre de Louis XIV. »

VIII

M. de Talleyrand touchait alors à cet âge où l'esprit qui s'exerce aux grandes choses a encore toute sa vigueur, et où les années donnent de plus leur autorité et leur passé à l'homme. Il avait atteint soixante-deux ans. Il portait légèrement son âge, fièrement son nom. Le dédain sans hauteur qu'il montrait pour les préjugés du vulgaire l'empêchait de rougir des contradictions que l'opinion pouvait noter ou flétrir dans sa pensée. Il affichait ce passé avec assurance pour ôter aux autres la tentation de le lui reprocher. Il se posait en homme qui ne se livre à aucun gouvernement tout entier pour être grandi ou honoré par eux, mais qui les grandit et qui les honore en consentant à les servir, et qui les perd en les abandonnant. Un reflet de la grandeur et de la toute-puissance de l'empire reposait encore sur lui. On croyait voir dans cet homme tour à tour le bon et le mauvais génie de Napoléon. Ces hommes du Nord et du Midi, réunis au congrès de Vienne en sa présence, regardaient avec respect ce débris d'une monarchie écroulée, qui prenait place et qui prêtait conseil aux monarchies antiques. L'insouciance de son attitude, la liberté de son esprit, la légèreté des manières dans le maniement des plus grandes choses, l'attrait de sa physionomie, la simplicité voilant la finesse, la grâce des rapports, le sens profond des mots, le silence fréquent qui fait désirer la parole, l'élégance presque royale de la vie, le goût des arts, la littérature exquise, le luxe prodigué, la maison splendide, la table recherchée, la puissance même de la mode, donnaient au représentant de la France l'autorité de l'engouement chez les peuples où régnaient l'esprit et l'imitation de la France. Tout cela avait contribué à faire de M. de Talleyrand à Vienne tout à la fois l'arbitre de l'élégance et de la politique.

Premier ministre et ambassadeur à la fois, il s'était donné à lui-même ses instructions, soumises à Louis XVIII avant de quitter Paris. Ce prince l'aimait peu, mais il le craignait. L'homme qui a donné une couronne à son maître est un serviteur importun. Mais bien que le cœur de Louis XVIII fût prévenu de vieille date contre M. de Talleyrand, l'esprit de ce roi et l'esprit de ce ministre s'entendaient et s'admiraient involontairement à travers les susceptibilités et les défiances. Ils étaient de même nature et presque de même portée, l'un et l'autre fortement trempés d'aristocratie quoique avec les indulgences révolutionnaires et les complicités philosophiques du dix-huitième siècle; l'un et l'autre recouvrant de grâce et d'abandon un puissant égoïsme, l'un et l'autre cherchant à plaire, mais pour dominer. Lettrés tous deux, fiers de se comprendre par-dessus la foule, mais se redoutant de près : le roi de peur d'être offusqué par l'esprit de son ministre, le ministre de peur d'être humilié par l'autorité du roi.

De loin, ces deux rivalités se heurtaient moins. Un désir mutuel de s'étonner et de se plaire rendait leur correspondance assidue, intime, anecdotique. Le roi aimait à écrire, parce qu'il excellait dans ces lettres légères et concises où l'esprit se laisse entrevoir sans se laisser sonder. M. de Talleyrand se prêtait avec une complaisance étudiée à ce goût du roi. Paresseux de la main autant qu'il était actif de l'esprit, ayant pour principe de ne jamais écrire lui-même ses propres dépêches, afin de pouvoir mieux juger l'œuvre d'une main étrangère, il laissait ses secrétaires et ses confidents, M. de La Besnardière surtout, rédiger toutes les pièces officielles et toute la correspondance avec les ministres à Paris. Il se réservait les lettres confidentielles au roi, lettres pleines de portraits, de caractères, d'anecdotes sur les princes et les plénipotentiaires du congrès, journal secret de toutes les cours de l'Europe, où la vie intime des souverains tenait plus de place que les négociations. Louis XVIII assistait ainsi, par les yeux et par l'esprit d'un des hommes les plus intelligents et les plus pénétrants de l'Europe, aux actes, aux intrigues, aux plaisirs et aux amours même de cette réunion de rois.

IX

La dépossession de Murat du trône de Naples était de plus en plus le sujet de cette correspondance politique entre M. de Talleyrand et le cabinet des Tuileries. Le roi Ferdinand de Bourbon, relégué sur le trône de Sicile, avait envoyé des négociateurs au congrès pour réclamer son royaume. Murat de son côté y entretenait le prince Cariati, le duc de Campo-Chiuso, le duc de Rocca Romana et le général Filangieri, pour surveiller les négociateurs de Ferdinand, et pour rappeler au congrès les gages qu'il avait donnés à la coalition et la récompense qu'on lui avait promise. Mais la présence d'un roi parvenu par la conquête et jeté par la main de Napoléon à la place d'un roi légitime contrastait trop avec le principe de la légitimité, avec les intérêts de l'Autriche et avec l'orgueil de la maison de Bourbon en France et en Espagne, pour laisser un sérieux espoir aux négociateurs de Murat. L'heure de ce prince avait sonné dans le cœur de la majorité des puissances. L'exécution de la sentence n'était retardée que par la crainte de la protestation de l'empereur Alexandre. On n'attendait que la dissolution du congrès pour laisser la France et l'Angleterre accomplir le détrônement de Murat. Ces négociations distinctes entre puissances rivales, les litiges sur le démembrement de la Saxe, ceux sur la cession de la Pologne à Alexandre, les rassemblements maintenus ou grossis de troupes par la Russie, par l'Autriche et par la Prusse, commençaient à assombrir les esprits. On n'était pas sans une secrète appréhension de voir sortir des guerres séparées de ce congrès pour la paix générale. M. de Talleyrand seul ne s'alarmait pas de ces symptômes depuis qu'il avait noué la France au faisceau de l'Angleterre et de l'Autriche. Toute division de l'Europe était favorable à la France, proscrite autrefois par l'unanimité du continent.

On commençait aussi à s'occuper des inquiétudes que le trop grand rapprochement du lieu de l'exil de Napoléon donnait à la France, et à chercher sur des mers lointaines un autre séjour à lui assigner. Mais les différends relatifs à Naples, à la Saxe et à la Pologne avaient distrait les souverains et leurs ministres de l'île d'Elbe. Rien n'était conclu.

X

Telle était la situation du congrès près de se terminer et de se dissoudre, et peut-être de se combattre, la nuit où un courrier parti de Livourne et adressé à lord Castlereagh apporta à Vienne la première annonce de l'embarquement de Napoléon à l'île d'Elbe sur trois bâtiments légers. On ignorait encore à Livourne vers quelle côte il dirigeait son pavillon. On s'attendait généralement à une descente en Italie ou en Orient.

Le prince de Talleyrand ignorait tout encore. Il sortait de ses rideaux de nuit. A l'imitation des souverains, dont il affectait l'étiquette à leurs levers, il faisait sa toilette du jour en présence du cercle de ses familiers et de ses secrétaires d'ambassade, quand sa nièce, la jeune et belle princesse de Courlande, favorite et ornement de sa maison, accourut toute troublée et lui remit un billet pressé et secret du prince de Metternich. M. de Talleyrand, dont les mains étaient arrosées par les parfums que lui versaient ses valets de chambre et dont la chevelure était livrée à deux coiffeurs qui frisaient et poudraient sa tête, pria sa nièce d'ouvrir et de lire elle-même le billet. Elle lut et elle pâlit.

« Dieu ! dit la jeune femme plus troublée de l'interruption des fêtes de l'Europe où sa beauté triomphait que de l'ébranlement des empires, Bonaparte a quitté l'île d'Elbe ! Que va devenir ma fête de ce soir ? »

M. de Talleyrand, avec cette impassibilité qui est l'égalité de l'âme à la hauteur des événements, ne jeta aucune exclamation de surprise et ne laissa déconcerter ni son regard, ni son sourire, ni son geste ; mais de cette voix grave et lente qui faisait la moitié de son prestige : « Rassurez-vous, ma nièce, dit-il à la jeune femme, votre fête aura lieu. » Il avait compris d'une pensée que Napoléon s'était trompé d'heure, qu'il avait cédé à l'impatience de l'exil plus qu'aux conseils des circonstances, et que l'Europe défiée dans sa victoire et dans sa force ne lui donnerait pas une seconde fois le continent à subjuguer par sa division. M. de Talleyrand ne hâta pas d'un détail de toilette la cérémonie quotidienne de son lever. Mais pendant que les souverains, les ministres, les cours et la ville s'entretenaient avec terreur ou avec dédain de ces voiles qui portaient on ne savait à quels bords l'énigme de la destinée de l'Europe, il s'enferma avec M. de Metternich et lord Castlereagh une partie du jour, et s'assura de la pensée secrète de ces deux puissances. Il n'eut pas de peine à démontrer à un génie politique aussi exercé que celui du prince de Metternich que donner du temps à un homme tel que Napoléon, c'était lui donner de nouveau l'Europe et ses trônes, et qu'écouter une seule proposition de cet homme c'était abdiquer pour tous les rois. Il écrivit le soir à Louis XVIII de se défier de l'armée, de peu compter sur la France, de la disputer sans la déchirer, mais de ne pas douter de ses alliés. Il savait par les confidences de Vienne qu'une conspiration militaire couvait à Paris et à Naples, qu'Hortense Beauharnais en tenait les fils, qu'Eugène Beauharnais, frère d'Hortense, avait appris par les confidences imprudentes de l'empereur Alexandre les vagues projets d'éloigner Napoléon du continent en le reléguant sur d'autres mers ; qu'Eugène avait averti Napoléon de cette menace, que le sol était miné en France sous les Bourbons par les hommes vendus d'intérêt, de regrets ou d'espérance à l'empire ; que madame de Krudener, femme enthousiaste et mystique, sorte de sainte Thérèse du Nord, qui fascinait l'âme tendre et superstitieuse d'Alexandre, avait prédit tout haut le retour de Napoléon à Hortense dans une rencontre de ces deux femmes aux bains de Bade. Il n'y avait, disait-il au roi, à se défier, à surveiller que l'entraînement du jeune empereur de Russie pour cette famille de Napoléon à laquelle il montrait une générosité en opposition avec son rôle de souverain et qui allait jusqu'à la partialité contre les Bourbons. Cependant la haute raison de M. de Nesselrode et la haine de M. Pozzo di Borgo, influents dans ses conseils, devaient rassurer le roi sur ses résolutions. Sûr de M. de Metternich, sûr de l'Angleterre, sûr de la Prusse offensée dans sa reine et dans sa gloire, M. de Talleyrand croyait pouvoir répondre au roi du congrès.

XI

Cinq jours pleins de mystères et de conjectures se passèrent à Vienne sans qu'aucune nouvelle de la Méditerranée ou des côtes d'Italie vînt éclaircir le doute répandu sur la destination de la flottille qui portait le destin invisible de l'Europe. On commençait à se rassurer par ce silence. On penchait à croire que l'Orient aurait attiré l'imagination aventureuse de Napoléon dans sa décadence comme il l'avait attiré dans sa jeunesse. Contrée des rêves où tout ce qu'on imagine peut prendre un corps sur des rivages qui ont tout vu. Ces cinq jours furent néanmoins employés par M. de Talleyrand à agir par ses amis sur l'âme de l'empereur Alexandre et à lui montrer dans le retour de son ennemi vaincu un défi insolent à sa gloire, un démenti à cette paix et à cette reconstruction du continent et des trônes dont la Providence l'avait rendu le plus glorieux instrument. L'empereur Alexandre, justement indigné des soupçons de connivence ou de faiblesse que la France, l'Autriche, la Prusse et l'Angleterre pouvaient faire planer sur sa loyauté, rompit à l'instant tout rapport avec Eugène Beauharnais, suspect d'avoir abusé de l'amitié pour surveiller les résolutions du congrès. Ce prince, innocent de toute déloyauté, mais que la reconnaissance et la communauté de fortune devaient attacher de cœur à Napoléon, quitta Vienne pour se retirer dans les États du père de sa femme. Il resta neutre entre l'Europe et celui qui lui avait servi de père, et témoigna assez par cette réserve qu'il était ami, sans doute, mais non pas complice de l'attentat contre l'Europe.

XII

Les fêtes, un moment suspendues, avaient répandu à Vienne l'apparente sérénité, le luxe et la splendeur d'une capitale en paix. On attendait qu'une voile de Gênes ou de Trieste apportât la nouvelle du débarquement de cette poignée d'aventuriers dans quelque île de l'archipel, en Grèce, en Syrie ou en Égypte. L'audace d'une descente en Europe était rejetée par tous, excepté par M. de Talleyrand. L'annonce d'un débarquement sur la côte de France éclata au milieu d'une nuit de bal chez le prince de Metternich. Les lettres du Midi racontaient les premiers pas de Napoléon sur un sol ouvert, l'étonnement ou la complicité des troupes, l'indécision des populations, la marche triomphale à travers la moitié de l'empire, la défection de Labédoyère, la chute de Grenoble, celle de Lyon, l'immobilité problématique du maréchal Ney, l'armée grossie de division en division, Paris menacé, le soulèvement de Drouet d'Erlon et de Lefèvre-Desnouettes dans le Nord, l'indignation et la stupeur de la capitale, le gouvernement déconcerté, les chambres désarmées, le roi ferme, mais retenu dans son palais comme dans un piége, réduit à capituler ou à fuir devant le tribun de ses propres soldats. La pâleur et la consternation se répandent sur tous les fronts; la guerre et ses terreurs se lisent dans tous les regards. Les femmes gémissent, les hommes se groupent pour se communiquer leurs conjectures; les yeux se portent sur les souverains pour interroger le sort dans leur physionomie. L'empereur Alexandre paraît le plus irrité. Il s'avance vers M. de Talleyrand comme pour lui reprocher les fautes de ses maîtres, dont les faiblesses pour l'émigration ont, selon ce souverain, désaffectionné et préparé la France aux pas de Napoléon. « Je vous l'avais bien dit, s'écrie Alexandre, que cela ne durerait pas ! » M. de Talleyrand, ne voulant ni contester, ni avouer le reproche, s'incline sans répondre, comme un homme qui accepte une vérité triste. Le roi de Prusse fait un signe de tête au duc de Wellington pour aller concerter ses préparatifs avec le généralissime de l'Angleterre, son allié le plus intime. Le duc traverse la salle, suit le roi, s'élance avec lui hors de l'hôtel du prince de Metternich : premier pas vers Waterloo. L'empereur d'Autriche et le prince de Metternich, hôtes de ce jour, se dérobent bientôt à la fête suspendue, et suivent le roi de Prusse et l'empereur Alexandre. La nuit s'achève en conseils secrets. Ils se rouvrirent le lendemain.

XIII

Ces premiers conseils des souverains entre eux furent agités et sévères. Ils se reprochèrent, vaincus par la force d'une vérité qui les menaçait tous, leurs lenteurs et leurs divisions après la conquête de Paris, leur faiblesse à ne pas poursuivre jusqu'à la captivité l'agitateur du monde que la Providence avait remis dans leurs mains à Fontainebleau ; leur mollesse envers les partis qu'ils avaient laissés armés et en lutte avec les Bourbons, leurs ménagements envers l'armée française dont ils n'avaient pas exigé le licenciement, envers la France qu'ils n'avaient épuisée ni d'armes ni d'impôts. « Voyez, Sire, s'écria l'empereur d'Autriche en s'adressant à Alexandre, ce qu'il vous en revient pour avoir protégé les libéraux et les bonapartistes à Paris ! — C'est vrai, répondit en s'humiliant sous sa faute le czar ; mais, pour réparer mes torts, je mets moi, mon empire et mes armées au service de Votre Majesté ! » La colère des souverains et des ministres contre Napoléon se tournait en ressentiment contre la France elle-même, complice par connivence ou par servilité de Bonaparte. Tant que ce foyer de guerre et de révolution subsistera, point de paix durable pour les nations, point de sécurité pour les couronnes.

Une guerre européenne à mort contre la France, qui avait supplicié Louis XVI et couronné deux fois Napoléon, était le premier cri des souverains et de leurs conseils. La conquête prompte avant que la nation eût le temps de fournir des armées nouvelles à Bonaparte, le partage ensuite, afin que les membres de ce grand corps ne pussent jamais se joindre pour soulever le poids du monde, telles étaient les résolutions à demi-voix. Les Bourbons n'avaient pas su régner; il fallait les abandonner à leur mauvais sort et détruire un empire dont ils ne pouvaient garantir ni l'obéissance au dedans, ni l'ambition au dehors. Ces pensées mal contenues, aigries par l'irritation, fomentées par les haines des aristocraties et par l'ambition des puissances limitrophes, couvèrent quelques jours dans les conciliabules des puissances. La situation de M. de Talleyrand était abaissée; il ne représentait plus qu'une royauté impuissante et une nation redoutée du monde. Un négociateur moins ferme et moins consommé eût fléchi. Il se releva de toute la hauteur de cette catastrophe, et lutta pendant huit jours dans des conférences avec une constance désespérée qui déconcerta les ennemis de la France et des Bourbons, qui donna le temps aux retours de sagesse, et qui sauva de la haine générale la France et la Restauration. Ces luttes d'un seul homme contre la fortune et contre l'Europe furent longues, inégales, acharnées, souvent vaincues.

XIV

« Non, non, disait Alexandre à ses confidents, je suis las de la guerre, je ne puis employer le temps de mon règne et les forces de mon empire à relever en France une maison qui ne sait ni combattre ni régner. Qu'ils s'arrangent avec leurs voisins et avec eux-mêmes. Jamais je ne tirerai de nouveau l'épée pour eux. » Ainsi, d'un côté, découragement et neutralité de la Russie, se retirant avec mépris de la lutte pour laisser la fortune décider seule entre la France et les puissances limitrophes; de l'autre, déclaration de guerre à mort et spoliation du sol après la victoire : telle était l'option que la colère des uns, l'indifférence des autres, l'indécision de tous, laissaient à M. de Talleyrand. Il affronta cette coalition des dédains, des reproches, des abandons de toutes ces cours, avec une constance de cœur, de visage et de langage qui égala son génie aux difficultés.

On a beaucoup calomnié M. de Talleyrand de tous les côtés de l'histoire, les hommes de la Restauration, parce qu'il avait déserté l'aristocratie et l'Église ; les hommes de l'empire, parce qu'il avait pressenti la chute et répudié les ruines de Napoléon ; tous, parce qu'il ne s'était enchaîné à aucun gouvernement comme un esclave du palais, mais qu'il les avait jugés en les servant, et quittés, quand, en les servant, ces gouvernements ne pouvaient plus le servir lui-même. Ce jugement est juste. Il atteste dans le caractère de M. de Talleyrand, en politique, autant d'infériorité de dévouement que de supériorité d'esprit. Nous disons en politique, car nul ne fut plus fidèle et même plus généreux dans ses amitiés. Sa société domestique et familière était aussi sûre que sa société politique était sujette aux inconstances et aux retours des événements. Mais à travers les ondulations de sa carrière publique, il eut toujours deux points fixes autour desquels gravita sa longue vie : le sentiment de la patrie à sauver, et le sentiment de la paix du monde à maintenir ou à rétablir par un équilibre dont la France et l'Angleterre, unies par la supériorité de civilisation, tiendraient ensemble les poids. Aux trois grandes époques de sa vie, ces pensées fixes se retrouvent avec une grande conformité à lui-même dans les actes mémorables de son siècle. En 1790, quand il s'unit à Mirabeau pour transformer la monarchie et niveler l'Église, sans rompre avec la Grande-Bretagne et sans céder la guerre anarchique aux Jacobins; au congrès de Vienne, quand il retient seul l'Europe prête à rendre la France responsable du défi de Napoléon; en 1830 enfin, quand il négocie aux conférences de Londres la transaction entre l'Europe et la France sur la Belgique, et qu'il force par sa fermeté et par sa sagesse la révolution à se modérer et l'Europe à se résigner à la paix. On peut affirmer qu'à la révolution de 1848, s'il eût vécu à cette crise plus extrême et plus convulsive, M. de Talleyrand aurait suivi le même génie et retenu la guerre quelquefois glorieuse pour la France, toujours fatale à la démocratie. La semaine qui suivit à Vienne la nouvelle de l'invasion de Bonaparte fut un siècle pour lui par son activité et par ses résultats.

XV

Sa nature n'était pas celle d'un orateur. Il n'avait ni la flamme, ni le long souffle, ni la grande voix qui répandent l'homme de tribune au dehors, et qui entraînent, en domptant les convictions et les passions, les esprits et les sens persuadés ou subjugués par la parole. Sa puissance d'esprit était dans la méditation, son influence dans la sagacité. Il agissait sur les hommes dans la conversation ou dans les conseils par leur intérêt, non par leur enthousiasme. Profond investigateur et habile corrupteur du cœur humain, il rangeait de son côté le cœur et l'arrière-pensée de ceux qu'il voulait convaincre. Son éloquence n'était pas dans sa bouche, mais dans l'âme de ses auditeurs. Les instincts secrets de chacun, bien scrutés et bien découverts, étaient les complices de sa parole. Il ne persuadait que les choses dont on était d'avance persuadé. Mais son art était de vous révéler à vous-même et de vous faire penser intérieurement plus qu'il ne disait. Voilà pourquoi les derniers mots, les réflexions courtes, les insinuations voilées lui suffisaient. Il déchirait un coin du rideau qui cachait le fond des choses. Il y dirigeait le regard de ses interlocuteurs, et il les laissait réfléchir ensuite avec une joie apparente. Le silence et la réflexion parlaient ensuite pour lui. Cette nature d'éloquence, qui suppose une justesse d'esprit et une pénétration d'instinct presque égales au génie, convenait surtout à un auditoire de rois et de ministres dans une question où toutes les ambitions et toutes les rivalités avaient l'oreille ouverte et l'orgueil attentif. Elle convenait aussi à une réunion où l'on doit faire tout penser, mais où l'on ne doit pas tout dire. L'habitude de la société des rois, des cours, des hautes aristocraties au milieu et au niveau desquelles M. de Talleyrand avait passé sa vie, lui donnait à la fois le respect et la liberté que de si hautes discussions imposaient aux négociateurs de la France. Occupé tout le jour à voir séparément les princes et les ministres dont il voulait capter la partialité par des considérations puisées dans leur intérêt distinct, présent le soir aux conférences, M. de Talleyrand faisait travailler la nuit M. de La Besnardière aux notes qu'il revoyait lui-même le matin et qu'il présentait officiellement aux divers cabinets. Habile comme Mirabeau à faire penser pour lui pendant qu'il agissait, et à grouper les forces de divers esprits comme on groupe les forces de divers corps pour multiplier sa propre force, il jetait en quelques mots ses idées à ses seconds, il leur demandait de les féconder. Il les recevait élaborées de leurs mains, il en nourrissait sa mémoire pour s'en servir ensuite dans la discussion. Les esprits devant lesquels il parlait, M. de Metternich, lord Castlereagh, lord Wellington, M. de Nesselrode, Capo d'Istria, M. de Hardenberg, l'empereur Alexandre lui-même, étaient à la hauteur de cette vaste intelligence. Tous ces hommes consommés savaient la langue des affaires. L'auditoire était digne de ces questions d'État. Il était de plus bien préparé par une séduction toute personnelle à écouter le négociateur. M. de Talleyrand savait plaire autant qu'imposer. Tout, jusqu'à ses antécédents, était persuasif en lui. Il représentait, il est vrai, des complaisances, impardonnables aux yeux de quelques-uns, à la Révolution française et à la monarchie universelle de

Napoléon ; mais un transfuge aussi éclatant n'était-il pas l'homme le plus propre à bien éclairer les souverains et les cours sur les dangers du camp ennemi, dont nul ne connaissait mieux les opinions, les forces, la faiblesse ? Et puis n'était-ce pas un révolutionnaire converti et un complice désormais irréconciliable avec Napoléon trahi ou désavoué ? Enfin n'était-il pas un membre de cette aristocratie européenne, apportant pour gage de sa sincérité les souvenirs et l'orgueil de son nom à cet aréopage des monarchies et des aristocraties ? La nature, la naissance, la vie, les mœurs, les fautes même, la supériorité d'esprit surtout, faisaient donc de M. de Talleyrand le premier homme dans les seconds rôles à cette crise suprême du congrès. Malgré quelques insinuations de Bonaparte qui lui parvenaient, mais auxquelles il était trop habile pour se fier, M. de Talleyrand sentait qu'il jouait dans ces conférences non-seulement le sort de la France et des Bourbons, mais sa fortune, son ostracisme, sa tête. La vengeance de Napoléon vainqueur ne le poursuivrait-elle pas partout ? Ces grands intérêts personnels passionnaient davantage l'intérêt politique de sa négociation. Il avait mis les Bourbons sur le trône par la main de l'Europe, il n'avait rien fait s'il ne les y maintenait pas.

Malgré ses efforts, les cours hésitaient. Il persuadait, il n'entraînait pas. L'indignation que chaque courrier, en apportant les triomphes de Napoléon et la versatilité apparente de la France, faisait renaître, détruisait le lendemain ses progrès de la veille. Les généraux surtout, plus indignés que les plénipotentiaires, s'opposaient à toute autre politique qu'une invasion prompte et une subjugation définitive de ce peuple indocile à la paix. Les souverains, entraînés par la popularité de la guerre dans leurs armées pleines des souvenirs de leurs triomphes et encore réunies, n'osaient résister à ces entraînements de vengeance de l'Allemagne et de la Russie. Tous les projets de déclaration présentés tour à tour par M. de Talleyrand en faveur des Bourbons avaient été écartés ou ajournés. Des projets contraires semblaient réunir la majorité dans la conférence. Les jours s'écoulaient. On ne pouvait laisser plus longtemps l'Europe muette et les trônes indécis. Le silence aurait paru irrésolution, l'irrésolution faiblesse ou désaccord. Napoléon était prêt à saisir le trône. On fixa le lendemain, 13 mars, pour le terme fatal des conférences et pour le vote d'une déclaration quelconque.

XVI

M. de Talleyrand employa la nuit du 12 au 13 à préparer la déclaration qu'il voulait faire signer aux souverains. Il était presque découragé de l'inutilité des efforts qu'il avait faits jusque-là pour l'arracher à l'Europe. En quittant son hôtel pour se rendre au palais du congrès, il dit à M. de La Besnardière, son secrétaire, et à sa nièce réunis autour de lui et confidents de ces anxiétés qui précèdent une heure suprême dans la vie des hommes d'État : « Je pars désespéré ; je vais tenter les derniers efforts ; si je succombe, la France est perdue, et les Bourbons et moi nous n'aurons pas même un débris de patrie pour exil. Je vois votre impatience de connaître quel sera notre sort dans quelques heures. Le secret ferme les portes du lieu des séances; je ne pourrai vous envoyer aucun message dans la journée. Soyez aux fenêtres pour apprendre quelques minutes plus tôt le résultat. Épiez de loin ma voiture à l'heure où je rentrerai vainqueur ou vaincu. Si j'ai succombé, je me tiendrai renfermé et immobile ; si j'ai emporté une déclaration favorable, j'agiterai dans ma main hors de la portière un papier qui contiendra notre triomphe. Des minutes d'angoisse de moins pèseront sur vous. » Et il s'éloigna.

XVII

La séance s'ouvrit dès le matin et se prolongea jusqu'au milieu du jour avec des succès disputés et des dispositions générales qui semblaient présager une déclaration hostile à Louis XVIII et à son négociateur. M. de Talleyrand, rassemblant toute sa force d'intelligence, de persuasion, et se servant surtout de cette mâle franchise, suprême habileté des hommes qui ne veulent pas tromper, mais convaincre, déborda de la sobriété habituelle de son langage, et se répandit lentement et solennellement en puissantes considérations, comme un homme qui dit son dernier mot à la destinée et qui ne veut pas se repentir un jour de n'avoir pas tout dit : « Je comprends, disait-il de sa voix la plus sourde mais la plus pénétrante, l'indignation des puissances, de leurs ministres et de leurs armées contre l'homme qui a rompu le *ban* du monde, et contre la nation française et son gouvernement, qui semblent lui livrer une seconde fois le trône dont nous l'avions précipité. La faute de ce retour est-elle donc toute aux Bourbons et à nous ? » Et en disant ces mots, il regarda les plénipotentiaires d'Alexandre.

« Sont-ce les Bourbons, est-ce la France, est-ce nous qui avons signé le traité de Fontainebleau ? Sont-ce les Bourbons, est-ce la France, est-ce nous qui avons fait à cet exilé de l'Europe un exil aussi dangereux, plus dangereux peut-être qu'un empire, car il devait être pour lui la perpétuelle occasion de les menacer tous ? Est-ce nous qui l'avons placé en vue de nos côtes et des côtes de votre Italie, qui lui avons donné un noyau d'armée afin qu'il pût présenter sans cesse de là cette image et cette fascination de gloire et de fidélité au reste de l'armée pour la séduire et l'entraîner à l'heure qu'il lui conviendrait de choisir ? Est-ce nous qui avons déclaré son indépendance à l'île d'Elbe et qui d'un captif avons fait un souverain ? Est-ce nous qui lui avons laissé les millions et les armes, éléments certains d'une perpétuelle conspiration ? Est-ce nous qui avons lié les mains aux princes de la maison de Bourbon, et qui en pesant de tout le poids de l'Europe sur leurs conseils à Paris l'année dernière leur avons fait la loi des tolérances envers les membres de la famille impériale dont ils recueillent aujourd'hui le prix ? Est-ce nous qui avons caressé jusqu'ici les complices nés et naturels de Napoléon, et persuadé ainsi à l'armée que son ancien chef avait des alliances ou des faveurs dans les cours ? Non, soyez justes. Ces fautes ne sont ni de la France ni des Bourbons, sur qui vous les rejetez aujourd'hui. Ces fautes, vous l'avouez vous-mêmes, sont celles de votre magnanimité et de votre imprudence. Il était impossible qu'un pays ainsi offert en tentation et en proie à un parti militaire ambitieux, ayant un chef libre sous la main, à quelques heures de ses côtes, ne subît pas tôt ou tard l'attentat contre son trône et contre sa liberté ! Nous sommes loin d'accuser cette grandeur d'âme qui a traité un vaincu presque en vainqueur. Qu'au moins on ne nous accuse pas nous-mêmes d'imprudences généreuses que nous avons pu admirer, non prévenir, et dont nous sommes aujourd'hui les victimes. »

Alexandre et ses conseillers parurent consentir par leur silence à la justesse de l'observation. Les plénipotentiaires autrichiens, anglais et prussiens, jouissaient secrètement de ces reproches qu'ils avaient faits d'avance à la partialité napoléonienne d'Alexandre. Ce prince consciencieux et modeste sentait ses torts et ne demandait qu'à les réparer en combattant de nouveau avec l'Europe. Mais M. de Talleyrand voulait qu'il séparât dans sa réparation la France et les Bourbons de Napoléon, et qu'en se prêtant à une seconde campagne contre l'empereur il se refusât au détrônement de Louis XVIII et au morcellement de la France. Il se retourna donc tout entier vers cette face de la question.

XVIII

« Où est le tort de la maison de Bourbon, dit-il, dans cette calamité qui pèse, avant tout le monde, sur elle? N'a-t-elle pas suivi vos conseils? N'a-t-elle pas amnistié l'empire? N'a-t-elle pas fait diversion à l'esprit de conquête par l'esprit de liberté formulé dans la charte que vous lui avez vous-même inspirée? N'a-t-elle pas comblé de confiance et de dignités les lieutenants de Napoléon? N'a-t-elle pas tout fait pour s'attacher cette armée qui avait combattu contre elle en combattant contre vous? Dépendait-il du roi de changer en un jour l'esprit de cette armée accoutumée à un autre maître, d'extirper ses souvenirs, d'étouffer son fanatisme pour un homme qui avait confondu son nom avec le sien? Cela dépendait-il même de la nation désarmée, et surprise par une défection générale de ses troupes? Ne savez-vous pas vous-mêmes ce qu'est un peuple sans armes contre une milice organisée? Les insurrections nationales contre les gouvernements militaires veulent du temps ; aux insurrections armées il faut une heure. Bonaparte a été un coup de foudre pour la France. Punirez-vous un peuple du coup qui l'a frappé, et qu'aucune force humaine ne pouvait parer en douze jours? Et si vous punissez la France en la partageant après l'avoir conquise, comment vous entendrez-vous dans la distribution des dépouilles? Et quel pouvoir contiendra jamais sous sa main les membres toujours vivants, toujours convulsifs, toujours tendus pour se rejoindre, d'une nation faite par les siècles, et qui secouera non-seulement elle-même, mais vos propres États auxquels vous l'aurez incorporée? Vous n'aviez à redouter que l'esprit révolutionnaire en France, vous aurez à contenir et à combattre à la fois les deux forces les plus incompressibles du monde politique, l'esprit révolutionnaire et l'esprit d'indépendance. Ce double volcan ouvrira ses bouches jusque sous vos propres possessions héréditaires. Voyez la Pologne! N'est-ce pas l'esprit d'indépendance qui y nourrit éternellement l'esprit de révolution? La révolution était cernée en France, vous l'aurez extravasée dans toute l'Europe. Le partage de la France, s'il était possible, serait la fin du continent. »

Les hommes d'État qui écoutaient ces paroles étaient assez éclairés pour les comprendre.

XIX

« Mais, me dit-on ici tous les jours, reprit M. de Talleyrand, il ne s'agit pas des dépouilles de la France, il s'agit de l'affaiblir jusqu'à l'impossibilité de nuire, de l'épuiser de forces, de l'occuper indéfiniment et de lui donner pour maîtres des souverains à la main plus ferme et un nom moins impopulaire que celui de Bourbon! D'abord je demanderai aux hommes qui ont approché comme moi de Louis XVIII, si la Providence offrit souvent à la famille des rois et au gouvernement difficile des peuples un prince plus mûri par les années, plus exercé aux révolutions, plus pénétrant dans l'esprit de son époque, plus imbu du sentiment inné de la royauté, et en même temps plus habile à faire fléchir cette royauté aux opinions et aux nécessités d'un peuple indocile, que le roi de France? Qui donc, excepté l'usurpateur de ce trône, oserait s'y placer après lui? Pour la France, il faut une épée ou un droit. Vous briserez l'épée, mais où sera le droit si vous écartez la maison de Bourbon? Et si vous cessez de reconnaître ce droit de la légitimité des rois en France, que devient le vôtre en Europe? Que devient ce principe ou plutôt cette religion de la légitimité que nous avons retrouvée sous les débris de vingt ans de révolutions, de bouleversements, de conquêtes, et qui est devenue la base des nations, le fondement des trônes, l'inviolabilité des rois? Comment les peuples déjà déconcertés par tant de vicissitudes dans leur capitale retrouveront-ils cette foi que vous leur aurez appris à mépriser vous-mêmes? La maison de Bourbon eût-elle vieilli, et n'offrît-elle en ce moment que des souverains énervés pour le trône, l'Europe serait condamnée encore à les couronner ou à périr, car l'Europe maintenant c'est la légitimité, et la légitimité c'est la maison de Bourbon! Elle vous doit son rétablissement sur le trône de France, vous lui devez la sécurité morale sur tous les trônes. Mais la maison de Bourbon n'a pas vieilli, elle a un sage dans Louis XVIII pour traiter avec les difficultés d'une restauration. La nature lui donnera des princes pour se perpétuer dans les descendants d'Henri IV. Que dirait le monde, si l'Europe armée contre la Révolution détrônait de sa propre main la race que la Révolution a immolée, et donnait raison à la république et au régicide?

XX

» Non, deux choses sont impossibles à l'Europe représentée par la puissance et par la sagesse de ses chefs héréditaires, rassemblés ici pour dicter au monde leur volonté et son avenir : le partage de la France et le détrônement des Bourbons : l'un, crime contre les peuples; l'autre, crime contre les trônes. Qu'y a-t-il donc de possible? Ce qui est juste et ce qui est sage. Séparer d'abord la cause de la nation française de celle de l'usurpateur, déclarer la guerre personnelle et exclusive à Bonaparte, la paix à la France; affaiblir ainsi Bonaparte, en montrant en lui seul le seul obstacle à la réconciliation des peuples, et désarmer la France en ne confondant pas sa cause avec la cause de son oppresseur! En second lieu, déclarer que sur le trône, dans les provinces ou même dans l'exil, l'Europe ne reconnaît la souveraineté que dans le roi et dans la maison de Bourbon ! »

Ces considérations longuement et puissamment développées entraînèrent enfin les convictions par la force de l'évidence. La déclaration préparée par M. de Talleyrand, rédigée et retouchée par les plénipotentiaires, fut signée unanimement par les souverains et par leurs ministres. Cette déclaration disait à la France et à l'Europe :

« Les puissances qui ont signé le traité de Paris, réunies en congrès à Vienne, informées de l'évasion de Napoléon Bonaparte et de son entrée à main armée en France, doivent à leur propre dignité et à l'intérêt de l'ordre social une déclaration solennelle des sentiments que cet événement leur a fait éprouver.

» En rompant ainsi la convention qui l'avait établi à l'île d'Elbe, Bonaparte a détruit le seul titre légal auquel son existence se trouvait attachée. En reparaissant en France avec des projets de troubles et de bouleversements, il s'est privé lui-même de la protection des lois, et a manifesté, à la face de l'univers, qu'il ne saurait y avoir ni paix ni trêve avec lui.

» Les puissances déclarent, en conséquence, que Napoléon Bonaparte s'est placé hors des relations civiles et sociales, et que, comme ennemi et perturbateur de la paix du monde, il s'est livré à la vindicte publique.

» Elles déclarent en même temps qu'elles emploieront tous les moyens et réuniront tous leurs efforts pour garantir l'Europe de tout attentat qui menacerait de replonger les peuples dans les désordres et les malheurs des révolutions.

» Et quoique intimement persuadés que la France entière, se ralliant autour de son souverain légitime, fera incessamment tomber dans le néant cette dernière tentative d'un délire criminel et impuissant, tous les souverains de l'Europe, animés des mêmes sentiments et guidés par les mêmes principes, déclarent que, si, contre tout calcul, il pouvait résulter de cet événement un danger réel quelconque, ils seraient prêts à donner au roi de France et à la nation française, ou à tout autre gouvernement attaqué, dès que la demande en serait formée, les secours nécessaires pour rétablir la tranquillité publique, et à faire cause commune contre tous ceux qui entreprendraient de la compromettre.

» Vienne, le 13 mars 1815. »

XXI

M. de Talleyrand sortit triomphant de la conférence en agitant dans sa main, à l'approche de son hôtel, le signe de sa victoire aux regards de ses familiers.

L'hésitation qui avait suspendu jusque-là les mesures des souverains et de leurs ministres se changea en une formidable activité de préparatifs. Il n'y avait que des contre-ordres de marche à donner aux armées. Les corps étaient encore entiers et en armes. Les souverains signèrent entre eux un traité solidaire offensif et défensif contre l'usurpateur du trône de France. L'Autriche armait trois cent cinquante mille hommes sous le commandement du généralissime prince de Schwartzenberg, qui avait conduit ses armées dans la campagne précédente; l'Angleterre et la Prusse réunies armaient deux cent cinquante mille hommes, formant deux armées distinctes, mais opérant de concert, l'une sous Blücher, l'autre sous Wellington; Alexandre, deux cent mille hommes commandés par l'empereur lui-même. Des troupes auxiliaires, espagnoles, suédoises et italiennes, devaient porter ce formidable armement à près d'un million d'hommes aguerris, vainqueurs, conduits par des chefs à qui les dernières victoires devaient rendre la confiance et l'audace, et qui allaient reprendre ainsi la route de la France, rappelés par la témérité d'un seul homme, incertains encore du sort de Louis XVIII, dont ils connaissaient seulement le départ de Paris. Les puissances stipulaient dans la convention de guerre que le roi de France faisait partie principale de cette coalition, dont l'objet unique était la défense de son trône garanti par l'Europe, et qu'il joindrait aux forces combinées les armées françaises fidèles à sa cause. M. de Talleyrand donnait ainsi le rôle principal à ce prince expulsé de sa capitale, déjà errant sur la terre étrangère, et qui, la veille encore, était menacé de l'abandon et du dédain du congrès. Il envoya par diverses routes des courriers au roi pour lui annoncer cette victoire de sa négociation. On peut dire qu'il couronna deux fois son maître. Rôle dangereux pour un sujet.

LIVRE VINGT ET UNIÈME

Réserves de lord Castlereagh dans la convention de guerre. — Ouverture de Napoléon à l'ambassadeur d'Autriche. — Tentative de la reine Hortense près d'Alexandre. — Lettre de Napoléon aux souverains. — Rapport de Caulaincourt à Napoléon. — Réponse du Conseil d'État à la déclaration des alliés. — Mission de M. de Montrond près de M. de Talleyrand, et du baron de Stassaert près de l'impératrice. — Intrigues de Fouché avec les alliés. — Défiance de l'empereur. — Entrevue de M. Fleury de Chaboulon et de M. de Werner à Bâle. — Soupçons de Napoléon contre Davoust. — Soulèvement de Murat en Italie. — Retour sur sa vie. — Sa famille, son enfance. — Ses commencements à l'armée. — Son mariage. — Ses succès en Italie. — Sa conduite dans l'affaire du duc d'Enghien. — Son expédition en Espagne. — Il devient roi de Naples. — Son caractère et sa vie.

I

La politique de l'Angleterre, obligée par la nature de ses institutions libérales à répondre de tous ses actes devant l'opinion d'un peuple libre, n'avait pas permis à son ministre à Vienne, lord Castlereagh, de signer le traité offensif et défensif dans les mêmes termes que la Russie, la Prusse, l'Autriche et la France avaient adoptés. Le respect extérieur de la nation britannique pour l'indépendance des autres nations défendait à ses ministres d'avouer l'intention formelle du rétablissement de la maison de Bourbon sur le trône de France. Il fallait que les ministres pussent répondre au parlement, quand on leur demanderait compte de leurs stipulations, que la sûreté de l'Angleterre, la délivrance du continent et la guerre contre Napoléon étaient le but unique de leurs armements et de leurs subsides. Ces ministres ne donnèrent donc leur adhésion aux traités et à la convention de guerre qu'en termes ambigus, dont tous comprenaient la signification, dont nul ne pouvait accuser le texte. Ils déclarèrent qu'ils ne se joignaient à la coalition que pour poursuivre la guerre commune contre l'ennemi commun, nullement pour imposer tel ou tel gouvernement à la France. Cette réserve était nécessaire à leur responsabilité devant le parlement anglais. Par un étrange revirement d'opinion et par un de ces contre-sens inexplicables, mais naturels à toutes les oppositions dans les pays libres, un parti peu nombreux, mais éloquent, de la chambre des communes, affichait une partialité passionnée pour le bonapartisme. Ce parti sacrifiait le patriotisme à cette soif de popularité à tout prix, maladie des orateurs, et recherchait cette popularité jusque dans le nom de Napoléon, l'ennemi de leur patrie. Toutefois les ministres anglais, sûrs du bon sens de la majorité et du concours de leur nation en masse, s'engagèrent à verser un subside de guerre de cent vingt-cinq millions de francs dans les caisses de la coalition pour solder une partie des troupes.

II

Pendant que ces résolutions se signaient à Vienne, que les armées combinées recevaient leurs ordres de route, et que les souverains se séparaient pour aller rejoindre leurs armées, et pour se réunir sur nos frontières, Napoléon continuait à flatter la France et à se flatter lui-même de l'espoir de l'inaction de l'Europe, et bientôt de la rupture de la coalition. Il ne négligeait rien pour ressaisir une ombre ou un prétexte de négociation. Ses déclarations à son peuple et aux puissances étaient celles d'un prince pacifique qui veut rassurer ou endormir ses ennemis. Les armées combinées s'avançaient déjà à travers l'Allemagne, et les vaisseaux anglais capturaient ses bâtiments sur les deux mers, qu'il feignait toujours de ne pas entendre ces bruits de guerre, et qu'il redoublait encore ses démonstrations de paix.

Le séjour prolongé à Paris du baron de Vincent, ambassadeur d'Autriche près de Louis XVIII, donnait quelque ombre de vraisemblance aux rumeurs qu'entretenait Napoléon sur ses prétendues relations secrètes avec l'empereur François, et sur la connivence de M. de Metternich à son retour en France. Ces rumeurs n'étaient que des artifices de police. Le baron de Vincent ne restait à Paris que faute de passe-port pour sortir de France. L'empereur chargea néanmoins M. de Caulaincourt, son ministre des affaires étrangères, d'avoir une entrevue avec cet ambassadeur. M. de Vincent se refusa à tout entretien officiel avec le ministre d'un gouvernement qu'il ne reconnaissait pas. Il consentit pourtant à se rencontrer dans un entretien tout fortuit avec M. de Caulaincourt, chez madame de Souza, femme de l'ambassadeur de Portugal en France. Madame de Souza était Française de naissance, célèbre dans les lettres par des ouvrages d'imagination, liée autrefois avec M. de Talleyrand, mère de M. de Flahaut, un des jeunes officiers de Napoléon les plus agréables à son armée et à sa cour, femme de la nature de madame de Genlis et de madame de Staël, instruments de fortune politique pour les hommes auxquels elles dévouaient leur célébrité. Elle s'était offerte depuis longtemps à servir la diplomatie de Napoléon. Elle avait son cœur et son ambition dans cette cause.

Le baron de Vincent n'était nullement autorisé à répondre au nom de son souverain à M. de Caulaincourt; il n'avait aucune communication avec Vienne, il ne pouvait qu'exprimer des conjectures. Toutefois, il connaissait assez la ferme résolution de sa cour de ne jamais exposer l'Allemagne et l'Italie à un second règne du conquérant de Milan et de Vienne, pour affirmer au ministre des affaires étrangères que l'empereur d'Autriche ne traiterait pas avec lui. Il fut moins explicite sur la régence de Marie-Louise, combinaison qui pouvait peut-être tenter l'Autriche par la perspective d'une minorité du roi de Rome, gouvernée de Vienne par l'ascendant d'un père sur sa fille et son petit-fils. Il consentit à se charger d'une lettre de Napoléon pour l'impératrice à Vienne. Il obtint ses passe-ports, partit pour Vienne, remit la lettre à l'empereur François, qui ne la communiqua pas à sa fille. Inquiet des tentatives que des agents français méditaient, dit-on, à Vienne, pour enlever Marie-Louise et le roi de Rome, et pour les ramener à

Paris, l'empereur François s'alarma pour sa fille de la résidence isolée de Schœnbrunn, et la fit rentrer à Vienne dans son propre palais. Cette princesse, dont le retour à Paris aurait compliqué de nouveau les embarras de la coalition, redoutait autant que son père les tentatives des agents de Napoléon sur elle et sur son fils. Sa liberté dans sa patrie, une souveraineté en Italie, lui étaient plus chères que sa servitude sur le trône de France. Son cœur n'était plus à Napoléon. Son âme n'avait jamais cessé d'être allemande.

III

Napoléon, repoussé de toutes ses avances par les agents officiels des puissances, eut recours aux agents secrets pour leur faire parvenir des propositions plus semblables à des excuses qu'à des explications. La reine Hortense Beauharnais, sa belle-fille et sa belle-sœur, alors en Allemagne, fut chargée par lui de sonder dans le cœur de l'empereur Alexandre l'ancienne amitié qu'il invoquait pour une réconciliation nécessaire. La reine Hortense comptait sur la faveur personnelle dont le jeune souverain du Nord l'avait entourée à Paris en 1814. « Point de paix, pas même de trêve avec lui, répondit Alexandre ; tout, excepté Napoléon ! » Il fit agir également son frère Joseph, un moment roi d'Espagne, et retiré depuis au château de Prangin sur le lac de Genève, où son activité et son immense fortune avaient servi, disait-on, à multiplier les intrigues entre l'île d'Elbe et la France. Joseph n'eut que le silence pour réponse. Enfin l'empereur se décida à parler lui-même.

M. de Caulaincourt écrivit sous sa dictée la lettre suivante à chacun des souverains, dont Napoléon avait été longtemps l'arbitre et dont il ambitionnait d'être encore le frère maintenant :

« Monsieur mon frère, vous avez appris dans le cours du mois dernier mon retour sur les côtes de France, mon entrée à Paris et la retraite des Bourbons. La véritable nature de ces événements doit être connue maintenant de Votre Majesté. Ils sont l'ouvrage d'une irrésistible puissance, l'ouvrage de la volonté unanime d'une grande nation qui connaît ses devoirs et ses droits. La dynastie que la force avait rendue au peuple français n'était plus faite pour lui. Les Bourbons n'ont voulu s'associer ni à ses sentiments ni à ses mœurs ; la France a dû se séparer d'eux. Sa voix appelait un libérateur : l'attente qui m'avait décidé au plus grand des sacrifices avait été trompée. Je suis venu, et du point où j'ai touché le rivage l'amour de mes peuples m'a porté jusqu'au sein de ma capitale.

» Le premier besoin de mon cœur est de payer tant d'affection par le maintien d'une honorable tranquillité. Le rétablissement du trône impérial était nécessaire au bonheur des Français. Ma plus douce pensée est de le rendre en même temps utile à l'affermissement du repos de l'Europe.

» Assez de gloire a illustré tour à tour les drapeaux des diverses nations ; les vicissitudes du sort ont assez fait succéder de grands revers à de grands succès. Une plus belle arène est aujourd'hui ouverte aux souverains, et je suis le premier à y descendre. Après avoir présenté au monde le spectacle des grands combats, il sera plus doux de ne connaître désormais d'autre rivalité que celle des avantages de la paix, d'autre lutte que la lutte sainte de la félicité des peuples.

» La France se plaît à proclamer avec franchise ce noble but de tous ses vœux. Jalouse de son indépendance, le principe invariable de sa politique sera le respect le plus absolu pour l'indépendance des autres nations. Si tels sont, comme j'en ai l'heureuse confiance, les sentiments personnels de Votre Majesté, le calme général est assuré pour longtemps ; et la justice, assise aux confins des divers États, suffira seule pour en garder les frontières.

» Napoléon.

» Paris, ce 4 avril 1815. »

IV

Les frontières étaient tellement fermées à tous les messages de Napoléon, et l'Europe avait tellement retiré de lui toutes les mains officielles ou officieuses de Paris, que le ministre des affaires étrangères ne put faire parvenir une seule de ces lettres aux cours de l'Europe. L'empereur, réduit à la conviction que ses tentatives de séduction ou de division sur les puissances étaient vaines, et qu'il y avait plus de dignité pour lui à avouer son isolement qu'à le masquer quelques jours de plus sous des négociations feintes et ridicules, fit publier enfin lui-même ce cri d'alarme dans ses journaux. C'était son ministre Caulaincourt qui semblait lui révéler avec douleur une vérité déjà connue de tous et le solliciter aux mesures extrêmes commandées par l'attitude de l'Europe.

« Sire, lui disait Caulaincourt dans son rapport public, des symptômes alarmants se manifestent de tous les côtés à la fois. Un inconcevable système menace de prévaloir chez les puissances, celui de se disposer au combat sans admettre d'explication préliminaire avec la nation qu'elles paraissent vouloir combattre.

» Il était réservé à l'époque actuelle de voir une société de monarques s'interdire simultanément tout rapport avec un grand État et fermer l'accès à ses amicales assurances. Les courriers expédiés de Paris pour les différentes cours n'ont pu arriver à leur destination. L'un n'a pu dépasser Strasbourg ; un autre, expédié en Italie, a été obligé de revenir de Turin ; un troisième, destiné pour Berlin et le Nord, a été arrêté à Mayence et maltraité par le commandant prussien. Ses dépêches ont été saisies.

» Lorsqu'une barrière presque impénétrable s'élève ainsi entre le ministère français et ses agents au dehors, entre le cabinet de Votre Majesté et celui des autres souverains, ce n'est plus, Sire, que par les actes publics des gouvernements étrangers qu'il est permis à votre ministère de juger leurs intentions.

» En Angleterre, des ordres sont donnés pour augmenter les forces britanniques, tant sur terre que sur mer. Ainsi la nation française doit être de tous côtés sur ses gardes. Elle peut craindre une agression continentale, et en même temps elle doit surveiller toute l'étendue de ses côtes contre la possibilité d'un débarquement.

» En Autriche, en Russie, en Prusse, dans toutes les

parties de l'Allemagne et en Italie, partout enfin on voit un armement général.

» Dans les Pays-Bas, un convoi de cent vingt hommes et de douze officiers, prisonniers français revenant de Russie, a été arrêté du côté de Tirlemont.

» Sur tous les points de l'Europe à la fois, on se dispose, on s'arme, on marche, ou bien on est prêt à marcher. »

V

Les hommes éclairés n'apprirent rien par la publication de ce rapport. La masse de la nation, toujours bercée, par la police, d'espérances de paix ou d'entente secrète avec l'Autriche, s'émut, selon les provinces, ici de stupeur devant la nécessité de la guerre, là de colère contre les artifices de Napoléon dont elle avait été endormie, ailleurs, et principalement au centre et sur toutes les frontières de l'Est, de patriotisme et d'exaltation martiale contre l'étranger. Dans la Vendée, le sol commença à frémir, et les chefs, déconcertés au premier moment par le départ du duc de Bourbon, appelèrent à eux les plus intrépides de leurs soldats pour former une armée auxiliaire d'une coalition dont le roi était à la fois l'objet et le chef. L'empereur, pour contre-balancer sur l'esprit du peuple l'effet de désaffection et d'irritation que la déclaration des puissances produisait partout, fit rédiger par ses familiers du Conseil d'État une réfutation officielle des griefs de l'Europe contre lui et une énumération de ses propres griefs contre l'Europe, réfutation dans laquelle la cause de la France, la cause de la Révolution et sa propre cause, quoique si séparées et souvent si opposées depuis le 18 brumaire, étaient confondues avec tant d'audace et tant d'artifice qu'en se levant pour lui la nation paraissait se lever pour elle-même.

« Le Conseil d'État, disaient les présidents de ce corps, le seul qui eût la parole en ce moment, le Conseil d'État a examiné la déclaration du 13 mars. Elle exprime des idées tellement antisociales, que la commission était portée à la juger comme une de ces productions supposées par lesquelles des hommes méprisables cherchent à égarer les esprits et à faire prendre le change à l'opinion publique.

» ..... Nous disons que cette déclaration est l'ouvrage des plénipotentiaires français, parce que ceux d'Autriche, de Russie, de Prusse, d'Angleterre, n'ont pu signer un acte que les souverains et les peuples auxquels ils appartiennent s'empresseraient de désavouer.

» Ceux-là ont pu risquer la fabrication, la publication d'une pièce telle que la prétendue déclaration du 13 mars, dans l'espoir d'arrêter la marche de Napoléon et d'abuser le peuple français sur les vrais sentiments des puissances étrangères.

» Cette nation brave et généreuse se révolte contre tout ce qui porte le caractère de la lâcheté et de l'oppression; ses affections s'exaltent, quand leur objet est menacé ou atteint par une grande injustice, et l'assassinat auquel provoquent les premières phrases de la déclaration du 13 mars ne trouvera de bras pour l'accomplir ni parmi les vingt-cinq millions de Français dont la majorité a suivi, gardé, protégé Napoléon de la Méditerranée à sa capitale, ni parmi les dix-huit millions d'Italiens, les six millions de Belges ou riverains du Rhin, et les peuples nombreux d'Allemagne, qui, dans cette conjoncture solennelle, n'ont prononcé son nom qu'avec un souvenir respectueux, ni un seul membre de la nation anglaise indignée, dont les honorables sentiments désavouent le langage qu'on a osé prêter aux souverains.

» Les peuples de l'Europe sont éclairés ; ils jugent les droits de Napoléon, des princes alliés et des Bourbons.

» Ils savent que la convention de Fontainebleau est un traité entre souverains : sa violation, l'entrée de Napoléon sur le territoire français, ne pouvaient, comme toute infraction à un acte diplomatique, amener qu'une guerre ordinaire dont le résultat ne peut être, quant à la personne, que d'être vainqueur ou vaincu, libre ou prisonnier de guerre ; quant aux possessions, de les conserver ou de les perdre, de les accroître ou de les diminuer ; et que toute pensée, toute menace, tout attentat contre la vie d'un prince en guerre contre un autre, est une chose inouïe dans l'histoire des nations et des cabinets de l'Europe.

» ..... Et cependant qu'a fait Napoléon ? Il a honoré par sa sécurité les hommes de toutes les nations qu'insultait l'infâme mission à laquelle on voulait les appeler ; il s'est montré modéré, généreux, protecteur envers ceux-là mêmes qui avaient dévoué sa tête à la mort.

» Quand il a parlé au général Excelmans, marchant vers la colonne qui suivait de près Louis-Stanislas-Xavier ; au général comte d'Erlon, qui devait le recevoir à Lille ; au général Clausel, qui allait à Bordeaux où se trouvait la duchesse d'Angoulême ; au général Grouchy, qui marchait pour arrêter les troubles civils excités par le duc d'Angoulême ; partout, enfin, des ordres ont été donnés par l'empereur pour que les personnes fussent respectées et mises à l'abri de toute attaque, de tout danger, de toute violence dans leur marche sur le territoire français et au moment où elles le quitteraient.

» Les nations et la postérité jugeront de quel côté a été, dans cette grande conjoncture, le respect pour les droits des peuples et des souverains, pour les règles de la guerre, les principes de la civilisation, les maximes des lois civiles et religieuses ; elles prononceront entre Napoléon et la maison de Bourbon.

» Si, après avoir examiné la prétendue déclaration du congrès sous ce premier aspect, on la discute dans ses rapports avec les conventions diplomatiques, avec le traité de Fontainebleau du 11 avril, ratifié par le gouvernement français, on trouvera que la violation n'est imputable qu'à ceux-là mêmes qui la reprochent à Napoléon.

» Le traité de Fontainebleau a été violé par les puissances alliées et par la maison de Bourbon en ce qui touche l'empereur Napoléon et sa famille, en ce qui touche les droits et les intérêts de la nation française.

» ..... Que devait faire Napoléon ? Devait-il consentir à la violation complète des engagements pris avec lui, et, se résignant personnellement au sort qu'on lui préparait, abandonner encore son épouse, son fils, sa famille, ses serviteurs fidèles à leur affreuse destinée ?

» Une telle résolution semble au-dessus des forces humaines, et pourtant Napoléon aurait pu la prendre, si la paix, le bonheur de la France eussent été le prix de ce nouveau sacrifice. Il se serait encore dévoué pour le peuple français, duquel il se fait gloire de tout tenir, auquel il veut tout rapporter, à qui seul il veut répondre de ses actions et dévouer sa vie.

» C'est pour la France seule, et pour lui éviter les malheurs d'une guerre intestine, qu'il abdiqua la couronne en 1814. Il rendit au peuple français les droits qu'il tenait de lui ; il le laissa libre de se choisir un nouveau maître, et de fonder sa liberté et son bonheur sur des institutions protectrices de l'un et de l'autre.

» Il espérait pour la nation la conservation de tout ce qu'elle avait acquis par vingt-cinq années de combats et de gloire, l'exercice de sa souveraineté dans le choix d'une dynastie, et dans la stipulation des conditions auxquelles elle serait appelée à régner.

» Il attendait du nouveau gouvernement le respect pour la gloire des armées, les droits des braves, la garantie de tous les intérêts nouveaux.

» Loin de là, toute idée de la souveraineté du peuple a été écartée.

» Le principe sur lequel a reposé toute la législation publique et civile depuis la Révolution a été écarté également.

» La France a été traitée comme un pays révolté reconquis par les armes de ses anciens maîtres, et asservie de nouveau à une domination féodale.

» On a imposé à la France une loi constitutionnelle aussi facile à éluder qu'à révoquer, et dans la forme de simples ordonnances royales, sans consulter la nation, sans entendre même ces corps devenus illégaux, fantôme de représentation nationale.

» La violation de la charte n'a été restreinte que par la timidité du gouvernement ; l'étendue de ses abus d'autorité n'a été bornée que par sa faiblesse.

» La dislocation de l'armée, la dispersion de ses officiers, l'exil de plusieurs, l'avilissement des soldats, la suppression de leurs dotations, la privation de leur solde ou de leur retraite, la réduction des traitements des légionnaires, le mépris des citoyens désignés de nouveau sous le nom de tiers état, le dépouillement préparé et déjà commencé des acquéreurs de biens nationaux, l'avilissement actuel de la valeur de ceux qu'on était obligé de vendre, le retour de la féodalité dans ses titres, ses priviléges, ses droits, le rétablissement des principes ultramontains, l'abolition des libertés de l'Église gallicane, l'anéantissement du concordat, le rétablissement des dîmes, l'intolérance renaissante d'un culte exclusif, la domination d'une poignée de nobles sur un peuple accoutumé à l'égalité : voilà ce que les ministres des Bourbons ont fait ou voulaient faire pour la France.

» C'est dans de telles circonstances que l'empereur Napoléon a quitté l'île d'Elbe.

» Il n'a pas apporté la guerre au sein de la France; il y a, au contraire, éteint la guerre que les propriétaires de biens nationaux, formant les quatre cinquièmes des propriétaires français, lésés par les nobles, auraient été forcés de déclarer à leurs oppresseurs; la guerre que les protestants, les juifs, les hommes des cultes divers auraient été forcés de soutenir contre leurs persécuteurs.

» Il est venu délivrer la France, et c'est aussi comme libérateur qu'il y a été reçu.

» Il est arrivé presque seul; il a parcouru deux cent vingt lieues sans obstacles, sans combats, et a repris sans résistance, au milieu de la capitale et des acclamations de l'immense majorité des citoyens, le trône délaissé par les Bourbons, qui, dans l'armée, dans leur maison, dans les gardes nationales, dans le peuple, n'ont pu armer personne pour essayer de s'y maintenir.

» Et cependant, replacé à la tête de la nation qui l'avait déjà choisi trois fois, qui vient de le désigner une quatrième fois par l'accueil qu'elle lui a fait dans sa marche et son arrivée triomphale, de cette nation par laquelle et pour laquelle il veut régner, que veut Napoléon ? Ce que veut le peuple français : l'indépendance de la France, la paix intérieure, la paix avec tous les peuples, l'exécution du traité de Paris du 30 mai 1814... »

VI

Pendant que la France, enfin détrompée de ses illusions, réfléchissait sur cette déclaration du Conseil d'État, où l'esprit libéral de Benjamin Constant, l'esprit républicain de Carnot et l'esprit servile des courtisans personnels de l'empereur luttaient dans un style qui s'efforçait de répondre à des opinions si diverses, l'empereur lui-même essayait de faire, par la corruption des caractères, ce qu'il n'avait pu faire par la séduction des cabinets étrangers. Il y avait à Paris un de ces hommes équivoques dont l'existence est un problème, qui se servent de leur esprit comme d'un passe-port à travers les causes opposées, qui peuvent paraître avec une égale vraisemblance les servir toutes, qui plaisent par leurs grâces, qui déconcertent les soupçons par leur légèreté. Cet homme était M. de Montrond, familier assidu de M. de Talleyrand dans toutes ses fortunes, et qui flattait ses goûts de jeu et de plaisirs pour arriver à ses secrets. M. de Montrond, connu à ce titre de tous les hommes influents dans les cabinets de l'Europe, pouvait naturellement passer à Vienne pour un confident appelé de Paris par M. de Talleyrand, pour lui apporter l'état de l'opinion et les paroles des royalistes. Sa présence et son nom ne pouvaient donner aucun ombrage aux polices de l'Allemagne. Il était couvert de l'amitié connue des négociateurs français. Cette double apparence désigna M. de Montrond à l'empereur. Il le chargea de paroles de réconciliation, et de promesses de dignités et de fortunes suprêmes pour son ancien ministre, s'il voulait se détacher de la cause de Louis XVIII, abandonnée, disait-il, par la fortune; se rattacher, comme Ney, l'armée et le peuple, à sa propre cause; ébranler la confédération des haines des étrangers contre lui, et rentrer en France, où sa reconnaissance lui rendrait des biens et des titres supérieurs à toutes ses munificences d'autrefois.

Napoléon savait que de toutes les séductions sur la nature de M. de Talleyrand, la séduction des richesses était la plus irrésistible, car les richesses largement acquises, largement prodiguées par cet homme d'État, représentaient à la fois les trois principales passions de son âme, la puissance, les plaisirs et la générosité. M. de Talleyrand, qui n'avait rien à acquérir du côté de l'illustration du nom, avait de bonne heure résumé sa vie en deux instincts : la puissance pour vivre en haut, la richesse pour vivre au large. C'était la philosophie de sa vie privée. Les négociations dont le Directoire et l'empereur l'avaient chargé, les récompenses qu'il avait reçues des puissances contractantes, les munificences des princes dont il avait favorisé les réclamations au congrès dans cette distribution des territoires et des indemnités, avaient prévenu les offres de Napoléon.

VII

M. de Montrond parvint en effet à Vienne à l'abri de cette amitié confidentielle de M. de Talleyrand, dont le nom lui ouvrit les portes de l'Allemagne. Habitué à lire sur la physionomie de son patron la pensée secrète qu'il fallait servir, il comprit au premier mot et au premier sourire que sa mission était pressentie, mais qu'elle était tardive. L'Europe avait devancé M. de Montrond. Le traité du 25 mars était signé. M. de Talleyrand avait derrière lui la cause du monde et un million d'hommes. « Vous arrivez trop tard, dit-il à M. de Montrond, le parti de l'Europe et le mien sont pris ; restez avec nous, et ne vous trompez pas de fortune comme l'empereur s'est trompé d'heure. » M. de Montrond, à qui M. de Talleyrand fit lire la déclaration et les conventions, n'entra pas même en négociation avec l'ambassadeur. On l'éloigna de Vienne, de peur qu'il ne tentât d'ouvrir des communications secrètes avec Marie-Louise, dont on le disait également chargé. Le baron de Stassaert, Belge de nation, et moins suspect à cause de son origine, fut également chargé par l'empereur d'une mission secrète auprès de l'impératrice à Vienne. La surveillance de M. de Metternich la déjoua. Tous les fils que l'empereur cherchait à renouer se rompaient sous ses doigts. On sentait que son fils entre ses mains serait un moyen de négociation entre la France et lui, comme entre lui et l'Europe. En abdiquant pour ce fils, il aurait amorti la haine que les libéraux lui portaient à Paris, et amorti du même coup les terreurs de l'Europe. Cet enfant captif dans le palais de Vienne était l'objet de toutes ses pensées et le désespoir de son ambition.

VIII.

Mais pendant que Napoléon faisait de vaines tentatives de négociation et d'accommodement avec les puissances, Fouché entretenait des relations plus sourdes et plus équivoques avec les ennemis. Ses fonctions de ministre de la police l'autorisaient à avoir des yeux, des mains et des paroles partout, sous prétexte d'éclairer l'empereur sur les menées des puissances et des partis hostiles à sa cause. Ses agents sillonnaient toutes les routes, s'introduisaient dans toutes les cours. Les rapports secrets qu'il avait eus avant le départ du roi avec le comte d'Artois, M. de Bruges, confident de ce prince, et M. de Blacas; les demi-mots qu'il faisait échanger indirectement avec M. de Talleyrand, rendaient les agents de Fouché peu suspects à la cour de Gand et à la cour de Vienne. On espérait bien d'un homme qui, au fond, haïssait Bonaparte, qui lui était imposé par le parti révolutionnaire, et qui prêterait inévitablement la main à ses ennemis, au moment où leurs armées l'auraient ébranlé, pour précipiter sa chute. Napoléon, entouré de piéges, était contraint à soupçonner partout la trahison sans l'approfondir. Un hasard lui fit découvrir une de ces trames ourdies dans son propre cabinet, mais que l'audace de Fouché sut encore recouvrir de doute.

La police secrète de l'empereur l'informa un jour qu'un agent de M. de Metternich était arrivé à Paris, qu'il avait eu un entretien nocturne avec Fouché, qu'il était porteur d'une lettre chiffrée écrite par le premier ministre autrichien au ministre de la police, que dans cette lettre M. de Metternich engageait Fouché à envoyer un négociateur occulte à Bâle le 1er mai, que le cabinet autrichien y enverrait de son côté un agent confidentiel muni d'un signe convenu de reconnaissance, et que ces deux agents mis ainsi en rapport dans une ville neutre établiraient entre M. de Metternich et Fouché le concert dont l'un et l'autre avaient besoin pour les éventualités de leur politique. L'empereur, consterné et irrité tout à la fois, ne voulut pas laisser à Fouché le temps de préparer ses réponses et de masquer sa mine par une contre-mine. Il le fit appeler à l'instant, et lui demanda dans la conversation s'il avait reçu quelques ouvertures de l'Autriche. Fouché éluda la réponse. L'empereur, convaincu par ce silence de l'infidélité de son ministre, le congédia sans lui témoigner de soupçons. Il éclata d'abord en fureur et en menaces devant ses familiers les plus sûrs, ne parlant de rien moins que de faire arrêter à l'instant son ministre et de le faire juger pour haute trahison. Puis, comme les hommes que la nécessité force à faiblir, et qui pour se colorer à eux-mêmes leur faiblesse cherchent des prétextes de douter en ajournant leur conviction, il résolut de s'assurer par lui-même de la perfidie ou de l'innocence de Fouché avant de frapper un coup qui atteindrait, à son grand détriment, tout le parti révolutionnaire vendu à Fouché. Il appela dans la nuit celui des auditeurs de son conseil d'État qui était allé à l'île d'Elbe lui porter les provocations de ses affidés à son entreprise, et qui, depuis, était entré dans ses secrets aux Tuileries, M. Fleury de Chaboulon. Il lui dévoila la trame suspecte de Fouché, et le chargea d'aller en recueillir les preuves à Bâle en devançant l'émissaire que son perfide ministre devait faire partir pour s'y concerter avec M. de Metternich.

IX

« Allez à l'instant chez Caulaincourt, lui dit-il ; il vous remettra un passe-port pour Bâle. Vous y rencontrerez, à l'aide du signe de reconnaissance que Caulaincourt vous remettra, M. de Werner, l'agent de M. de Metternich. Metternich est incapable d'un crime ; il ne s'agit donc pas d'un assassinat, mais il s'agit vraisemblablement d'un commencement d'intrigue en prévision de ma ruine, et d'une entente entre Fouché et les puissances pour me remplacer sur le trône. Percez à jour ce mystère d'abord, puis profitez de cette entrevue avec l'agent secret du cabinet autrichien pour établir un rapprochement entre moi et l'Autriche. Sondez les pensées de cette cour, et voyez surtout si dans le cas de ma mort sur le champ de bataille le prince Eugène Beauharnais, mon fils adoptif, ne pourrait pas être accepté pour la régence et la tutelle du roi de Rome. » L'agent partit.

X

Arrivé à Bâle, il y trouva M. de Werner. Il s'en fit reconnaître à l'aide du signal convenu dérobé à la correspondance interceptée de Fouché. Il dit à M. de Werner qu'il venait au nom de ce ministre. Il le pria de s'ouvrir sans défiance à lui. L'envoyé du prince de Metternich s'ouvrit en effet. « Le prince, dit-il, a la plus haute opinion des talents et du caractère de Fouché. Il le croit trop clairvoyant pour se fier à l'aventurier qui trouble en ce moment l'Europe; il est convaincu que Fouché n'a consenti à rentrer dans les conseils de Napoléon que pour épargner à sa patrie les extrémités de la guerre étrangère et de la guerre civile; il ne doute pas que la nécessité du renversement de Bonaparte et du rétablissement des Bourbons ne lui apparaisse comme le seul moyen de pacifier le monde. L'assassinat serait un crime aussi indigne de la cause que de l'honneur d'un homme d'État tel que M. de Metternich. Un seul moyen convient au droit de l'Europe : c'est la force. Elle l'a dans les mains; mais un homme, par son action sur les partis en France, pourrait éloigner cette triste nécessité de la force et épargner les flots de sang qui vont couler de nouveau pour l'ambition d'un seul ! Cet homme est M. Fouché. — Avez-vous déjà lié quelques rapports avec lui? répondit l'envoyé de Bonaparte. — Non, répliqua M. de Werner; c'est pour lui faire des ouvertures à ce sujet que le prince de Metternich m'envoie ici. Fouché seul, à ses yeux, peut indiquer les moyens pacifiques d'un arrangement entre l'Europe et la France. Nous savons que l'opinion publique est contraire à cette usurpation de Napoléon, et que l'armée seule est vendue à sa cause. Le peuple intimidé et surpris n'a pas eu le temps de se lever contre l'armée. A présent il réfléchit, il s'humilie et il s'indigne. Nos rapports sont unanimes sur cet éloignement croissant de l'opinion publique de Napoléon; il y a là entre les mains d'un homme aussi exercé et aussi habile que Fouché un moyen tout-puissant d'action entre la France et Napoléon, entre la France et nous. Avec ce levier de l'opinion publique, il peut remuer les esprits, les choses, l'empereur lui-même. Il ne croit pas à la possibilité de faire régner les Bourbons vieillis dans des idées impopulaires; mais les alliés n'imposent pas tel ou tel roi à la France; ils ne veulent qu'une chose : écarter Napoléon. » Les envoyés débattirent alors entre eux les noms du duc d'Orléans, d'Eugène Beauharnais, les formes diverses de fédération, de royauté, de régence, que la France pourrait accepter pour échapper à Napoléon et à la nécessité de la guerre. On n'avait voulu mutuellement que se sonder; tout se borna à de vagues éventualités et à des hypothèses. Une seule chose ressortit de cet entretien : c'est que tout était possible, excepté Napoléon lui-même.

XI

A son retour à Paris, le négociateur secret rendit compte à l'empereur de son entrevue, de l'espoir qu'on fondait sur les sentiments de Fouché, mais de l'incertitude où l'on était sur ses dispositions réelles, et par conséquent de son innocence. « Je le sais déjà, dit l'empereur. Fouché lui-même est venu me communiquer la tentative de négociation ouverte par lui dans mon intérêt, mais à mon insu, à Bâle. Il est affamé d'intrigues, mais pur de trahison dans cette affaire. Allez le voir, et dites-lui qu'il a toute ma confiance. Quant aux alliés, n'en espérons rien. Si l'Autriche avait le courage de s'allier avec moi, nous sauverions ensemble le monde de la Russie, qui a appris en me suivant les routes de l'Allemagne et de la France. Mais elle est dominée déjà par Alexandre; il règne en Europe; moi seul je pouvais le balancer : on ne saura ce que je valais qu'après m'avoir perdu ! Mais je vendrai chèrement ma vie. Ils voudraient m'avoir dans une cage de fer pour me montrer enchaîné au monde comme une bête féroce ! Ils ne m'ont pas encore ! Je leur montrerai le réveil du lion ! Ils ne se doutent pas de mes forces ! Si je coiffais demain le bonnet rouge de 1793, ils seraient tous anéantis ! »

Cette idée de changer son rôle de souverain despotique en tribun de la Révolution et de réveiller la démagogie qu'il avait enchaînée revenait à toute heure dans ses entretiens. On voyait qu'il flottait entre deux pensées, l'une aussi impossible que l'autre : ressaisir par la victoire la tyrannie qu'il avait usée dans ses mains, ou se faire accepter pour chef par une révolution éteinte, et qui ne lui rendrait jamais sa confiance qu'aussi longtemps qu'elle aurait besoin d'une tribune, et de soldats pour protéger ses tribuns.

Fouché, en apprenant par la bouche de l'affidé de Napoléon l'envoi de cet agent à Bâle pour surveiller ou déjouer sa propre négociation, cacha mal son ressentiment contre l'empereur, dont les soupçons l'offensaient. Il feignit néanmoins de n'avoir agi avec tant de mystère que pour assurer un secret impossible avec l'empereur, dont la conversation loquace ébruitait tout. Il renvoya à Bâle ce même agent chargé d'une lettre de lui au prince de Metternich, lettre destinée d'avance par Fouché à une publicité certaine, et dans laquelle il affectait de démontrer au prince de Metternich l'indispensable nécessité de Napoléon pour l'ordre en France et pour l'équilibre en Europe. Il se tenait ainsi lui-même en mesure avec tous les partis, sans préférence pour aucun, mais résolu à faire triompher celui pour lequel se déclareraient les événements. L'agent se rendit de nouveau à Bâle. M. de Werner, qui l'attendait, reçut la lettre de Fouché, et se borna comme la première fois à écouter sans répondre les paroles du gouvernement de Napoléon. Il s'étonna cependant de la persistance de Fouché à soutenir la nécessité du rétablissement de l'empereur après les communications que ce ministre, disait-il, avait reçues de M. de Montrond à son retour de Vienne. Napoléon, au retour de son agent, apprenant que M. de Montrond avait porté des paroles à Fouché et que Fouché ne lui en avait rien dit, ne douta plus de quelque intrigue sourde de son ministre. « J'ai la conviction qu'il me trahit, s'écria-t-il avec cette intempérance de langage qui depuis plusieurs années évaporait sans cesse sa pensée. Je sais qu'il a des intrigues à Londres et à Gand; je regrette de ne l'avoir pas chassé avant qu'il soit venu me communiquer ses relations ouvertes avec M. de Metternich. A présent le moment et le prétexte sont manqués. Il répandrait partout que je suis un tyran sacrifiant tout à ses soupçons. »

Ainsi, pour racheter l'empire, Napoléon, assiégé de doutes et environné de piéges, était maintenant forcé de feindre, de laisser ses ennemis dans ses conseils et de pactiser avec la trahison.

XII

Il soupçonna également alors le maréchal Davoust, son ministre de la guerre. Davoust avait envoyé un agent secret à Londres pour acheter des fusils, que les fabriques d'armes françaises ne pouvaient fournir assez vite à nos armements. L'empereur vit dans cette négociation pour l'acquisition des armes un prétexte de Davoust pour masquer une négociation avec les Bourbons. Il le crut complice de Fouché, mais il n'osa manifester tout haut ses soupçons. Davoust n'avait jamais été un adulateur de Napoléon pendant ses prospérités. Dans ses revers, il lui était resté fidèle comme Macdonald. Officier de race militaire avant la Révolution, soldat de la république, lieutenant de l'empire, guerrier et patriote sous tous les régimes, la rude franchise de son âme répondait de la loyauté de ses services. Dans Napoléon menacé par l'Europe, il défendait le sol et l'indépendance de son pays sans s'interroger lui-même sur ses répugnances ou sur ses préférences politiques. Nul, par son indépendance même de la faveur de Napoléon, n'était plus propre que Davoust à organiser et à mobiliser ses armées. Les soupçons de Napoléon le blessèrent sans le détacher de son devoir. Mais ces soupçons empêchèrent bientôt après l'empereur de se confier à Davoust, et de recueillir de ses services et de son crédit sur l'armée tous les avantages qu'il pouvait en attendre. Il refusa obstinément à ce maréchal de le faire son major général dans la campagne qui allait s'ouvrir. Davoust le conjurait en vain de nommer Masséna vieilli, mais imposant encore, ministre de la guerre et commandant de la garde nationale de Paris. « Masséna, disait Davoust, suffira par son nom et par son ascendant à la capitale et au ministère, où l'activité et le bras ne seront plus nécessaires comme aux camps ; donnez-moi le second rang, mais le plus utile, puisque ce sera celui où il vous faut le plus de zèle et de fidélité.. » L'empereur, assiégé de doute en voyant des perfidies jusque dans les dévouements, fut inflexible. Il laissa Davoust derrière lui, n'osant pas le placer à son côté dans sa tente. Davoust gémit de son éloignement du champ de bataille. L'armée, qui se fiait à lui, parce qu'il n'avait pas servi les Bourbons pendant l'interrègne de son empereur, se défia des autres maréchaux dont Napoléon s'entoura. Les ombrages que Napoléon concevait dans sa cour et qui faisaient hésiter sa main dans ses choix portèrent l'hésitation jusque dans ses camps.

XIII

Mais, au moment où les espérances de Napoléon flottaient ainsi entre des négociations impossibles et une guerre inévitable, un événement indépendant de sa volonté et contraire à sa politique d'expectative éclatait dans le midi de l'Italie. Cet événement précipitait les dénoûments. Il donnait à l'Autriche et aux puissances coalisées le prétexte dont elles avaient besoin pour colorer aux yeux de leurs peuples et de leurs armées l'agression résolue contre la France, et surtout contre l'empereur. Murat appelait l'Italie aux armes, et s'élançait de sa capitale à la tête de son armée.

Pour comprendre cette témérité du roi de Naples, beau-frère et lieutenant de Napoléon, puis allié de ses ennemis pour conserver la couronne, puis se repentant de sa défection en sentant son isolement sur son trône après la chute de son bienfaiteur et de son ami, puis tramant en secret des complicités occultes de restauration de l'empire à l'île d'Elbe, puis contrevenant aux insinuations de Bonaparte en donnant avant l'heure le signal et l'occasion de la guerre générale pour voler à son secours avant d'être appelé, il faut bien connaître la nature, le caractère, la situation et la politique de Murat : un de ces rois de fortune dont l'âme aspira le plus de gloire, dont le bras accomplit le plus d'exploits, dont la vie eut le plus d'aventures, héros presque fabuleux de cette époque, dont Napoléon fut le Charlemagne et Murat le Roland.

XIV

Murat était le fils d'un simple cultivateur tenant une hôtellerie de campagne à la Bastide, bourgade du midi de la France, sur le revers de ces Pyrénées dont les races fortes, intelligentes et aventurières, respirent de près le génie chevaleresque de l'Espagne, et rappellent jusque dans les rangs des paysans la noblesse plébéienne et l'intrépidité du sang d'Henri IV. Il y a dans le midi de l'Europe surtout, comme il y en a en Espagne, en Écosse et en Orient, des tribus de peuple où la noblesse est de tous les rangs. Le mendiant lui-même y sent la dignité de race, parce qu'il a en lui la hauteur de l'âme. Le jeune Joachim Murat était de ces tribus. Enfant, berger, fortifié par ces habitudes rurales et par ces rudes travaux agricoles de sa famille, servant tour à tour, comme ses frères, aux champs ou dans l'hôtellerie de son père, passionné pour les chevaux qu'élèvent, comme les Andalous et les Arabes, les paysans de ces contrées, les domptant avec adresse, pansant au besoin de sa main d'enfant ceux des voyageurs, hôtes accidentels de l'écurie de son père, ces habitudes le façonnaient de bonne heure aux goûts et aux habitudes du cavalier. Sa famille, aisée quoique rurale, lui faisait néanmoins recevoir dans le village et dans la petite ville voisine de Cahors l'instruction d'un enfant destiné soit au sacerdoce, soit aux professions accessibles alors aux jeunes gens de sa condition. Son intelligence vive et souple ne se prêtait pas moins à ces exercices de l'esprit que son corps aux exercices de la vie des champs ou des camps. Sa taille était élevée, son buste svelte, son col dégagé, ses bras souples quoique fortement noués aux épaules, ses jambes bien fendues pour embrasser le cheval, ses pieds bien arqués pour mordre les pentes des montagnes. Sa physionomie ouverte et rayonnante, ses yeux bleus, son nez aquilin, ses lèvres gracieuses, son teint coloré, ses cheveux châtains, longs, soyeux, naturellement ondés, flottant sur ses joues ou rejetés sur son col à la manière des Basques, frappaient les yeux et gagnaient le cœur. Quelque chose d'héroïque était écrit par la nature dans l'extérieur de ce jeune homme et lui prophétisait on ne sait quoi. Sa mère et ses frères y croyaient. Son cœur sensible, serviable à tous et tendre, le faisait aimer de ses camarades et écartait de lui toute envie.

XV

Le goût du cheval et des armes l'emporta bientôt dans l'âme de Murat sur la vocation sacerdotale à laquelle sa famille le destinait malgré la nature. Le sanctuaire et la vie assise et oisive du lévite ne pouvaient contenir cette flamme et cette énergie. Il s'engagea en 1787, à quinze ans, malgré ses parents, dans le 12e régiment de chasseurs. L'Europe était en paix ; il subit cinq ans sans impatience et sans dégoût la vie de simple soldat, dont son cheval et ses armes le consolaient. La guerre de 1792 appela son régiment aux frontières, et fit ressortir la bravoure et l'aptitude du jeune soldat. Il passa en une seule année par les grades soldatesques de brigadier et de maréchal des logis. A la fin de l'année il fut fait officier. L'émigration laissait les rangs libres et les places d'officiers vacantes. Bientôt capitaine en 1793, il fut élevé en peu d'années, d'exploit en exploit, au grade de chef de brigade. Napoléon, qui le distingua partout dans la première campagne d'Italie, le nomma son aide de camp à Milan, lui rendit en amitié tout ce que le jeune Murat lui donnait en admiration et en dévouement, l'attacha à sa fortune, le conduisit en Égypte, fut témoin de ses charges de cavalerie contre les mameluks, comprit l'électricité communicative que sa valeur inspirait aux troupes, vit en lui l'élan et l'enthousiasme de l'armée, le ramena en France quand il y revint éblouir et asservir le Directoire, et lui confia le rôle de l'audace et de l'action armée à Saint-Cloud le 18 brumaire. On sait comment Murat, laissé par Bonaparte avec ses grenadiers à la porte de l'orangerie pendant que Bonaparte entrait dans le conseil des Cinq-Cents pour l'apostropher et le dissoudre, reçut dans ses bras Bonaparte repoussé, déconcerté, presque évanoui, le remit à cheval, rendit l'audace à ses résolutions, donna l'élan à ses soldats, couvrit son trouble, répara sa retraite, et acheva sa fortune et son crime en dispersant avec ses baïonnettes la représentation désarmée. De ce jour Bonaparte, reconnaissant, vit dans Murat un supplément de lui-même, et résolut, par sentiment autant que par politique, de s'attacher ce compagnon d'armes qui portait partout bonheur à ses desseins. Ces deux hommes de guerre mêlèrent leur vie pour doubler par l'attachement leur force. Murat fut nommé commandant de la garde des consuls. Mais l'ambition n'était pas un lien assez fort pour enchaîner Murat à la fortune de son ami devenu chef de la république; l'amour rapprocha davantage encore le cœur du cœur, le sang du sang. Le jeune officier aimait une des sœurs de son général, Caroline Bonaparte. Elle entrait à peine dans l'adolescence; elle était d'une beauté moins grecque et moins classique, aux yeux des statuaires, que celle qui fut depuis la princesse Pauline Borghèse, mais d'une grâce plus attrayante, d'une âme plus haute, d'une intelligence plus cultivée, d'une plus royale ambition. Murat tremblait de la demander, dans la crainte d'un refus motivé sur son humbe naissance et sur son dénûment de fortune. Bonaparte, lui comptant sa bravoure pour richesse et sa faveur pour sang, la lui offrit. Murat, le plus amoureux et le plus heureux des hommes, donna son cœur à la sœur, au frère sa reconnaissance et son dévouement. Les deux familles furent confondues comme les deux destinées.

XVI

Bientôt après, il commandait la cavalerie à Marengo, recevait un sabre d'honneur pour ses exploits, était chargé de commander en chef le détachement de nos armées qui marchait sur les États romains, rétablissait le pape à Rome, chassait les Napolitains, entrait à Naples en pacificateur et concluait la paix avec le roi des Deux-Siciles. A son retour, il alla visiter son humble famille et se parer de sa gloire dans le village de son père, mais avec une modestie et une cordialité qui élevaient à lui tous les anciens témoins de sa première obscurité. Bonaparte le nomma gouverneur de Paris. Il remplit ces fonctions avec une grandeur et un luxe qui faisaient présager l'empire. Il aplanit la route du trône à son beau-frère. Il le servit dans toutes ses pensées, mais Bonaparte le connaissait assez pour ne rien lui demander qui pût flétrir son cœur ou ternir son nom. Il chargeait Murat de ses grâces, les autres de ses rigueurs.

C'était l'époque où Bonaparte, dans des vues machiavéliques qui lui firent croire à la nécessité des crimes utiles, faisait enlever en pays neutre, juger et immoler en une nuit, le jeune et innocent fils des Condé. Murat ne prêta ni son âme ni sa main à cette tragédie. Sa place de gouverneur de Paris et ses liens de famille avec Napoléon laissèrent croire cependant dans les temps qu'il avait trempé dans ce sang. Ce fut une calomnie de l'ignorance. Informé par la rumeur du palais et par madame Bonaparte qu'il se tramait quelque chose de sinistre contre un prince de la famille des Bourbons, il emprunta le cœur et la voix de sa jeune femme pour détourner Bonaparte de toute mesure qui dépasserait la prudence et la sûreté de son gouvernement. Il fit parler la gloire avec la pitié. Il ne fut initié à aucune des circonstances qui préludèrent à l'attentat. Ses fonctions de gouverneur de Paris lui donnaient l'attribution de désigner les membres du conseil de guerre. Sur l'ordre du ministre de la guerre, il les désigna sans choix par leur grade et parmi les chefs de corps de la garnison de Paris. Il pouvait croire à l'acquittement, il espérait sans aucun doute une commutation de peine dans le cas de condamnation. Malade ou affectant la maladie dans ces jours funestes pour mieux retirer sa main de cette embûche, il se borna à envoyer à dix heures du soir, le jour du jugement, le chef d'escadron Brunet, son aide de camp, et le colonel Ravier du 18ᵉ régiment, à Vincennes, pour venir lui rendre compte de la séance du conseil de guerre aussitôt qu'elle serait terminée. L'aide de camp et le colonel ignoraient entièrement, comme tout Paris, l'arrivée du duc d'Enghien dans cette forteresse et l'objet du conseil de guerre auquel ils avaient mission d'assister. Ils s'interrogèrent réciproquement en route sans pouvoir se communiquer l'un à l'autre leurs conjectures. Ils n'étaient porteurs d'aucun message, d'aucune lettre, d'aucune parole du gouverneur de Paris auprès des juges ou des officiers supérieurs du château. Leur mission était uniquement de savoir ce qui se passait et de le rapporter à leur général. Ces deux officiers n'apprirent que dans les cours de Vincennes le nom du prisonnier. Ils assistèrent à ce jugement et au meurtre précipité qui le rendit plus odieux et plus féroce. Ils repartirent consternés avant le jour pour Paris. Le chef d'escadron Brunet, depuis général, jeune homme de vingt ans au cœur pur et à l'âme sensible, entra dans la chambre à coucher de Murat où il reposait avec sa femme. Il raconta ce qu'il avait vu. Murat et Caroline jetèrent des exclamations de surprise et d'horreur en l'écoutant. Ils savaient le procès; ils ne croyaient évidemment pas à l'exécution. Ils confondirent l'un et l'autre leurs larmes avec les larmes de l'aide de camp. Ce n'est pas ainsi qu'un complice reçoit l'annonce d'un crime. Murat en fut plus qu'innocent, il en fut navré pour lui-même et honteux pour la gloire de son beau-frère.

XVII

Après la proclamation de l'empire, il fut revêtu de la dignité de grand amiral, dignité de cour qui lui donnait rang parmi les grandes féodalités impériales que Napoléon rêvait de reconstituer à l'imitation de Charlemagne. Mais la guerre était sa véritable dignité. Il y suivit partout l'empereur, et commanda la cavalerie dans toutes les grandes campagnes de 1800 à 1808. Le grand-duché de Berg, principauté de la rive droite du Rhin, enlevé comme une dépouille à la Prusse, lui fut donné en souveraineté par Napoléon. Il rêvait une souveraineté plus royale; l'empereur la lui faisait espérer pour aiguillonner son ardeur. Murat fut chargé de conduire une armée française à Madrid, sous prétexte de pacifier l'Espagne déchirée par les dissensions de la famille royale, en réalité pour expulser les Bourbons et pour faire un trône de plus à sa dynastie. Murat, à la fois négociateur, général d'armée, protecteur apparent de la cour, exécuteur intéressé des pensées de Napoléon, conspirant et combattant pour lui-même, subjugua Madrid révolté, s'interposa entre le père et le fils au palais d'Aranjuez, contraignit l'abdication du vieux roi, engagea le jeune roi à se rendre à Bayonne, où la perfidie de Napoléon, qui lui promettait un trône, l'attendait pour lui donner une prison. L'Espagne, veuve de sa famille royale et occupée par les troupes françaises, était un empire à donner. Murat l'attendait pour lui. Il l'avait acheté par assez de bravoure, assez de services, assez de ruses. Bonaparte, mal conseillé par les ambitions de ses proches, le donna à son frère Joseph, déjà roi de Naples, promettant à Murat le royaume de Naples en dédommagement. Murat trompé, mécontent, désespéré d'avoir conquis et ensanglanté l'Espagne pour un autre, conçut un ressentiment profond d'une faveur manquée qu'il considérait comme un outrage. Il tomba malade de cette langueur qui suit les grandes ambitions déjouées. Il refusa de voir l'empereur, s'enferma dans un isolement amer, et reçut enfin le trône de Naples non comme un royaume, mais comme une injure de son bienfaiteur. Il en prit possession en 1808, chassa les Anglais de l'île de Caprée, d'où leur pavillon offensait ses yeux dans son palais, éblouit son peuple par sa gloire, se l'attacha par sa grâce, et le gouverna avec une sagesse et une bonté qui le firent adorer de l'Italie. Sa cour brillante du luxe des armes, des fêtes, des plaisirs, fut une ivresse continue de guerre, d'ambition et d'amour.

XVIII

Il n'était néanmoins, quoique roi, qu'un vassal couronné de Napoléon. Il avait ajouté ce nom de Napoléon au sien en signe d'adoption d'une part, de clientèle de l'autre. Il continuait de servir en qualité de maréchal de l'empire et de commandant général de la cavalerie française dans les campagnes de l'empereur. La couronne n'avait rien enlevé à son intrépidité. C'était toujours le premier soldat à cheval de l'empire; le feu l'exaltait. La douceur de son cœur lui faisait cependant répugner au sang. Ce qu'il voulait à la tête de ses escadrons, ce n'était pas la mort des ennemis, c'était leur fuite et la victoire. Sa bravoure était un tourbillon qui dispersait tout, mais qui tuait peu. Il ne portait en chargeant ni un sabre, ni même une épée de combat. La seule arme qu'il ceignît à cheval était un glaive romain, large et court, inutile à l'attaque et à la défense contre les longues lames des cavaliers ennemis. Ce glaive, au pommeau de nacre artistement incrusté de pierres précieuses, était orné du portrait de la belle reine Caroline, sa femme, et de leurs quatre enfants. Il ne tira qu'une seule fois cette arme du fourreau dans un danger extrême, non pour frapper, mais pour animer son escorte à fondre avec lui sur une nuée de cavaliers dont il était entouré. Il disait au comte de Mosbourg, son ami et son ministre, qui avait administré ses finances avec un talent et une fidélité dignes d'un plus vaste empire, et qui gardait sa mémoire avec le désintéressement et avec le culte de l'amitié : « Ma consolation la plus douce quand je repasse sur ma vie de soldat, de général et de roi, c'est de n'avoir jamais vu tomber un seul homme mort de ma main. Il n'est pas impossible, sans doute, que dans tant de charges à fond, où je lançais mon cheval à la tête des escadrons, quelques coups de pistolet, tirés au hasard, aient blessé ou tué un ennemi, mais je n'en ai rien su; si un homme était mort devant moi, et de ma main, cette image me serait restée toujours présente, et me poursuivrait jusqu'au tombeau. » La sensibilité du cœur s'allie ainsi dans le guerrier moderne à l'impétuosité du courage. Il veut la victoire en masse, les détails du carnage lui font horreur et pitié.

XIX

La campagne de Napoléon en Russie arracha une dernière fois Murat aux délices de sa cour de Naples. Il répugnait à cette guerre d'orgueil et de défi à la nature, où Napoléon allait jouer la vie de deux millions d'hommes et l'empire du continent contre une stérile conquête impossible à posséder. Mais Murat ne pouvait entendre de loin le bruit du canon et les échos de la gloire de ses anciens rivaux de renommée, sans se précipiter avec eux sur les champs de bataille. Il rejoignit l'empereur en route, lui fournit quelques régiments napolitains qu'il voulait tremper dans la grande guerre, et reprit le commandement en chef de cent cinquante mille hommes de cavalerie, la plus immense réunion de chevaux qui ait jamais sillonné l'Europe depuis les invasions d'Asie. L'empereur l'embrassa, partagea comme autrefois avec lui sa tente, le traitant tout à la fois en aide de camp, en ami, en beau-frère, en roi. Murat fit presque à lui seul toute la campagne, à la tête des avant-gardes, contre un ennemi qui se repliait toujours après les premiers coups. Le roi de Naples semblait affamé de combats et jouir de ses dernières lueurs de gloire. Il n'y eut du Borysthène à Moscou de feu que pour lui. Il semblait n'en pas affronter assez pour son insatiabilité de gloire. Les Cosaques, dont le rideau se reformait et se dissipait sans cesse autour de lui, et qui le reconnaissaient de loin au luxe éclatant de son costume, jouaient eux-mêmes avec Murat à ce jeu du sabre, comme dans un carrousel oriental. Ils s'en approchaient, ils l'appelaient leur *hetman* français, comme les mameluks, charmés de sa valeur, l'appelaient leur *bey* en Égypte. Ils en recevaient des présents.

XX

Cette passion du luxe militaire, qui exposait la vie de Murat aux coups de l'ennemi, était une partie de son prestige sur les soldats. Son costume était une partie de son caractère. Il le signalait à la popularité des camps. L'éclat pour lui était l'image de la gloire. Homme du Midi, il aimait, comme le *Cid*, la pompe espagnole, les chevaux piaffants, les armes précieuses, les vêtements éclatants et colorés des Arabes. Son uniforme n'était jamais que le caprice éblouissant de son imagination. Il portait généralement des bottes de maroquin rouge, à larges plis retombant sur le cou-de-pied, ornées d'éperons d'or ; un pantalon blanc collant sur la cuisse et révélant la mâle beauté de ses formes, une veste de brocart, une tunique courte, serrée à la taille, bordée de fourrures, enrichie de brandebourgs d'or ; une coiffure relevée comme celle des compagnons de François Ier, deux ou trois panaches et une aigrette flottante et étincelante sur son chapeau. Héros de théâtre, mais à qui l'œil pardonnait cette ostentation guerrière, parce que la bravoure dépassait l'ostentation, et que la scène était au milieu du feu et du sang. Napoléon souriait quelquefois avec ses lieutenants de cet appareil un peu puéril de son beau-frère, mais cet excès même lui plaisait, parce qu'il contrastait avec sa propre simplicité, autre nature de prestige dont il frappait aussi les yeux des soldats.

XXI

Pendant que Napoléon, vainqueur presque sans combats, et enfermé dans le piége de Moscou, perdait le temps à hésiter entre une marche en avant, une paix menteuse et une retraite impossible, Murat, bivouaquant hors des murs, à la tête de ses trente mille cavaliers, battait la campagne pour chercher ou écarter l'ennemi de Moscou. On sait les désastres de cette retraite, où l'armée de Napoléon, retardée par son indécision, lutta en se décimant dans des déserts de neige contre les éléments et les hommes : de cinq cent mille hommes et de cent cinquante mille chevaux qui avaient passé quelques mois auparavant le Borysthène, soixante mille hommes débandés et quelques centaines de chevaux le repassèrent à peine au cœur de l'hiver. Jamais, depuis l'armée de Xerxès, une si longue et si complète déroute devant la nature ne sema de cadavres d'hommes et de chevaux cinq cents lieues de déserts. L'âme de Murat ne fléchit pas à ce spectacle. Il l'avait présagé, il le brava en homme qui voulait laisser sa vie ou rapporter du moins son nom. Il usa jusqu'à son dernier cheval de combat. Quand sa cavalerie fut évanouie presque tout entière dans les combats et dans la neige, il groupa le peu d'hommes qui lui restaient autour de l'empereur, il commanda le bataillon sacré qui remplaçait sa garde, petite troupe d'élite, reste pitoyable d'une immense armée, où les généraux faisaient fonctions d'officiers, et où les colonels et les chefs d'escadron serraient les rangs des soldats. Abandonné enfin par l'empereur, qui partit précipitamment pour précéder à Paris le bruit de ses désastres, et pour prévenir le contre-coup de cette chute, Murat reçut la mission impossible d'arrêter ce courant de fuite, de réorganiser au cœur de l'Allemagne ennemie une armée qui n'était plus qu'une bande d'hommes démoralisés et décimés par les éléments. Murat lui-même ne résista pas. Après avoir vainement tenté de se faire obéir par des chefs dont l'absence de Napoléon encourageait la désobéissance, et par des soldats qui n'écoutaient plus que la voix du salut individuel, Murat, rappelé aussi secrètement par sa sollicitude sur le sort de son trône à Naples, déserta l'ombre d'armée confiée par l'empereur à son commandement, et partit nuitamment pour son royaume, en remettant le soin de rallier les troupes au prince Eugène Beauharnais.

XXII

Napoléon indigné masqua mal aux yeux de la France sa secrète colère contre son beau-frère et son ami. Il l'insulta de sa propre main dans une note publiée à ce sujet dans les feuilles publiques. « Le roi de Naples, malade, disait Napoléon, a dû quitter l'armée. Le prince Eugène en prend le commandement. Le vice-roi d'Italie a plus l'habitude d'une grande administration. Il a l'entière confiance de l'empereur. » C'était dire tout haut que Murat ne l'avait plus. Cette confiance était ébranlée depuis longtemps en effet. L'empereur savait que Murat et sa cour étaient assiégés, comme Bernadotte, des insinuations de l'Autriche et de l'Angleterre, qu'il les écoutait trop dans l'intérêt de son trône, et que Fouché, relégué à Naples, donnait à la reine Caroline, femme de Murat, et bientôt à Murat lui-même, des conseils machiavéliques de paix séparée avec les puissances et de séparation de sa cause de la cause perdue de Napoléon.

Napoléon ne se contint plus en apercevant enfin ces manœuvres obliques d'une cour vassale de la sienne et d'une défection méditée dans sa propre famille; mais, selon son usage quand il était faible et qu'il voulait paraître fort, il révéla avant le temps sa colère, et il outragea au lieu de frapper. « Je ne vous parle pas, écrivit-il imprudemment à celui qu'il avait fait roi et qu'il avait rendu indépendant en le couronnant, je ne vous parle pas de mon mécontentement en apprenant la conduite que vous avez tenue après mon départ de l'armée ; cela tient à la faiblesse de votre caractère : vous êtes un bon soldat sur le champ de bataille, mais, hors de là, vous n'avez ni vigueur ni caractère. Seriez-vous donc de ceux qui pensent que le lion est déjà mort et qu'on peut impunément se partager ses restes ?... Si vous faisiez ce calcul, il serait faux !... Vous m'avez fait tout le mal que vous pouviez me faire depuis mon départ de Wilna. Le titre de roi vous a tourné la tête... Si vous voulez le conserver, conduisez-vous bien !... »

XXIII

De telles paroles tombant sur le cœur d'un homme superbe, mais sensible, étaient de nature à envenimer plus qu'à ramener ce cœur. Murat, humilié, rendit offense pour offense. « Vous avez fait, dit-il, une cruelle blessure à mon honneur, et il n'est plus au pouvoir de Votre Majesté de guérir le mal : vous avez outragé un ancien compagnon d'armes qui vous a toujours été fidèle dans vos dangers, qui n'a pas médiocrement contribué à vos victoires, qui a été un des soutiens de votre puissance, et qui jadis a ranimé votre courage défaillant au 18 brumaire.

» Quand on a l'honneur, dites-vous, d'appartenir à votre illustre famille, on ne doit rien faire qui puisse en compromettre les intérêts ou en obscurcir les splendeurs. Et moi, Sire, je vous dirai pour toute réponse que votre famille a reçu de moi autant d'honneur que vous m'en avez fait par le mariage de votre sœur.

» Quoique roi, je regrette mille fois ces temps où, simple

officier, j'avais des supérieurs sans avoir un maître. Parvenu au trône, mais dans cette haute position tyrannisé par Votre Majesté, dominé dans mon intérieur, j'ai eu soif plus que jamais d'indépendance et de liberté. C'est ainsi que vous affligez, que vous immolez à vos moindres soupçons ceux qui vous sont le plus fidèles et qui vous ont le mieux servi dans la brillante carrière de vos succès : c'est ainsi que vous avez sacrifié Fouché à Savary, Talleyrand à Champagny, Champagny lui-même à Bassano, et Murat à Beauharnais, Beauharnais qui a auprès de vous le grand mérite de l'obéissance muette, et celui plus grand encore, parce qu'il est plus servile, d'avoir tranquillement annoncé au Sénat la répudiation de sa mère.

» Pour moi, je ne puis plus m'empêcher d'accorder à mon peuple quelque soulagement par le commerce, et je dois réparer le tort que lui cause la guerre maritime.

» De tout ce que j'ai dit relativement à Votre Majesté et à moi-même, il résulte que l'ancienne confiance est réciproquement altérée. Vous ferez ce que vous jugerez le plus à propos, Sire; mais, quels que soient vos torts, je suis encore votre fidèle beau-frère,

» JOACHIM. »

XXIV

Cette correspondance injurieuse, tantôt inspirée, tantôt adoucie par les conseils de la reine Caroline, sœur de l'empereur, mais femme ambitieuse et dominatrice de Murat, laissa le venin dans les cœurs, mais les apparences d'un retour d'amitié entre les deux cours. En partant pour ouvrir en Allemagne la campagne de 1813, Napoléon écrivit à Murat pour lui offrir de nouveau le commandement de sa cavalerie. La situation de Murat fut cruelle à cet appel de son ancien chef qui allait livrer ses derniers combats sur le sol témoin de leur lutte de dix ans, périr peut-être en voulant ressaisir la victoire, mais peut-être aussi reconquérir Vienne, Berlin, la soumission de ses ennemis et une paix toute-pouissante. Il était pour Murat aussi douloureux d'abandonner son bienfaiteur vaincu qu'il était dangereux de mécontenter son beau-frère vainqueur. Il hésitait, ses ministres lui conseillaient de rester neutre et en observation douteuse à Naples. « N'avez-vous pas assez fait, lui disaient-ils, pour la reconnaissance et pour la gloire? N'est-il pas temps de penser enfin à vous, à votre famille, à vos États perdus dans la défaite si vous vous mêlez au combat? »

Murat, déjà secrètement engagé avec l'Autriche et l'Angleterre par un traité qui lui livrait l'Italie, subit longtemps l'angoisse de l'incertitude entre son trône, ses devoirs secrets, ses devoirs publics envers la France, et son honneur de guerrier, de beau-frère et d'ami. L'acte imprudent qu'il avait commis en écoutant l'Autriche et en se liant contre son devoir pesait sur lui. Les regards de Napoléon et du monde, les soupçons des généraux français, de sa cour et de son armée, l'intimidaient également. Il crut pouvoir concilier misérablement en lui deux hommes : le général et le souverain. Comme guerrier, lieutenant de l'empereur, il se décide à partir pour l'armée et à combattre encore avec lui; comme roi, il crut pouvoir reprendre, après avoir combattu, ses conventions particulières avec l'Autriche.

Infidèle ainsi à deux causes faute d'en avoir embrassé une, combattant du bras avec Napoléon, du cœur contre lui. Honteuse et déplorable situation où le salut n'est pas moins perdu que l'honneur.

XXV

Le maréchal Ney, son fidèle émule de gloire, et ses amis de Paris lui écrivirent que sa lenteur scandalisait l'armée. Le comte de Mosbourg et la reine le conjurèrent de partir. Il leur avoua, sous la pression du moment, le traité secret signé entre lui et lord Bentinck, vice-roi réel de l'Angleterre en Sicile. Cet acte ténébreux avait été conclu, comme on trame un crime, dans l'île solitaire de Ponza, sur la côte déserte de l'État romain. La reine, ambitieuse et pleine de feintes, parut approuver tout haut une faute qu'elle blâmait tout bas. Elle aida son mari à tout concilier en lui conseillant de partir, mais de lui laisser, à elle, la régence, et en lui promettant de faire marcher en Italie l'armée en son nom de régente et, comme à son insu, au signal convenu. Le roi, embarrassé dans ses propres astuces, partit le lendemain pour la campagne de Dresde, laissant derrière lui ce nœud d'intrigues à dénouer, compliqué encore de l'ambition de sa femme et des jalousies de pouvoir qu'il nourrissait contre les conseillers de la reine.

A peine le roi était-il parti que lord Bentinck, voyant dans son départ une rupture des conventions secrètes et une hostilité, quitta l'île de Ponza et regarda le traité comme non ratifié.

XXVI

Murat cependant, emporté par son ancien enthousiasme, volait à la rencontre de l'empereur en Allemagne. Il tombe dans ses bras. Napoléon le reçut en ami réconcilié et le vit combattre comme aux plus grandes journées de sa vie militaire, à côté de lui, à Dresde et sur tous les champs de bataille de cette dernière campagne. A la tête de trente mille cavaliers, Murat enfonça l'armée coalisée sous les murs de Dresde et refoula les Prussiens, les Autrichiens et les Russes. Trente mille prisonniers furent le fruit de ses exploits. L'empereur et l'armée le reconnurent à son héroïsme. Bientôt ces victoires aboutissaient pour Napoléon au soulèvement général de l'Allemagne et à la déroute de Leipzig. Murat repartit plus indécis que jamais pour ses États. Il sentait crouler l'appui de sa vie, il voulait en chercher un sur lui-même.

A peine arrivé à Naples, il réunit en conseil secret ses plus intimes confidents, et délibéra avec eux sur la fidélité ou l'infidélité à son bienfaiteur, choses sur lesquelles l'honneur et le sentiment sont les seules délibérations. Les conclusions furent qu'il fallait se conformer à la fortune et sacrifier l'amitié à la politique et au trône. Fouché, qui avait toujours conservé l'ascendant d'une intelligence supérieure sur un esprit facile à subjuguer, accourut de Rome pour avoir des conférences secrètes avec Murat, sous prétexte de le retenir à la cause de Napoléon. On croit que les conseils secrets furent différents des démarches publiques, et qu'il fit envisager à Murat la chute de Napoléon comme imminente et le royaume de Naples comme entraîné dans cette chute, s'il ne cherchait pas un autre soutien. A peine Fouché était-il reparti pour Rome que le comte de Neipperg, jeune militaire diplomate aussi exercé aux menées des cours qu'aux manœuvres des camps, accourut à Naples au milieu de décembre, conféra avec le duc de Gallo, ancien négociateur de Ferdinand, maintenant attaché à Murat, et qu'un traité, résultat de ces conférences, fut signé le 11 janvier 1814 entre l'Autriche et Murat. Par ce traité, Murat se rangeait, pour racheter sa couronne de la coalition, au nombre des ennemis de la France. Il promettait de fournir trente mille hommes opérant en Italie ; l'Autriche en fournissait soixante mille. Ces deux armées seraient commandées par Murat en personne, et combineraient leur mouvement contre le vice-roi Eugène Beauharnais, commandant l'armée française à Milan. Le prix de cette défection était pour Murat le trône de Naples, abandonné par le roi Ferdinand, et garanti à lui et à sa dynastie par les puissances coalisées. Héritage d'une ingratitude et d'un aveuglement que le temps ne pouvait ratifier. L'Angleterre intervint à ce traité et promit une attitude inoffensive en Italie contre Murat.

XXVII

A peine le traité était-il signé que la rumeur s'en répandit dans toute l'Italie, et que le cri d'indépendance qui couvait dans tous les cœurs italiens éclata dans la péninsule. Murat favorisait ce mouvement d'opinion, qui devait, dans ses idées, faire de lui non l'auxiliaire de l'Autriche, mais le libérateur de l'Italie et le souverain de ce vaste empire auquel il allait rendre la liberté et l'unité, ce réveil du long sommeil de l'Italie. Mais sa pensée même était comprimée en lui par sa situation. Les garnisons de Napoléon à Florence, à Rome, à Ancône, se défiaient de lui, l'Autriche l'observait avec inquiétude, l'Angleterre se réservait de le contenir dans les limites du traité qui lui assurait le royaume de Naples. Il tenta de tromper toutes ces puissances par la rapidité et le caractère équivoque de ses mouvements. Il rassura le général Miollis, commandant à Rome, le commandant d'Ancône, Barbou; il lança ses colonnes sur les États romains, sous prétexte de demander seulement passage. Les généraux français se renferment dans les citadelles. Pressé par les Autrichiens de tenir sa promesse, il ordonna à ses troupes de forcer les Français à évacuer les places fortes. Il partit lui-même de Naples à la tête d'une seconde colonne de vingt mille hommes, mais sans trésor, sans vivres, comptant sur le hasard, les sympathies, l'insurrection, pour se recruter. Il s'avança ainsi sur Bologne. Pendant sa marche, Rome, Ancône, Civita-Vecchia capitulaient, et les garnisons se repliaient libres sur la France. Lord Bentinck opérait en même temps un débarquement de troupes anglaises dirigées sur Gênes et portant sur leurs drapeaux : « Liberté et indépendance de l'Italie. »

Tout annonçait un choc prochain entre les Napolitains, les Autrichiens, les Anglais coalisés, contre Eugène, occupant encore la basse Italie pour Napoléon avec cinquante mille hommes de troupes françaises et italiennes aguerries sous un vice-roi fidèle.

XXVIII

Mais soit remords de combattre ses anciens compagnons d'armes, soit défiance de l'Autriche, soit attente de quelque grande insurrection nationale de l'Italie qui viendrait lui livrer la scène et améliorer les conditions de son traité, Murat, immobile à Bologne avec la moitié de son armée, consumait les jours, impatientait l'Autriche, portait ombrage aux Anglais à Gênes, et semblait s'arrêter à moitié chemin de sa défection, pour voir de l'autre côté des Alpes de quel côté se déclarerait la fortune. Il flattait tout le monde et même Napoléon d'avoir levé dans son intérêt le drapeau de l'indépendance. Les peuples d'Italie ne s'y rallièrent pas, voyant dans ces étrangers des instruments de la domination française dont ils étaient las en ce moment. Car pour une partie de ces malheureux peuples, la liberté n'est qu'une alternative de servitude, et la tyrannie présente est toujours la plus détestée. Murat, à la fois audacieux et timide, faisait régir les provinces traversées par ses deux armées comme si elles étaient destinées à former bientôt une vaste unité italique sous son sceptre. Les Anglais et les Autrichiens répandaient partout au contraire les promesses de la restauration des anciens États distincts et indépendants sous les princes de la maison de Savoie, de la maison d'Este, du grand-duc de Toscane et du pape, captif alors à Fontainebleau. Dans cette ambiguïté de leur sort prochain, les populations restaient spectatrices en apparence désintéressées de la scène. La ville de Naples seule, rouverte au commerce anglais et ivre de l'espoir de la domination sur les États rivaux, s'exaltait des triomphes promis à son roi.

XXIX

Mais cette longue immobilité du roi de Naples à Bologne laissait s'amortir l'élan et s'affaisser le ressort de son armée. Les généraux français le quittaient pour rester purs d'une guerre parricide contre leur patrie. Les généraux napolitains, quoique fidèles, aguerris, formés à l'école de nos grandes guerres, se subordonnaient mal à un souverain guerrier, il est vrai, mais qu'ils avaient toujours vu le second d'un grand homme. Ils l'obsédaient de leurs dissensions et de leurs conseils. Murat fléchissait et résistait tour à tour ; l'impulsion s'amollissait dans tant de mains. Nul n'apercevait assez clairement les motifs, le but, les résultats de cette expédition. L'ambiguïté de la politique donnait de l'incohérence aux actes. Les généraux sommaient le roi de s'expliquer. Lord Bentinck exigeait qu'il lui remît Livourne comme gage de l'indépendance de la Toscane. Le pape, d'un autre côté, délivré par Napoléon de la captivité afin de restituer Rome au siége du catholicisme européen, s'acheminait vers sa capitale au milieu des populations italiennes ivres et prosternées. Le pontife approchait de Bologne, et Murat ne savait pas encore s'il le recevrait en prêtre qui va réclamer son temple ou en souverain qui vient réclamer ses États. Surpris dans cette indécision par le pape, Murat fut obligé de feindre le commun enthousiasme pour le captif de Napoléon, de lui témoigner un respect extérieur qui jurait avec son ambition secrète de garder Rome ; il l'escorta jusqu'à Césène.

XXX

A la même heure, les carbonari de Naples, secte mystérieuse, célèbre depuis par l'explosion de 1820 et par le soulèvement révolutionnaire de Naples et du Piémont, mais secte alors inspirée et remuée par la reine Caroline, femme de Ferdinand, roi de Sicile, agitaient les deux Calabres, proclamaient la déchéance de Murat, la restauration de la maison de Bourbon, et s'emparaient de ces deux provinces, les plus belliqueuses du royaume de Naples. Ces nouvelles et les derniers succès de Bonaparte en Champagne, exagérés par la distance, décidèrent un moment Murat à se réconcilier et à s'unir avec le prince Eugène Beauharnais. Il envoya de Bologne à Milan des négociateurs confidentiels à ce prince. Ces négociateurs furent repoussés comme les émissaires d'un traître. Ce refus de négociation et les vives instances des généraux autrichiens et des commissaires anglais et russes qui l'assiégaient, forcèrent Murat à attaquer les Français. Il attaqua, il fut vainqueur, il cerna les Français refoulés dans Reggio ; mais, au lieu de poursuivre son triomphe et de saisir le fruit de sa victoire, il accorda une capitulation aux troupes enfermées dans la ville, les laissa reprendre la route de Milan, et accrut ainsi les ombrages entre les Autrichiens et lui.

Il s'avança cependant vers Plaisance, pendant que le comte de Bellegarde, commandant les Autrichiens, menaçait Milan.

XXXI

Telle était l'attitude de Murat, cherchant à dévorer les jours et les semaines dans une expectative dont toutes les éventualités l'alarmaient également, quand un courrier de Paris le rejoignit le 13 avril 1814, à midi, sous les murs de Plaisance. Il se promenait en cet instant avec le général Coletta dans le jardin d'une maison de campagne, près de la ville, où il avait établi son quartier général. Il ouvrait son âme pleine d'anxiété, de desseins contradictoires et de remords, au général Coletta, homme de bon conseil, de talent remarquable et de résolution, mais Napolitain attaché avant tout à sa patrie. Murat ouvrit la lettre que lui apportait le courrier, la lut en silence, pâlit, fit çà et là quelques pas au hasard, comme un homme frappé d'un coup mortel, leva les mains au ciel, regarda ensuite tristement la terre, puis se rapprochant de Coletta et de quelques autres généraux de sa suite, accourus et interdits de cette attitude, il leur annonça la prise de Paris, la déchéance et la captivité de Napoléon à Fontainebleau, la chute irrémédiable de l'empire, et il pleura. L'ennemi, le despote, le tyran avait disparu à ses yeux; dans Bonaparte il ne voyait plus que l'ami succombant enfin sous les coups de la fortune, et succombant en le croyant infidèle et en le voyant lui-même au nombre de ses ennemis. Son émotion inspira pitié et attendrissement à ses généraux.

XXXII

Une heure après, soit qu'il n'eût pas le courage de poursuivre en commun avec les alliés la ruine des Français en Italie, soit qu'il pensât à son propre trône et à sa famille, que le contre-coup d'une pareille catastrophe pouvait atteindre subitement à Naples, il ordonna la suspension de toutes les hostilités à ses troupes, et se retira désarmé et déconcerté à Bologne. De là, après avoir disposé le retour de son armée dans ses États, et laissé un de ses meilleurs lieutenants, le général Carascosa, avec six mille hommes dans les Marches, il partit lui-même pour sa capitale. Il la retrouva calme et fidèle. La reine, sa cour et le peuple le reçurent en vainqueur, et déguisèrent sous des fêtes multipliées les tristesses sourdes et les craintes intimes qui couvaient déjà dans tous les cœurs. Le pressentiment de la chute prochaine de cette royauté vassale de Napoléon était dans l'air. La famille des anciennes monarchies ne pouvait tolérer longtemps, encore moins protéger cette usurpation sans base à Naples, pendant que Ferdinand réclamait son trône, et que le principe de la légitimité des couronnes devenait le droit public de l'Europe. Les services d'ailleurs rendus par Murat dans la première campagne à la coalition étaient si intéressés, si douteux, si faibles, qu'on pouvait sans trop d'injustice le traiter en ami ou en ennemi des alliés. Son trône tremblait comme sa conscience. Il n'avait pas même la consolation des revers, la fidélité à une cause vaincue. Il y avait du remords dans son adversité.

XXXIII

Il affecta de n'y pas croire, pour enlever à ses peuples le prétexte de l'abandon. Inquiet des résolutions du congrès de Vienne et des complaisances de M. de Talleyrand pour les Bourbons de Sicile, dont les Bourbons de France devaient vouloir à tout prix la restauration afin de fortifier leur principe, Murat envoya à Vienne deux ambassadeurs, le duc de Campo-Chiaso et le prince Cariati. Ils y furent reçus avec défiance, exclus des conférences, réduits au rôle d'observateurs de qui l'on se cache, solliciteurs importuns d'un trône déjà secrètement donné à un autre compétiteur. Suspects aux cours légitimes, odieux aux Français de la cause de Napoléon, ces envoyés déguisaient mal à leur maître les périls dont il était menacé. Ils ne tardèrent pas à connaître ou à soupçonner le traité secret conclu entre l'Angleterre, la France et l'Autriche pour l'expulsion de Murat du trône de Naples. Murat s'obstina contre la cession de sa couronne. Il crut qu'avec l'amour de son peuple, le nombre et la valeur de son armée, la force naturelle de ses frontières et le patriotisme italien réveillé à sa voix, il pourrait braver l'Angleterre, l'Autriche et la France, et conquérir son trône sur le sol même où il l'avait fondé.

Il sentit que la liberté pourrait seule lui concilier la nation napolitaine, plus éclairée et plus amoureuse alors d'institutions représentatives que le reste de l'Italie. Il promit une constitution à ses peuples ; il créa, en attendant, des conseils délibérants, qui donnaient une ombre d'intervention nationale à son gouvernement encore absolu. Il réduisit les impôts, il ouvrit les ports, il donna la liberté du commerce. Il congédia avec douleur, mais pour complaire au génie du peuple, tous les Français qui occupaient des grades dans ses armées, et les plaça dans son administration. Il rechercha la popularité même par l'ingratitude, il institua de fortes milices civiques, il augmenta l'armée, il prodigua le luxe et les fêtes, il cacha sous une apparence de sécurité et de splendeur les périls et les inquiétudes dont il était dévoré. Les théâtres, les chasses, les revues, l'éclat de sa cour, attiraient l'Europe. Il semblait se hâter de jouir d'un trône qui se dérobait sous lui.

XXXIV

Des intrigues sourdes se cachaient aussi dans le palais de Naples sous ces dehors de confiance et de paix. La princesse Pauline Borghèse, sœur de la reine de Naples et de Napoléon, arrivait de l'île d'Elbe, et concertait une réconciliation entre Murat encore roi et l'empereur exilé. Le cœur et l'intérêt s'accordaient dans le roi de Naples pour lui faire désirer un retour de Napoléon en France. Il voulait racheter le passé, assurer l'avenir. Il ne lui avait pas fallu beaucoup de temps pour comprendre que les dernières extrémités de guerre, avec Bonaparte, valaient mieux pour son beau-frère que les ménagements si chèrement achetés et si mal garantis de l'Europe. Infidèle une fois par humeur et par intérêt mal entendu à son devoir et à ses sentiments, il reconnaissait maintenant que son devoir, ses sentiments et ses intérêts lui commandaient une fidélité à mort à l'auteur de sa fortune et au chef de sa dynastie. Il regardait sans cesse du haut de la terrasse de son palais cette mer qui entourait l'île d'Elbe, et d'où quelques voiles à l'horizon pouvaient à chaque instant rapporter sur ses côtes ou sur les côtes de France l'homme qu'il avait trahi et qu'il implorait maintenant des yeux. Mais l'empereur, instruit de son repentir par sa sœur Pauline, quoiqu'il eût pardonné à Murat, et qu'il lui eût fait dire de se tenir prêt et immobile, ne se fiait pas assez à la solidité de son caractère pour se jeter à la merci de son beau-frère en Italie. Sans doute, il y aurait trouvé une armée ; mais cette armée avait l'Italie à traverser et l'Autriche à vaincre, avant de franchir les Alpes pour la ramener en France. La promptitude et la surprise étaient les forces sur lesquelles il comptait le plus. Murat paraissait absorbé par les fêtes de cette saison de l'année. Il était au milieu d'un cercle de ses familiers et de ses généraux dans les salons de la reine, le 4 mars, quand un messager de l'empereur lui apporta la nouvelle de son débarquement à Cannes et de sa marche sur Paris. Murat, sans communiquer à sa cour la nouvelle qu'il venait de recevoir, emmena la reine dans un appartement retiré du palais, pour concerter avec elle son langage et sa physionomie avant l'éclat de cet événement. Il resta longtemps enfermé avec elle ; puis reparaissant dans le salon le visage rayonnant de joie, il annonça le débarquement de Napoléon à ses courtisans, et se retira immédiatement pour réfléchir et pour tenir conseil.

XXXV

Mais quoique son parti fût pris d'avance, et qu'il ne consultât ses conseillers que pour les ranger de son avis, il feignit d'apprendre cette rupture du bannissement de Napoléon avec la même indignation que ses ennemis, et il expédia dans la nuit à toutes les cours des lettres dans lesquelles il jurait d'observer neutralité et fidélité au traité avec l'Autriche.

La reine, les amis de cette princesse à la cour, les ministres et les conseillers de Murat n'hésitèrent pas à le détourner de tout mouvement contre les puissances et de toute solidarité avec l'entreprise de Napoléon. Il fut sourd et impétueux comme sur le champ de bataille. Il énuméra ses forces, il s'éblouit lui-même de ses illusions sur sa popularité en Italie. « L'Italie attend un signal et un homme, dit-il. J'ai quatre-vingt mille soldats aguerris, des bataillons de milice provinciale, une garde nationale, des gardes-côtes, deux mille étrangers; tous les pays baignés par le Pô m'appellent et me promettent des bataillons de volontaires et des armes. Les généraux de l'ancienne armée d'Eugène à Milan, ceux de Piémont, m'écrivent qu'ils sont prêts à s'insurger à mon approche et à former sous moi la ligue de l'indépendance italique. Le congrès, par ses actes, a mécontenté toutes les populations en deçà et au delà des Apennins; Gênes s'indigne; Venise s'humilie; le Piémont, ramené à la servitude des prêtres et des nobles par la maison surannée de Savoie, frémit du double joug qu'on lui montre ; le Milanais subit impatiemment l'antique esclavage sous les proconsuls de l'Autriche ; Rome et ses provinces retombent sous la tyrannie sacerdotale qui hébète, en l'enchaînant, son peuple un moment affranchi. »

XXXVI

On lui représenta en vain l'inégalité de ses forces contre les huit cent mille hommes de la coalition prêts à refluer sur les Alpes après avoir anéanti Napoléon en France : l'Angleterre menaçant ses côtes, la Sicile tramant la contre-révolution dans ses propres villes, les Calabres mal étouffées sous sa police et éclatant derrière lui pendant qu'il combattrait pour l'indépendance de la basse Italie. Rien ne l'arrêta ! Il avait conspiré seul avec lui-même dans le secret de ses pensées depuis huit mois ; ses arsenaux étaient pleins, son trésor suffisant pour une campagne, ses soldats levés, ses places préparées, ses généraux désignés. Certain de tout perdre s'il attendait immobile l'exécution des antipathies de l'Europe, il résolut de tout risquer, et, comme s'il eût voulu enlever à ses conseillers et à ses peuples le temps de la réflexion, il déclara la guerre le 15 mars 1815, sans attendre même la nouvelle des succès définitifs de Napoléon et de son entrée à Paris.

Il prit le commandement en chef de son armée divisée en deux corps. Le premier corps, composé de sa garde, sous les ordres des généraux Pignatelli, Strongoli et de Livron, comptait douze mille hommes ; le second corps, commandé, sous le roi lui-même, par les généraux Carascosa, Ambrosio, Lechi, Rosetti, Coletta, Millet, trente mille combattants. Le premier corps s'avança sur Rome, faisant demander passage au pape. Il refusa. L'armée continuant à s'approcher des murs, le pape abandonna Rome et se réfugia à Gênes. Le roi, avec le second corps, marcha sur Ancône.

A la nouvelle des mouvements inexpliqués du roi de Naples, mais dont la coïncidence avec l'invasion de la France disait assez le sens au congrès de Vienne, l'Autriche se hâta de fortifier par de nouvelles troupes son armée dans le Milanais. Le général autrichien Frimont en reçut le commandement. Cette armée, couverte par l'Éridan, compta bientôt soixante mille hommes sous des généraux consommés. Elle s'étendait de Milan à Césène. Un corps armé sous le général Nugent couvrait la Toscane.

XXXVII

Des proclamations de Murat aux Italiens les appellent partout à la délivrance de leur patrie et à la liberté constitutionnelle qu'il leur promet sous la tutelle de son épée. Le premier choc de Murat et des Autrichiens commandés par Bianchi eut lieu dans les plaines de Bologne. Murat entra une seconde fois triomphant dans cette ville, foyer des lumières et du libéralisme italien. Il s'avança de là sur le Tanaro, fleuve qui se jette dans le Pô et qu'on traverse sur un pont à Sant'Ambrojio. Pendant que son avant-garde, commandée par Carascosa, attaquait cette position hérissée de canons et faisait passer le Tanaro à gué à un de ses corps pour tourner les Autrichiens, Murat lui-même, emporté par son impétuosité naturelle, s'élance avec vingt-quatre cavaliers de sa garde au milieu du feu, traverse miraculeusement le pont sans être atteint, et, ralliant ses colonnes, enfonce et disperse à droite et à gauche l'ennemi. Il arrive sur les pas des Autrichiens à Modène et s'empare de cette ville. Au même moment ses lieutenants s'emparaient de Ferrare. Le roi de Naples, ivre de ces premiers succès grossis par la renommée, revint de sa personne triompher à Bologne et attendre le premier corps de son armée commandé par Pignatelli et Livron, qui touchait seulement à Florence.

XXXVIII

Le commandement de ce corps, partagé entre deux généraux qui ne s'entendaient pas, avait été mou et incertain. Au lieu de précipiter leur marche à travers la Toscane pour se trouver en ligne avec le roi, ils avaient perdu des jours et des occasions de vaincre le général Nugent. Ils étaient comme bloqués à Florence. Leur immobilité privait Murat de sa réserve, de sa garde, de l'élite de son armée. Les proclamations de ce prince pour soulever l'Italie mouraient sans échos. Il n'arrivait à son armée ni régiments, ni volontaires, ni subsides. Nul ne se fiait à un étranger de l'indépendance de sa patrie. Tyran pour tyran, on aimait mieux celui qui avait le plus de chances de demeurer vainqueur. Rien ne remuait des Alpes aux Apennins. Les Toscans et les Modenais se joignirent aux Autrichiens contre les Napolitains. Murat déconcerté appela ses généraux à Bologne, tint un conseil de guerre avec eux, accusa l'Italie, s'avoua la situation, et résolut de se replier sur Ancône pour concentrer toutes ses forces plus près de ses frontières et pour attendre une bataille au lieu de continuer à la provoquer. Dans une guerre d'invasion et de surprise, une telle expectative était déjà une défaite. Il ordonna à sa garde de quitter Florence et de venir le joindre sur le revers des Apennins par Arezzo et Borgo San Sepolcro vers Ancône. Le roi, après des engagements mêlés de revers et de succès, arriva à Imola suivi par deux armées autrichiennes : l'une, commandée par le général Neipperg, marchait sur les pas de Murat par l'antique voie Émilienne, plus rapprochée de l'Adriatique; l'autre, sous les ordres de Bianchi, s'avançait par Florence. L'Apennin vit réunies ces deux armées. Elles formaient ensemble cinquante mille hommes. Mais Murat espérait les combattre séparément, et il avait choisi pour ce champ de bataille la position de Macerata, où il se pressait d'arriver. Vingt jours de marche lui étaient nécessaires pour se replier de Bologne avec tous ses corps sur Macerata. La fortune et l'habileté les lui donnèrent. Poursuivi en vain par Neipperg, Murat arriva enfin le 30 avril à Macerata, où il trouva sa garde au rendez-vous marqué et à l'heure dite. Elle reçut son général et son roi avec des acclamations de bon présage. La bataille, sur un terrain choisi de si loin par Murat, allait décider du sort de l'Italie, qui passerait tout entière au vainqueur.

XXXIX

Les Napolitains ne comptaient plus que vingt-cinq mille hommes, mais ils étaient maîtres du point de jonction entre l'armée de Bianchi et l'armée de Neipperg ; ils pouvaient en conséquence les combattre l'un après l'autre, ou du moins les empêcher de combiner leurs mouvements. Murat se chargea de combattre Bianchi en personne avec seize mille Napolitains de ses meilleures troupes, et laissa Carascosa, son meilleur général, avec onze mille, pour faire face à l'armée de Neipperg. Il engagea avec intrépidité l'action, dispersa les corps avancés de Bianchi et les fit reculer jusqu'à Tolentino. La nuit y arrêta les colonnes de Murat. Enivré de cette première journée, il expédia des courriers à la reine de Naples pour lui annoncer une victoire à moitié remportée, et des ordres à Carascosa d'attaquer résolûment Neipperg.

Le jour se leva chargé d'épais brouillards de printemps. Ces brumes dans ces vallées imitent les vagues et les ondulations de la mer, et dérobent complétement aux yeux les paysages. Bianchi, à la faveur de la nuit et de ces nuages, s'était recruté, à l'insu de Murat, de tous ses corps disséminés la veille et qui n'avaient pas encore rejoint ses colonnes. Au premier déchirement du rideau de brouillards par le vent du matin, le roi de Naples à cheval, et prêt à poursuivre sa victoire, aperçut les collines de Tolentino couvertes et étincelantes de vingt-cinq à trente mille baïonnettes. Deux forts mamelons détachés des montagnes et s'avançant comme un cap dans la plaine portaient les avant-gardes de Bianchi. Murat fut interdit ; il compta tristement le petit nombre de ses troupes, se repentit d'avoir détaché Carascosa avec le reste ; mais, sentant aussi que l'hésitation serait l'aveu de son infériorité et que le dernier espoir était dans le désespoir, il fondit sur les postes avancés de Bianchi, qui reculèrent jusqu'aux montagnes. Satisfait de cet ébranlement donné aux Autrichiens par ce premier choc, il n'osa aborder avec des colonnes si inégales les masses de Bianchi étagées sur le pied des montagnes. Deux heures se passèrent silencieuses et immobiles entre ces deux armées se mesurant l'une l'autre du regard et laissant entre elles un vaste intervalle. Ce furent deux heures d'angoisses pour le roi et pour ses lieutenants. Il n'espérait plus que dans la nuit qui lui permettrait de dérober ses manœuvres, de rallier Carascosa, et de chercher la victoire ou le salut sur un autre terrain.

XL

Mais Bianchi voyant son indécision et son petit nombre fondit enfin sur les Napolitains avec toutes ses forces. Le choc fut terrible et la mêlée confuse. Murat s'y retrouva tout entier ; à la fois roi, général et soldat. Dirigeant ses bataillons, chargeant avec ses escadrons, secourant les uns, ralliant les autres, perdant tour à tour ses plus braves aides de camp frappés à mort à ses côtés, cherchant lui-même la mort, il étonna les Autrichiens, fendit leurs carrés, éteignit leurs batteries, refoula leur cavalerie, et, se maintenant jusqu'à la nuit sur ce champ de bataille jonché de deux mille cadavres, il força le prudent Bianchi à laisser la journée indécise et à se replier sur ses positions du matin pour y reprendre haleine et pour y concentrer ses renforts.

XLI

A peine les Autrichiens se retiraient-ils du champ de carnage, que Murat expédiait ordonnance sur ordonnance à Carascosa pour lui ordonner de lui envoyer de nouveaux corps. Carascosa obéissait et se découvrait lui-même devant Neipperg pour couvrir son roi. Une colonne commandée par le général Maïo s'avançait. Murat volait à sa rencontre pour la haranguer et lui assigner son poste de combat dans la bataille du lendemain, quand il fut arrêté dans sa course par deux courriers arrivant de Naples. L'un lui annonçait une insurrection générale des Calabres, dont la capitale même était au pouvoir des insurgés relevant le drapeau de Ferdinand; l'autre, les revers de ses réserves dans les Abruzzes, la prise du défilé d'Introdocco par douze mille Autrichiens, la déroute et la dissolution des gardes civiques, la route de Naples ouverte aux ennemis par Capoue, les dangers de la capitale, ceux de la reine et de ses enfants, l'extrémité du royaume.

A ces nouvelles, Murat, déjà obsédé des périls du jour et de ceux du lendemain, sent s'écrouler en lui toutes ses pensées. Il renonce à une lutte inutile sur un sol étranger pendant que ses propres États se dérobent à lui. Il se résout à voler d'abord au secours de son trône et de sa famille. Il ordonne la retraite, galope vers tous les corps, dispose les colonnes, attend les ténèbres, et, commandant lui-même l'arrière-garde, il dispute en héros les défilés de Macerata aux Autrichiens qui le poursuivaient. Descendant de cheval, on le vit plusieurs fois rouler de sa propre main avec ses sapeurs, sous les boulets de l'ennemi, les rochers et les troncs d'arbres dont il barricadait le défilé, contre les chevaux et les canons de Bianchi. Il acheva la nuit à Macerata attendant le reste de ses colonnes auxquelles il avait assigné ce rendez-vous.

XLII

A l'aurore, elles n'existaient plus ; toutes les légions qui n'étaient pas sous la main de Murat, attaquées isolément par les Autrichiens, cernées par Neipperg et par Bianchi, écrasées par le nombre ou se débandant elles-mêmes sous la panique d'une retraite nocturne, s'étaient fondues. Les généraux et les officiers restaient seuls autour du roi. On employa les premières lueurs du jour à en rallier quelques restes. Carascosa, parti d'Ancône avec six mille hommes, rejoignit Murat, qui fit à la hâte filer ces colonnes sur ses États, leur assignant des rendez-vous et des garnisons dans les places fortes, à Civita et à Pescara. Il se dirigea presque seul vers les Abruzzes, pour y disputer l'entrée de ses États avec les forces qu'il se flattait d'y rallier encore.

Pendant ces combats et ces retraites, tout se décomposait à Naples. Les Calabrais s'avançaient vers la capitale, le commodore anglais Campbell croisait dans le golfe avec une flotte formidable, et menaçait de bombarder la ville et le palais, si on ne lui remettait pas les vaissaux et les arsenaux pour désarmer un ennemi déclaré des alliés. La reine délibérait sous le canon des Anglais avec ses ministres ; la ville fermentait. Le cardinal Fesch, oncle de Napoléon, et la princesse Pauline Borghèse, sœur de l'empereur, s'enfuyaient du palais et de la ville. La reine enfin chargeait le prince Cariati de négocier en secret avec l'amiral anglais la cession du port et des arsenaux, à la condition qu'un vaisseau serait mis à sa disposition pour s'embarquer avec sa famille et ses trésors, et pour aller traiter de la paix en Angleterre.

Ces conditions accordées, la fermentation, suite de la terreur, s'apaisait à Naples.

XLIII

Pendant ces désastres, Murat presque seul atteignait par les chemins détournés la maison royale de Caserte. Là il apprenait l'insurrection de la garnison de Capoue, son dernier espoir. Six mille soldats faisant violence à leurs officiers, avaient forcé les portes, abandonné les murs, s'étaient dispersés dans les campagnes, et avaient jeté le découragement et la consternation dans la capitale. Le roi Ferdinand était à Messine, n'attendant pour franchir le détroit et pour rentrer dans le royaume de ses pères que la nouvelle de l'écroulement de Murat. Remettant les débris fugitifs de son armée au général Carascosa, et le soin de négocier une paix prompte et à tout prix à ce général et à Coletta, commandant de son artillerie : « Sacrifiez tout, leur dit-il, excepté votre patrie. Je veux porter seul le poids de l'adversité. » Puis, changeant de cheval, il galopa vers Naples, où il arriva la nuit. Il monta, sans être attendu, l'escalier du palais, entra dans l'appartement de la reine, et se précipitant dans ses bras : « Tout est perdu ! lui dit-il, madame ; il ne me restait qu'à mourir, et je n'ai pas su mourir ! » Des larmes roulèrent dans ses yeux en regardant sa jeune épouse et ses enfants. « Non, rien n'est perdu ! s'écria la reine, digne de son sang par son intrépidité, puiqu'il vous reste l'honneur, et à nous la constance dans l'adversité ! »

XLIV

Ils s'enfermèrent quelques instants ensemble pour concerter secrètement leur départ par des chemins divers et les lieux où ils devaient se retrouver. Ils passèrent le reste de la nuit à s'entretenir avec leurs plus fidèles amis et à sonder l'avenir. Le jour suivant, Murat sortit déguisé de ce palais où il avait vécu heureux et roi, et se rendit seul au petit port de Pouzzoles, fameux par les crimes de Néron et par le meurtre d'Agrippine. Une barque de pêcheur le conduisit dans l'île d'Ischia, lieu autrefois de délices, aujourd'hui d'adieux. Les insulaires d'Ischia n'abusèrent pas contre lui de son infortune. Ils lui montrèrent des visages compatissants, et lui donnèrent pendant quelques jours une hospitalité sûre, pleine de deuil et de respect. L'affection que son cœur avait méritée des Napolitains lui rendit le départ à la fois plus cruel et plus doux. Il était aimé deux fois depuis qu'à l'attachement se joignait la pitié. Il partit d'Ischia pour la côte de France sur un bâtiment de commerce nolisé par les soins de ses amis de Naples. Quelques amis de toutes ses fortunes le suivaient parmi les hasards nouveaux et sinistres qu'il allait courir.

XLV

Pendant que Murat s'embarquait à Ischia sans savoir s'il serait reçu en France par la vengeance ou par le pardon de Napoléon, le peuple s'insurgeait à Naples sous les fenêtres de son palais désert. La reine et ses enfants, accompagnés de trois ministres fidèles attachés de cœur aux prospérités et aux ruines de cette famille, le comte de Mosbourg, Zatlo et le général Macdonald, se réfugiaient sur un vaisseau anglais dans le port pour échapper aux insultes de la populace. Retenus par la tempête dans la rade sous les fenêtres du palais, ils entendirent, à travers les flots, les acclamations de leur capitale saluant l'entrée des Autrichiens. Voguant enfin vers l'Adriatique, le vaisseau qui emportait la reine de Naples rencontra celui qui apportait à Naples le roi Ferdinand. La malheureuse épouse de Murat fut obligée de quitter le pont et de descendre cacher son humiliation dans l'ombre du vaisseau pour ne pas assister aux salves et aux honneurs rendus au prince légitime qui venait recouvrer son trône.

Tels étaient les événements imprévus, soudains et inopportuns qui venaient de s'accomplir en Italie avec la rapidité de la pensée, à l'insu et contre les vues actuelles de Napoléon. Ces événements motivaient des déclarations de guerre encore suspendues, et firent dire souvent depuis à l'empereur : « La destinée de Murat était de perdre deux fois ma cause, une fois en m'abandonnant, une autre fois en se prononçant pour moi avant l'heure. » Ainsi la fidélité malheureuse ne rachetait pas même l'infidélité. Le devoir seul ne se trompe jamais d'heure, comme l'honneur de chemin.

LIVRE VINGT-DEUXIÈME

Abandon de Napoléon par la France à la nouvelle des traités de Vienne.
— Situation de la cour de Louis XVIII à Gand. — Arrivée du comte
d'Artois et du duc de Berri. — Conduite équivoque du duc d'Orléans.
— Louis XVIII forme son conseil de gouvernement. — Les favoris de
Louis XVIII et du comte d'Artois. — M. de Blacas, M. de Bruges. —
M. de La Maisonfort.— Conseils de Barras, de Fouché, de M. de Blacas
et de M. de Talleyrand. — Hésitations de Louis XVIII. — Mécontente-
ment de la cour contre M. de Blacas. — Arrivée de M. de Chateau-
briand et de M. Guizot à Gand. — Situation de Marmont à la cour. —
Conseil privé du comte d'Artois. — M. de Maubreuil. — Nouvelles
indécisions de Louis XVIII. — Physionomie de la cour de Gand. —
Rapport de M. de Chateaubriand au roi. — Intrigues de Fouché en
Vendée. — Sa lettre à Fauche-Borel. — Insurrection de la Vendée. —
Débarquement de Louis de La Rochejaquelein. — Sa proclamation. —
Il marche sur Maulevrier et rencontre les troupes impériales. — Le
général Travot surprend et bat les Vendéens à Aizenay. — Entrée de
La Rochejaquelein à Chollet.— Négociations de Suzannet avec Fouché.
— La Rochejaquelein reçoit des munitions de la flotte anglaise. —
Opposition de La Rochejaquelein à la négociation. — Ses dernières
luttes. — Victoire du général Estève. — Mort de La Rochejaquelein.
— Combat de la Roche-Servière. — Mort de Suzannet. — Pacification
de la Vendée.

I

Aussitôt que les résolutions du congrès de Vienne eurent
pénétré en France, l'opinion jusque-là indécise et timide
s'ébranla partout. On aperçut avec terreur les conséquences

désastreuses du retour de Napoléon et de l'infidélité de l'armée. La guerre apparut derrière le peu de jours d'illusions que les familiers de l'empereur et l'empereur lui-même avaient donnés à la France pour endormir l'esprit du pays. Ainsi une seconde guerre universelle dont les défaites seraient le partage, dont les victoires seraient l'épuisement de la nation, et, après l'une ou l'autre de ces éventualités, un despotisme plus rude et plus implacable que le premier, telle était la perspective de tous les hommes pensants. Dès ce jour, l'opinion se détacha plus ouvertement de Bonaparte. Le pays fut d'un côté, l'armée et la cour impériale de l'autre. La séparation fut complète. Le peuple, agité tantôt par les républicains, tantôt par le desespoir du patriotisme, flotta entre deux. Les hommes d'ambition, d'intelligence et d'avenir n'hésitèrent plus à déserter à temps une cause désespérée, à se prononcer aussi haut que la sûreté le permettait contre Napoléon, à regretter publiquement le règne légal, constitutionnel et pacifique qui venait d'être interrompu par tant de trahisons et de violences, et à tourner leurs pensées, leurs regards et leurs pas vers la cour de Gand. Il y eut alors en réalité deux gouvernements, l'un aux Tuileries, l'autre en Belgique. Le premier représentait le bonapartisme et l'armée, le second l'Europe et l'opinion dominante en France.

II

Jusque-là Louis XVIII était resté solitaire dans la maison privée qu'il habitait à Gand. La déclaration du congrès communiquée à ce prince par M. de Talleyrand lui rendit une cour, un noyau d'armée, une ombre de gouvernement. Les routes de la Belgique se couvrirent de gardes du corps, d'officiers de sa maison militaire, de chefs vendéens, de ministres, de publicistes, d'écrivains, de diplomates. d'émissaires secrets, de conseillers officieux, de jeunes et de vieux serviteurs de la cause royale allant offrir leur dévouement, leur bras, leur épée, leur plume, leurs conseils, et faire cortége à cette fortune en apparence tombée, mais dont on prévoyait le retour. Chacun voulait ainsi, à peu de risques, avoir eu part au malheur pendant quelques mois, pour avoir droit à la prospérité pendant un long règne. La cour de l'exil comptait plus de foule, plus d'empressement et plus de noms illustres que la cour suspecte des Tuileries. Une odeur de catastrophes et de contagion se respirait dans le palais de l'empereur ; l'espérance et l'avenir étaient avec le roi.

III

Le comte d'Artois et le duc de Berri, son fils, avaient rejoint le roi à Gand. Ils habitaient une hôtellerie sur la place principale de cette ville, voisine de la demeure de Louis XVIII. Le duc de Berri commandait en chef le noyau de gardes, de soldats de toutes armes et de volontaires grossissant tous les jours, qui formait l'armée du roi. Cette armée comptait déjà trois ou quatre mille hommes. Elle était cantonnée à Alost. Le duc d'Angoulême était resté en Espagne pour être plus à portée de Bordeaux où tant de cœurs le rappelaient ; la duchesse d'Angoulême était accourue de Londres en Belgique ; le prince de Condé était à Bruxelles. Le duc d'Orléans seul affectait de ne pas quitter l'Angleterre. Cette absence était remarquée.

Ce prince, en quittant Lille, avait été fidèle à la prudence ambiguë qui inspirait ses paroles et ses actes depuis la Restauration. Il était dans une stricte mesure avec sa famille et avec les éventualités d'avenir qu'il réservait à lui ou à sa maison. Il avait écrit une lettre d'adieu à l'armée dans la personne du maréchal Mortier. « Je suis trop bon Français, disait-il dans cette lettre publique, pour sacrifier les intérêts de la France. Puisque de nouveaux malheurs me forcent à la quitter, je pars pour m'ensevelir dans la retraite et l'oubli. Je vous dégage des ordres que je vous avais transmis. Je vous recommande de faire tout ce que votre excellent jugement et votre patriotisme si pur vous suggéreront de mieux pour les intérêts de la France. »

Cette lettre, où un premier prince du sang semblait se désintéresser de la cause du chef de sa maison et se retirer dans l'oubli au lieu de se rallier au roi, avait vivement blessé Louis XVIII et la famille royale. On savait qu'à Lille comme à Paris le duc d'Orléans avait laissé trop clairement séparer sa cause de celle de la maison régnante. « Voilà la branche aînée qui finit, lui avait dit un officier supérieur de l'armée ; Bonaparte s'usera vite, les regards iront naturellement vous chercher ; ne mettez pas entre les partis et vous des services contre la France dans les armées qui vont agir, retirez-vous à l'écart et laissez faire au temps. »

Ces mots semblaient avoir tracé la conduite du prince.

L'Europe ne s'étonnait pas moins que le roi de cette attitude suspecte. Le duc d'Orléans, informé de ces reproches, voulut s'en laver en écrivant au duc de Wellington pour justifier ses réserves. « Je diffère grandement, lui répondit avec sincérité le duc de Wellington, avec Votre Altesse sur la manière dont le roi doit se conduire. Assurément le roi doit se mettre lui-même en avant dans une cause où il est engagé plus que personne. Je comprends les motifs qui vous tiennent éloigné de la cour de Gand; mais si le peuple se montre, vous regarderez certainement comme un devoir de vous mettre au service du roi. »

Le duc d'Orléans paraissait de plus distingué des princes de sa maison par Bonaparte et favorisé à dessein par l'empereur, soit pour se montrer généreux, soit pour semer par ces faveurs mêmes la suspicion et la discorde dans la maison de Bourbon. La duchesse d'Orléans, sa mère, princesse inoffensive et sans influence politique, avait reçu de Napoléon la permission de résider en France et trois cent mille francs d'indemnité annuelle. La duchesse de Bourbon, sœur du duc d'Orléans, avait reçu la même autorisation et une pension presque égale sur ses biens vendus. Ces exceptions en faveur de la maison d'Orléans faisaient croire à Gand et à Vienne qu'il y avait des ménagements mutuels entre Napoléon et le duc d'Orléans. Les rapports n'existaient pas, mais l'attitude du prince prêtait à des défiances sur ses perspectives futures. Il réservait évidemment une éventualité en lui à tous les avenirs.

IV

Louis XVIII en arrivant à Gand n'avait qu'un seul ministre pour tout gouvernement. Ce ministre était M. de Blacas. Favori redouté de la France, suspect à l'Europe, responsable injustement des fautes et des imprévoyances qui avaient détrôné son souverain, M. de Blacas était l'homme le plus propre à dépopulariser même l'infortune et l'exil du roi. Fidèle, exact, ponctuel, assidu, ombre de son maître, homme plus fait par la nature et par l'éducation pour les domesticités royales du moyen âge que pour les conseils politiques du temps nouveau, insoucieux de plaire à personne si ce n'est au roi, silencieux, superbe, dédaigneux d'extérieur, d'autant plus fier de sa naissance qu'il était de ces familles antiques dont toute l'aristocratie était dans leur ancienneté; d'une intelligence murée dans des doctrines étroites, méprisant la Révolution et la niant au lieu de la comprendre et de la craindre, infatué du passé, rebelle au présent, fermé à l'avenir. Il rachetait ses défauts par un attachement sans bornes à la royauté et au roi.

V

Si M. de Blacas avait eu le tact des choses et des hommes, il n'aurait pas hésité un moment à déposer le ministère en sortant de France et à ne garder auprès du roi que le rôle d'ami. Il ne pouvait ignorer que le monde entier accusait à tort son imprévoyance du retour de Napoléon, et que sa retraite aurait donné satisfaction à l'opinion publique et popularisé le roi.

Mais M. de Blacas avait dans l'âme assez de dédains pour braver toutes les opinions, et assez de tenacité pour ne pas descendre, même quand le trône sur lequel il s'appuyait était précipité. Il resta. Le roi, qui n'avait de confiance entière qu'en lui, l'opposait aussi avec fierté à l'Europe et à sa cour. C'était un défi pour son orgueil et une habitude pour son amitié. Il ne céda rien au cri général qui s'élevait jusque dans sa maison et dans sa famille contre M. de Blacas. Jamais le roi, privé de ses ressorts de gouvernement, n'avait eu plus besoin de cette police mystérieuse et de cette main jetée dans toutes les intrigues des partis et des cours, qui avait été son seul gouvernement pendant vingt ans. M. de Blacas en tenait pour lui les fils. Il était l'appât de tous ces aventuriers qui flairent les causes perdues pour leur vendre des services inutiles. Cette police, que les ministres de Bonaparte avaient sans cesse éclairée et dans laquelle ils avaient toujours de doubles complices, avait coûté au roi des sommes considérables et ne lui avait vendu que des illusions et des mensonges. M. de Blacas en maniait les ressorts d'une main probe, mais inhabile. L'intrigue n'était pas son vice; c'était l'orgueil, mais l'orgueil pliant sous un seul maître pour se relever plus majestueux devant une cour.

VI

Cependant le roi, malgré son abandon passionné à M. de Blacas, était obligé de ménager M. de Talleyrand, son ministre extérieur et son négociateur devant l'Europe. Le sort de sa dynastie était encore entre les mains de M. de Talleyrand. D'un mot à Vienne il pouvait le perdre ou le sauver. Pour inspirer confiance à M. de Talleyrand, le roi nomma, quelques jours après son arrivée à Gand, M. de Jaucourt, ami particulier et confident intime de ce diplomate, ministre des affaires étrangères par intérim. Clarke fut nommé ministre de la guerre; l'abbé Louis, dévoué aussi à M. de Talleyrand, ministre des finances; Beugnot, ministre de la marine; Beurnonville et Lally-Tollendal, ministres d'État; Chateaubriand, ambassadeur en Suède, vain titre qui le décorait assez pour lui donner seulement le droit de paraître dans cette cour et d'avoir une voix dans sa politique. Tel fut le grand conseil de gouvernement dont le roi s'entoura pour paraître encore régner du fond de son isolement et pour représenter moralement un règne idéal.

Le comte d'Artois avait dans le comte de Bruges, à Gand, ce que le roi avait dans le comte de Blacas, un ami, un favori, un chef de son conseil. Ces deux hommes sentaient la nécessité de s'entendre et de se concerter souvent entre eux pour maintenir l'harmonie entre le roi et sa famille, et pour conserver ainsi leur propre influence, que leur rivalité déclarée aurait compromise. M. de Bruges avait moins l'instinct de cour et plus de sens politique que M. de Blacas. Il était moins scrupuleux d'opinion, moins infatué d'ancien régime, il répugnait moins à emprunter à la révolution ses conseils et ses agents pour apprendre d'elle à la dominer et à la corrompre.

M. de Blacas avait pour confidents M. de Pradel, honnête homme, chargé par lui de toute la domesticité du palais, et le marquis de La Maisonfort.

Le marquis de La Maisonfort était un de ces débris de l'émigration qui avaient passé leur vie dans les vicissitudes, dans les plaisirs, dans les aventures des cours et des conspirations. Homme de la nature de Rivarol, de d'Entragues, rédigeant avec souplesse et talent des manifestes à la France ou aux puissances, pour la cour errante de Mittau ou d'Hartwell, courant de Pétersbourg à Londres, chargé de missions par M. de Blacas ou par le roi, lié avec les ministres et les ambassadeurs des puissances, affectant d'avoir d'importantes relations en France avec les chefs de partis, se laissant persuader ou se persuadant à lui-même les prétendues complicités de Barras ou de Fouché avec les royalistes, ourdissant perpétuellement des trames de restauration souvent imaginaires, croyant ou feignant de croire qu'il en tenait les fils dans la main, négociateur actif de cette diplomatie officieuse, habile à surexciter et à nourrir l'espérance dans l'esprit de M. de Blacas et du roi, y croyant peu lui-même, mais se créant et se maintenant ainsi une certaine importance dans les cabinets étrangers à Londres, et à la cour d'Hartwell, où l'on voyait en lui un meneur ou un confident actif de la future restauration. C'était surtout un écrivain facile, spirituel, un caractère aimable et léger, un vestige rajeuni de la littérature et de la philosophie sceptique de la cour de Louis XV, mais qui savait emprunter au besoin à Burke ou à Pitt les maximes et les apparences sévères de la haute philosophie politique. Il s'était lié, en passant à Pétersbourg, avec le comte de Maistre, ministre de Sardaigne en Russie, sorte de prophète politique paradoxal, absolu, étrange, mais sincère, dont le génie fournissait des opinions toutes faites à ceux qui voulaient affecter la profondeur dans la légèreté. Tel était le marquis de La Maisonfort, un des hommes les plus agréables, les plus séduisants, mais les plus mobiles que la nature, l'ambition et la littérature eussent formés pour entretenir et amuser une cour errante.

VII

Nous avons raconté que Barras et Fouché, deux régicides amnistiés, désirant ajouter la faveur de la Restauration à l'amnistie, avaient, l'un et l'autre, offert leurs conseils et leurs services au roi, avant le débarquement de Bonaparte à Cannes. Barras, d'une antique maison de Provence, avait des liens de parenté avec M. de Blacas. Cette parenté avait servi à faciliter une entrevue entre ces deux hommes, dans l'intérêt du roi. Barras avait donné des conseils tardifs; M. de Blacas les avait communiqués. M. de Talleyrand avait conseillé, de Vienne, à Louis XVIII, d'écouter plutôt Fouché, dont l'expérience plus récente et plus consommée des intrigues bonapartistes pouvait l'aider mieux à les déjouer. Fouché avait été écarté par M. de Blacas et par les conseils de Barras. Il en avait conservé un vif ressentiment. Il s'était tourné vers le comte d'Artois; il l'avait entretenu avant son départ de Paris. Fouché, devenu ministre de Napoléon depuis son retour; laissait donc secrètement de grandes espérances à la cour de Gand.

Mais, parmi les nombreux visiteurs qui assiégeaient cette cour, deux partis distincts et envenimés s'étaient formés : les uns soutenant M. de Blacas, les autres vendus à M. de Talleyrand et à Fouché. Ce ministre, sous prétexte d'éclairer le cabinet des Tuileries sur les manœuvres de la coalition, entretenait de nombreux agents à Gand, à Bruxelles, à Londres. Bonapartiste à Paris, bourbonien en Belgique, ses agents s'efforçaient de convaincre le roi des bonnes dispositions de Fouché pour sa cause. Ils étaient accrédités de plus par les agents de M. de Talleyrand, qui conseillaient au roi de se confier à l'habileté et à l'intérêt de Fouché.

M. de Blacas et son parti conseillaient le contraire. Ils se défiaient de M. de Talleyrand autant que du ministre de Napoléon. Ils disaient au roi que Fouché et Talleyrand jouaient un triple rôle, qu'ils servaient Napoléon jusqu'au moment où la victoire se prononcerait contre lui, qu'ils endormaient la cour de Gand de fausses espérances, mais qu'ils avaient en vue le duc d'Orléans actuellement réfugié à Londres; que leurs agents portaient des paroles à ce prince ambitieux et réservé, et que des négociations occultes étaient nouées entre Fouché, Talleyrand, Pozzo di Borgo, et sir Charles Stuart, ambassadeur d'Angleterre à Vienne, pour donner au duc d'Orléans le trône bientôt enlevé à Bonaparte. Louis XVIII, très-clairvoyant sur ce qui menaçait son trône, se défiait du duc d'Orléans, et voyait avec inquiétude une candidature à la couronne dans son éloignement affecté et dans son isolement à Londres. Il n'était pas non plus sans ombrage sur M. de Talleyrand; mais il sentait la nécessité de ménager un ministre qui lui avait été si utile à Vienne, et que l'ingratitude pouvait rejeter à ses ennemis. Il flottait au gré des événements et des avis, sans paraître entendre les murmures de sa petite cour.

VIII

Le déchaînement de cette cour était unanime contre M. de Blacas et M. de Bruges, les deux favoris ligués en ce moment. Ce mécontentement se grossissait tous les jours d'hommes nouveaux arrivés de Paris, émissaires de différentes opinions, qui s'étaient partagé les influences en 1814, et qui venaient les briguer encore dans l'exil.

C'était M. de Chateaubriand, qui, soutenu par le duc Mathieu de Montmorency, dont il recherchait alors l'appui, prétendait absorber dans l'éclat de son talent les influences de la familiarité et de l'habitude. On le traitait en poëte plus qu'en homme d'État. Les ministres étrangers et les hommes de cour et d'affaires se vengeaient de sa supériorité de génie en le reléguant dans la gloire des lettres. M. Bertin l'aîné, ami de M. de Chateaubriand, homme d'un coup d'œil sûr, pénétrant, exercé par la longue habitude du journalisme, y apportait au roi ce tact rare de l'opinion, qui est le sens de la politique constitutionnelle. M. de Lally-Tollendal, homme de tribune, plus bruyant qu'éloquent, ayant dû autrefois un grand succès oratoire à l'attendrissement d'un fils plaidant lui-même pour réhabiliter son père, ami de M. Necker ensuite, émigré depuis, toujours en scène, nature théâtrale, plus capable d'effet que d'action. M. Guizot, grandi depuis par les lettres, par la tribune, par les succès et les catastrophes publiques : l'abbé de Montesquiou, en 1814, avait deviné et employé son aptitude au ministère de l'intérieur. Après le retour de Bonaparte, M. Guizot avait continué à être employé. Soit qu'il eût mal apprécié l'événement du 20 mars au premier moment, soit qu'il supposât que l'opinion surprise ne porterait pas longtemps un second empire, et que l'avenir était à Gand, il n'avait pas tardé à y venir chargé, disait-il, d'une mission confidentielle de M. de Montesquiou, de M. Royer-Collard et de quelques hommes des partis philosophiques de Paris, pour conseiller au roi les programmes libéraux, plus puissants que les armées de Napoléon. Il écrivait sous M. Bertin dans le *Moniteur de Gand*, ainsi que M. Lally-Tollendal, M. de Chateaubriand et M. Roux-Laborie, l'esprit le plus entremetteur de cette époque. Il était lié d'opinion et d'amitié à Gand avec M. Mounier, fils de l'ancien président de l'Assemblée nationale, jeune esprit de la plus haute et de la plus honnête aptitude, et avec M. Anglès, préfet de police. M. Guizot frappait, dès cette époque, par une ardeur d'ambition qui devançait sa renommée, et par une confiance en lui-même qui était la foi de son mérite. M. de Blacas le voyait avec ombrage et cherchait à l'éloigner. « Que vient faire ici ce jeune homme? disait-il au commissaire général de la police du roi des Pays-Bas, chargé de surveiller la résidence de Louis XVIII. Il a eu je ne sais quelle mission sourde auprès du roi, il a prêté serment à Napoléon après notre départ de Paris, mais Carnot n'a pas voulu de lui dans son ministère; ce n'est donc pas la fidélité, c'est la nécessité qui nous le renvoie. » Le roi, prévenu par M. de Blacas, l'évitait, parce qu'il le savait lié avec l'abbé Louis, M. de Jaucourt, et tout le parti de M. de Talleyrand. Le comte d'Artois le repoussait, parce qu'il le croyait attaché à M. Royer-Collard, en qui ce prince ne voulut jamais voir qu'un janséniste et un conspirateur.

IX

Le maréchal Marmont avait suivi le roi à Gand, et continuait à y commander, sous le duc de Berri, le noyau des troupes fidèles. Il ne se mêlait à aucun des partis qui divisaient cette cour, et vivait dans un isolement et dans un deuil qui attestaient la douleur de sa situation. Personne ne voyait en lui un traître ; tous y voyaient un homme qu'une fausse situation avait dérouté de sa vie. Il versait des larmes d'indignation et de douleur à chaque reproche public que Napoléon faisait retentir contre lui, en Europe, dans ses harangues et dans ses proclamations à ses soldats. Ces accusations de trahison imméritées, mais spécieuses, étaient pour lui un supplice de tous les moments. On voyait, au désespoir qu'elles lui causaient, que ces accusations soulevaient son âme, et que son attachement pour son ancien chef n'avait jamais été étouffé dans son cœur. On le considérait comme une victime plutôt que comme un complice d'événements plus forts que lui, et on le plaignait.

Les amis de M. de Talleyrand, et M. de Talleyrand lui-même au contraire, supportaient sans émotion les accusations et les invectives de Bonaparte. Ils s'honoraient de ses imprécations en hommes politiques, mesurant la haine qu'ils inspirent au mal qu'ils ont fait à un ennemi avoué. Le roi traitait Marmont avec égard, le comte d'Artois lui préférait hautement le maréchal Soult, malgré les injustes accusations de trahison que les royalistes de sa cour semaient contre lui. Ce prince était convaincu que Soult n'avait pas trahi. On s'occupait beaucoup à Gand des dispositions flottantes du maréchal Ney qui commandait à Lille. On savait que ce maréchal affectait, de plus en plus, de repousser de sa conduite tout soupçon de connivence avec l'empereur avant son inexplicable défection. Il disait hautement qu'il ne voyait dans Napoléon qu'un chef utile à la défense militaire du sol, mais que ses souvenirs et ses opinions l'entraînaient vers la république. On le considérait à Gand comme un homme écrasé par des circonstances supérieures à sa force d'esprit, qui cherchait à se justifier à lui-même une faiblesse par une inconséquence, et qui servirait involontairement mal une cause qu'il avait mal embrassée.

X

Le conseil privé du comte d'Artois était composé, sous M. de Bruges, de M. de Vaublanc et de M. Capelle, deux hommes de l'empire passés l'année précédente dans le parti vainqueur des royalistes et restés fidèles après le 20 mars aux vaincus. Ancien membre de nos assemblées délibérantes, connu par une éloquence emphatique et par un courage égal aux circonstances, ayant suivi toutes les oscillations de la Révolution, mais sans dépasser jamais les limites du juste et de l'honnête, proscrit en 1793, rentré après les proscriptions, lié par des pensées d'ordre monarchique et par des faveurs à Bonaparte, longtemps préfet sous son règne, M. de Vaublanc aspirait à mériter sous les Bourbons un rang plus élevé que celui qu'il avait occupé sous l'empire. Il croyait à son éloquence et à son aptitude au gouvernement. Il avait inspiré au comte de Bruges, et par le comte de Bruges au comte d'Artois, cette foi qu'il avait en lui-même. Il promettait à ce prince de subjuguer les chambres par sa parole, l'opposition par sa résolution. Il l'animait contre l'impéritie de M. de Blacas et contre l'immoralité de M. de Talleyrand. Négligé par le premier, dédaigné et raillé par les amis du second, considéré par les hommes nouveaux comme une faible tête pleine de vent de sa propre importance, M. de Vaublanc n'avait qu'une influence alors sourde et subalterne. Il avait recommandé au comte d'Artois un autre conseiller sorti comme lui des rangs de l'administration impériale, et qui commençait à prendre sur ce prince un ascendant funeste depuis. C'était M. Capelle, ancien préfet de Florence et de Genève sous Napoléon, favori de sa sœur Élisa Bacciochi, grande-duchesse de Toscane, homme dont nul ne connaissait les commencements obscurs, jeune encore, d'une beauté remarquable, d'une finesse recouverte de simplicité, propre à bien servir aux seconds rangs, n'ambitionnant pas les premiers, sûr et zélé dans ses attachements, honnête et fidèle dans ses opinions. Le comte de Bruges favorisait l'influence croissante de ces deux hommes auprès de son maître, parce qu'il ne croyait pas que cette influence montât jamais assez haut pour offusquer la sienne ; bons pour servir, incapables de dominer. Roux-Laborie, un des fondateurs du *Journal des Débats* et des agents les plus actifs de M. de Talleyrand en 1814, avait quitté ce parti et s'agitait maintenant autour du comte d'Artois. Chacun flottait d'un prince à l'autre selon ses conjectures ou ses préférences. Cette petite ville avait toutes les brigues, toutes les vicissitudes et toutes les inconstances des grandes cours. On avait le pressentiment que la faveur à Gand serait la fortune à Paris.

XI

Les espions et les aventuriers de toute nature y fourmillaient. On y vit arriver avec effroi un homme dont le nom sinistre avait jeté la terreur dans l'âme de Napoléon à Fontainebleau, et dont la présence à Gand la jetait maintenant dans l'âme des princes : le comte de Maubreuil.

Le comte de Maubreuil était un gentilhomme breton d'une haute naissance, d'une vie suspecte, d'un esprit corrompu, d'un bras que l'on croyait capable de se vendre même à des actes criminels. Il avait été page de la reine de Westphalie, belle-sœur de Napoléon, épouse de Jérôme Bonaparte. Soit par impulsion de misère, soit par ressentiment d'un amour insolent repoussé par cette vertueuse femme, Maubreuil, avec quelques aventuriers ses complices, avait arrêté la reine de Westphalie fugitive au mois de mars 1814 sur la route de Fontainebleau, et avait enlevé ses diamants et son or, sous prétexte de les restituer au trésor de la couronne. Il avait en effet des ordres du gouvernement provisoire et des alliés qui mettaient à sa disposition les forces militaires des lieux où il les requerrait. Rentré à Paris et poursuivi par l'indignation publique pour ce fait, Maubreuil avait prétendu qu'il avait de Roux-Laborie, confident de M. de Talleyrand, et de M. de Talleyrand lui-même, la mission d'enlever Napoléon à main armée; le public ajoutait la mission éventuelle de se défaire de l'empereur. Les ennemis des Bourbons avaient adopté cette version odieuse et sans fondement. L'empereur et ses amis affectaient de croire à l'assassinat, et d'imputer aux princes et à leurs ministres les jactances de cet aventurier. Le roi et le comte d'Artois parlaient de cet homme et de ses prétendues révélations avec le mépris dû à la calomnie. Jamais l'assassinat d'un ennemi n'avait souillé leurs conseils. Ils craignaient au contraire que cet homme, dont le royalisme turbulent et suspect déshonorait leur cause, ne fût à Gand l'instrument de quelques trames contre leurs jours. Roux-Laborie, qui avait eu, en effet, des rapports avec Maubreuil pour l'enlèvement du trésor de la reine de Westphalie, qu'on supposait emporter les diamants de la couronne, tremblait de la vengeance de Maubreuil. On l'éloigna du séjour du roi.

XII

M. de La Rochejaquelein, commandant des grenadiers à cheval de la garde du roi, nom héroïque, figure martiale, âme vendéenne, enfant d'une race dont tout le sang était pressé de couler pour la cause des rois, répugnait, malgré son courage, à rallumer la guerre civile dans sa province. Il résistait par patriotisme aux folles instances que les fanatiques des deux cours lui faisaient pour quitter son régiment, où il était adoré, et pour passer dans la Vendée. Il céda enfin, moins par conviction que par honneur, et partit avec le remords et le pressentiment d'une mort stérile. Les ambassadeurs étrangers, et entre autres le comte de Goltz, ambassadeur de Prusse, s'indignaient hautement de sa lenteur. La guerre civile, selon eux, devait précéder et motiver la guerre étrangère.

Les ministres étrangers étaient divisés comme les courtisans de la cour exilée ; tous néanmoins s'accordaient dans leur mépris pour l'émigration, qui n'avait pas su, disaient-ils, ni s'affectionner la patrie nouvelle ni la dominer. M. de Blacas dépopularisait à leurs yeux le roi, M. de Bruges le comte d'Artois. Ils penchaient pour les hommes nouveaux : M. de Richelieu, M. de Montesquiou, M. Mounier, M. Guizot, M. Anglès. Ceux-là leur paraissaient du moins comprendre la France nouvelle. L'Angleterre et l'Autriche se déclaraient pour M. de Talleyrand et conseillaient au roi de s'abandonner complétement à sa sagacité. La Russie et la Prusse lui préféraient déjà le duc de Richelieu, dont le nom, l'indépendance, l'impartialité et la probité faisaient à leurs yeux le restaurateur désigné de la monarchie constitutionnelle en France. M. de Talleyrand leur était devenu suspect depuis le traité secret qu'il avait noué et signé à Vienne entre la France, l'Autriche et l'Angleterre.

Cette ligue du Midi inquiétait le Nord. Le baron de Vincent, ambassadeur d'Autriche, et sir Charles Stuart, ambassadeur d'Angleterre à Gand, poussaient le roi de tous leurs efforts vers M. de Talleyrand. L'Angleterre avait d'avance le mot de Fouché. Elle préméditait un ministère où le duc de Richelieu, qui lui répondait de la Révolution, serait associé à M. de Talleyrand, qui lui répondait de l'alliance avec elle. Telles étaient les agitations et les indécisions de la politique à Gand, lorsque le duc de Richelieu y arriva lui-même, envoyé par l'empereur Alexandre, pour y contre-balancer l'ascendant des amis de M. de Talleyrand.

M. de Talleyrand, bien qu'il eût enveloppé le roi de ses amis personnels, n'osait encore venir à Gand. On l'en écartait à dessein pour que sa présence ne fît pas éclater entre M. de Blacas et lui une dissension funeste à la cause commune. Accouru à Bruxelles, M. de Talleyrand ne fut pas même admis à occuper l'hôtel vide que la cour avait dans cette ville voisine de Gand. Il s'offensa de ce mauvais accueil, qui, disait-il, le discréditait auprès des puissances. Il ne parut que tard et rarement à la cour.

Quant au duc de Richelieu, modeste, sans ambition, ayant plutôt la répugnance que le goût des affaires, exilé depuis vingt ans de sa patrie, nationalisé en Russie, fondateur, gouverneur et créateur d'Odessa, plus soldat que politique, il n'aspirait qu'à voir la maison de Bourbon consolidée en France sur des institutions conformes au génie du temps, et à rejoindre les déserts. Le sentiment seul des services que la maison de Bourbon aurait à lui demander et les ordres impérieux de l'empereur de Russie le retenaient à Gand. La conformité de caractère et de justesse d'esprit le lia dès les premiers jours avec M. Mounier, homme de même trempe, plus heureux d'être utile que pressé de dominer.

XIII

Le roi montrait à Gand dans son intérieur la même supériorité à la fortune qu'il avait montrée à Vérone, à Mittau, à Hartwell et aux Tuileries. L'âge et les infirmités, qui doublent les dangers de la fuite et les âpretés de l'exil, ne paraissaient pas affecter sa sérénité. Il avait un tel sentiment de son droit qu'il rejetait tous les torts de sa situation sur l'adversité. Il régnait partout où il portait son nom et son sang. Rien n'était changé dans ses habitudes, excepté le palais. L'abbé Louis, ministre de ses finances, avait apporté plusieurs millions de sa liste civile qui suffisaient à l'entretien de sa maison et à la solde de ses troupes pour quelques mois. Il n'avait ni luxe, ni indigence. Il continuait toutes ses habitudes de religion, de famille, de conseils, de promenades en voiture, avec la régularité d'heures et d'étiquette dans laquelle il se plaisait de tout temps à encadrer sa vie. Il dérobait, comme à Paris, des heures aux affaires pour les consacrer à des entretiens familiers et à des lectures savantes et littéraires. Il écrivait, il jouissait de l'amitié. Il sentait que l'Europe s'agitait pour lui, aussi ne précipitait-il aucun de ses mouvements par une impatience de recouvrer son règne. Il recevait avec grâce et liberté d'esprit les hôtes nombreux qui accouraient de toutes les parties de la France lui offrir leurs services ou leur fidélité. Il voyait tous les jours les ministres étrangers. Il écoutait avec curiosité les rapports de police qui lui étaient faits sur les étrangers remarquables ou suspects qui arrivaient à sa cour. Il aimait surtout à s'entretenir de ces matières ou de sujets littéraires ou scientifiques avec le baron d'Eckstein, chargé par les alliés des fonctions de ministre provisoire de la police à Gand. Il goûtait ce jeune officier, Danois de naissance, Français par les goûts, célèbre depuis par la science et les lettres, dont la conversation le nourrissait de haute littérature. Il le ramena, après la seconde restauration, avec lui en France, et le nationalisa en l'attachant aux affaires étrangères.

XIV·

Le comte d'Artois s'agitait davantage, et supportait avec moins d'impassibilité la langueur d'une inaction forcée. Ce prince, trop flatté pour sa grâce dans sa jeunesse, avait besoin d'être flatté toujours par des favoris qui lui exagéraient sa supériorité sur son frère. Il aimait à avoir toujours une politique à part, et pour ainsi dire à régner d'avance. De là, à l'étranger comme à Paris, sa perpétuelle agitation, son opposition éclatante ou sourde, son cabinet particulier rarement d'accord avec celui du roi, point d'appui de mille ambitions et de mille intrigues, embarras dans un gouvernement constitutionnel, où le prince qui gouverne a deux oppositions à satisfaire au lieu d'une ; incapable, du reste, d'aucune déloyauté, mais capable de beaucoup d'imprudences.

Le duc de Berri, son fils, se formait au commandement, inspectait les troupes, gourmandait brusquement les derniers venus, tels que Bourmont, Clouet et d'autres, qui rejoignaient au dernier moment leurs drapeaux. Il vivait familièrement avec la jeune noblesse dans cette nouvelle armée de Condé, se livrait aux plaisirs insouciants de son âge, comme un futur Charles II de la France. Il s'abstenait de politique, de peur de déplaire à son oncle en prenant parti entre lui et le comte d'Artois. Les jours se passaient ainsi à attendre, soit le choc des armées de l'Europe qui s'avançaient sur nos frontières, soit une explosion actuelle et spontanée de la France contre Napoléon et l'armée, soit une insurrection de la Vendée, dont les chefs venaient à toute heure solliciter La Rochejaquelein de donner le signal à ses paysans.

XV

La seule occupation de cette cour était, en ce moment, de négocier avec les puissances, de traiter avec les caractères qui s'offraient d'eux-mêmes à la corruption à Paris, et de parler à l'opinion par des proclamations où l'âme du roi se manifestât de loin à son peuple. Le gouvernement tout moral de Louis XVIII n'était plus que sa parole. Il fallait la faire entendre tous les jours, et la faire pénétrer partout aux oreilles et au cœur des Français étonnés, et déjà repentants de leur faiblesse et de leur imprévoyance.

Ce fut pour cette propagande royaliste que fut créé le *Moniteur de Gand*, journal de guerre, rédigé par MM. de Chateaubriand, Bertin, Lally-Tollendal, Beugnot, et inspiré souvent par le roi lui-même. M. de Chateaubriand, peu agréable à Louis XVIII, qui redoutait l'ambition et la résistance là où il sentait la force et l'éclat du génie, tenait néanmoins la plume dans le conseil. Investi, pendant quelques semaines, du ministère de l'intérieur, en l'absence de M. de Montesquiou, il rédigea, à ce titre, un rapport au roi, destiné à présenter à la France et à l'Europe le tableau vrai des circonstances et des opinions, travesti par les proclamations et par le journalisme vénal de Paris. Ce rapport était le manifeste à la fois du roi et du peuple, accusant un seul homme et son armée des calamités du monde.

« Sire ! disait M. de Châteaubriand, Bonaparte, placé par une fatalité étrange entre les côtes de la France et de l'Italie, est descendu, comme Genséric, *là où l'appelait la colère de Dieu.* Espoir de tout ce qui avait commis et de tout ce qui avait médité un crime, il est venu, il a réussi ; des hommes accablés de vos dons, le sein décoré de vos ordres, ont baisé le matin la main royale que le soir ils ont trahie... Au reste, Sire, le dernier triomphe qui couronne et qui va terminer la carrière de Bonaparte n'a rien de merveilleux. Ce n'est point une révolution véritable, c'est une invasion passagère. Il n'y a point de changement réel en France : les opinions n'y sont point altérées. Ce que nous voyons n'est point le résultat inévitable d'un long enchaînement de causes et d'effets. Le roi s'est retiré un moment : la monarchie est restée tout entière. La nation, par le témoignage de ses larmes et de ses regrets, a montré qu'elle se séparait de la puissance armée qui lui imposait des lois.

» Ces bouleversements subits sont fréquents chez tous les peuples qui ont eu l'affreux malheur de tomber sous le despotisme militaire. L'histoire du Bas-Empire, celle de l'empire Ottoman, celle de l'Égypte moderne et des régences barbaresques en sont remplies. Tous les jours au Caire, à Alger, à Tunis, un bey proscrit reparaît sur la frontière du désert : quelques mameluks se joignent à lui, le proclament leur chef et leur maître. Le despote s'avance au bruit des chaînes, entre dans la capitale de son empire, triomphe et meurt. Vous parûtes, Sire, et les étrangers se retirèrent : Bonaparte revient, et les étrangers vont rentrer dans notre malheureuse patrie. Sous votre règne, les morts retrouvèrent leurs tombeaux, les enfants furent rendus à leurs familles : sous le sien, on va voir de nouveau les fils arrachés à leurs mères, les os des Français dispersés dans les champs; vous emportez toute la joie, il rapporte toutes les douleurs.

» Vous avez tout édifié et Bonaparte a tout détruit. Vos lois abolissaient la conscription et la confiscation, elles ne permettaient ni l'exil, ni l'emprisonnement arbitraires : elles laissaient aux représentants du peuple le soin d'asseoir les contributions : elles assuraient avec un droit égal aux hommes la liberté civile et politique. Bonaparte paraît, et la conscription recommence, et les fortunes sont violées. La chambre des pairs et celle des députés sont dissoutes ; l'impôt est changé, modifié, dénaturé par la volonté d'un seul homme; les grâces accordées aux défenseurs de la patrie sont rappelées, ou du moins contestées ; votre maison civile et militaire est condamnée. Le tyran reprend ainsi une à une les victimes auxquelles il promettait oubli et repos dans ses premières proclamations. On compte déjà de nombreux séquestres, des arrestations, des exils, des lois de bannissement : treize victimes sont portées sur une liste de mort. Sire ! vous-même vous êtes proscrit, vous et les descendants de Henri IV, et la fille de Louis XVI !

Vous ne pourriez, dans ce moment, sans courir le risque de la vie, mettre le pied sur cette terre où vous essuyâtes tant de larmes, où vous rendîtes tant d'enfants à leurs pères, où vous ne répandîtes pas une goutte de sang, où vous apportâtes la paix et la liberté! Quand Votre Majesté, après vingt-trois ans de malheur, remonta sur le trône de ses aïeux, elle trouva devant elle les juges de son frère. Et ces juges vivent! Et vous leur avez conservé avec les victimes les droits de citoyen! Et ce sont eux qui rendent aujourd'hui contre votre personne sacrée, contre votre auguste famille, contre vos serviteurs fidèles, des arrêts de mort et de proscription! Et tous ces actes, où la violence, l'injustice et l'hypocrisie le disputent à l'ingratitude, sont rendus au nom de la liberté!

» Le nouveau gouvernement de la France, employant les moyens les plus odieux, a fait rechercher toutes les lettres. On a trouvé dans une armoire secrète d'un de vos ministres des lettres qui devaient révéler d'importants secrets. Eh bien! qu'ont-elles appris au public, ces lettres confidentielles, inconnues, cachées, qu'on a eu la maladresse de publier? Elles ont appris que vos ministres, différant entre eux sur quelques détails, étaient tous d'accord sur le fond, qu'ils pensaient qu'on ne pouvait régner en France que par la charte et avec la charte; et que, les Français aimant et voulant la liberté, il fallait suivre les mœurs et les opinions du siècle... Oui! Sire, et c'est ici l'occasion d'en faire la protestation solennelle : tous vos ministres, tous les membres de votre conseil sont inviolablement attachés aux principes d'une sage liberté. Qu'il nous soit permis de le proclamer avec le respect profond et sans bornes que nous portons à votre couronne et à vos vertus : nous sommes prêts à verser pour vous la dernière goutte de notre sang, à vous suivre au bout de la terre, à partager avec vous les tribulations qu'il plaira au Tout-Puissant de vous envoyer, parce que nous croyons devant Dieu que vous maintiendrez la constitution que vous avez donnée à votre peuple, que le vœu le plus sincère de votre âme royale est la liberté des Français. S'il en avait été autrement, nous serions tous morts à vos pieds pour la défense de votre personne sacrée, parce que vous êtes notre seigneur et maître, le roi de nos aïeux, notre souverain légitime : mais, Sire, nous n'aurions plus été que vos soldats, nous aurions cessé d'être vos conseillers et vos ministres. »

XVI

Ces manifestes étaient répandus de main en main en France, par la propagande naturelle des populations royalistes, et par la facilité que la police de Fouché laissait à leur retentissement dans un intérêt d'agitation. Ces partis en haleine accroissaient son importance, et préparaient l'un ou l'autre des dénoûments qu'il voulait tenir dans sa main. Ils donnaient un grand ébranlement à l'opinion. Les vérités de cette nature ne sont jamais présentées impunément à un peuple. Napoléon paraissait isolé avec son armée au milieu de l'Europe. Toutes ces accusations justes tombaient sur lui et sur elle avec plus de force que les boulets de la coalition. Ce n'était pas encore assez pour la cour de Gand et pour Fouché : l'une voulait agir, l'autre voulait seulement ébranler les esprits. L'impatience des royalistes, la politique agitatrice de Fouché, s'accordèrent, sans se concerter, dans le désir de soulever la Vendée.

Ce ministre révélait à un de ses agents supérieurs dans ces provinces sa pensée secrète, tout en la voilant de l'intérêt du patriotisme dans l'éventualité d'une défaite de l'empereur. « Il ne s'agit pas, osait écrire Fouché à Fauche-Borel, de faire armer seulement les populations les unes contre les autres, cela ne conduirait à rien : ce qu'il faut, c'est, en cas de chute de ce qui existe, de se trouver sur ses pieds pour donner aux vrais principes de la révolution l'aide que l'empereur est impuissant à réaliser, et que le roi de Gand, malgré sa finesse, n'osera jamais consacrer. Il ne faut pas que la Vendée redevienne terrible, mais il n'est pas mal qu'elle se montre sur quelques points prête à repousser la force par la force. De ce choc, qui ne produira que des secousses et jamais une insurrection, naîtra nécessairement l'affaiblissement progressif des deux partis hostiles. Alors nous serons plus à notre aise pour amener un ordre de choses plus conforme à nos vœux. Le duc d'Orléans est un moyen de composition entre les extrêmes; Dumouriez l'a rêvé longtemps. L'Europe s'arme contre l'empereur; il succombera inévitablement, il sent déjà le cadavre. La branche aînée n'offre pas de sécurité aux intérêts révolutionnaires; nous devons donc nous jeter ailleurs. Le duc d'Orléans est bien disposé, il acceptera la couronne aux conditions qui lui seront imposées : il a de l'ambition et des antécédents parfaits. Travaillez donc la Vendée, inquiétez-la ; mais ne prenez jamais de mesures complètes, ne brûlez jamais nos vaisseaux, ni dans un camp, ni dans un autre. Il y a des haines au fond de tous les cœurs, faites-les vibrer en paroles, jamais en actions, si c'est possible ; c'est le plus sûr moyen de les affaiblir et de les tuer. Fatiguez les soldats par des marches sans but ; démoralisez les généraux ; prenez langue chez les officiers vendéens ; favorisez le départ de ceux qui voudront aller sentimentalement à Gand. Parlez de moi en bons termes, comme d'un esprit revenu des erreurs des sans-culottes, acceptant franchement la monarchie, estimant les royalistes ; dites que j'ai de nombreux amis parmi eux ; mais surtout par tous les moyens possibles évitez que l'Ouest ait recours à une insurrection. Les armées combinées de l'Anjou, du Poitou, de la Bretagne et du Maine pourraient marcher sur Paris quand l'empereur n'y sera plus, et changer par un coup de main hardi tous nos plans les mieux concertés. Une telle hypothèse a bien ses impossibilités ; mais en révolution il faut tout prévoir, et je ne veux pas en être arrivé à ce point pour me trouver tout à fait vaincu par quelques paysans imbéciles. Guerre donc partielle, s'il le faut ; mais guerre de village à village, de ville à ville, et jamais d'armée à armée. Des émeutes partout ; d'insurrection nulle part, et jamais surtout de généraux prenant sur l'esprit des Vendéens un empire qui pourrait devenir funeste aux conséquences que j'espère déduire de tout cet imbroglio. Entendez-vous avec Lagarde *qui préfecture* au Mans, et qui a toute ma confiance. »

XVII

Ces insinuations de Fouché favorisaient les insurrections anarchiques dans ces provinces; mais elles leur donnaient des éventualités indécises qui ne pouvaient répondre aux passions, aux dévouements et aux intérêts royalistes. Les guerres civiles ne comportent ni ces indécisions, ni ces expectatives. La Vendée ne pouvait se lever que sous ses vrais chefs et sous son ancien drapeau. Elle haïssait le nom d'Orléans, complice à ses yeux du meurtre de Louis XVI, plus que le nom de Bonaparte, qui lui avait rendu la nationalité, la religion et la gloire. La plupart de ses plus braves chefs avaient servi, comme La Rochejaquelein et Bourmont, dans les grandes campagnes de l'empire. Un seul nom l'emportait dans le cœur des Vendéens sur le nom de Bonaparte, c'était le nom des Bourbons.

Nous avons vu que la rapidité de la marche de Bonaparte sur Paris, la surprise des chefs, l'indécision des princes, avaient déconcerté au 20 mars la tentative du duc de Bourbon pour insurger l'ouest de la France. Mais la pensée de cette insurrection n'était morte ni dans l'âme des chefs de l'Ouest, ni dans l'âme du roi à Gand. Elle y était tous les jours fomentée par les ambassadeurs étrangers. La Rochejaquelein était l'homme le plus désigné par son nom et par son courage pour donner le signal, l'élan et la victoire à une terre pleine de souvenirs et arrosée du sang de sa famille. La grande guerre vendéenne de 1793 à 1799 avait fait de ces noms de La Rochejaquelein et de Charette le cri de guerre de la Vendée. C'était une famille nationalisée par la communauté des sacrifices, d'héroïsme et de sang versé, dans le cœur des Vendéens.

Elle habitait, avant la Révolution, le château de la Durbellière, non loin de Nantes. Le chef de la famille, Louis de La Rochejaquelein, avait émigré avec trois fils en 1791, et s'était réfugié à Tournai. Le second de ses fils, Louis de La Rochejaquelein, fit presque enfant la campagne des princes en Allemagne. Il s'embarqua ensuite avec son père et ses frères pour Saint-Domingue, où il combattit sous les ordres de son père dans les guerres diverses de cette colonie. Chassés de l'île avec les Anglais, le père et les fils se retirèrent à la Jamaïque. La guerre et la patrie les rappelaient vers l'Europe; le jeune Louis de La Rochejaquelein vint servir dans un régiment de ligne anglais sur le continent. Le père, embarqué quelque temps après pour l'Europe, est attaqué en mer par un corsaire français. Il combat; le bras gauche à demi emporté par un boulet de canon, il achève de le couper de la main droite avec son sabre, et, jetant son membre à la mer, il continue de combattre. Fait prisonnier, criblé de blessures, séparé des siens, rongé de douleur, il expire en invoquant sa patrie.

XVIII

Son fils Louis, rentré en France après la pacification de sa province, avait épousé la veuve du marquis de Lescure, un des héros chrétiens de cette guerre qui avait reçu le martyre avec la mort. Vivant dans ses terres, doublement popularisé par le nom de son frère tué dans la première guerre, et par le nom de Lescure, mémoire sanctifiée dans le cœur des paysans poitevins, Louis de La Rochejaquelein avait conspiré avec les royalistes de Bordeaux la défection de cette ville à l'empire, et la reconnaissance du duc d'Angoulême, qu'il était allé rejoindre en Espagne. Louis XVIII lui avait donné en récompense de tant de dévouement le commandement des grenadiers à cheval de la garde royale, cavalerie d'élite composée des plus beaux et des plus intrépides soldats de la garde de Napoléon. Il s'en était fait adorer, et avait conduit son corps tout entier à Gand à la suite du roi.

XIX

La Rochejaquelein, esprit aussi réfléchi que cœur intrépide, répugnait à un soulèvement partiel, inopportun, qui ne pouvait avoir pour résultat que de concentrer les malheurs de la guerre civile sur sa province, pendant que le sort de la France se déciderait sur un plus vaste champ de bataille. Mais son frère Auguste de La Rochejaquelein, resté dans la Vendée, lui écrivait que l'impatience de l'insurrection ne pouvait être plus longtemps contenue, que déjà dans la forêt de la Roche-Servière, théâtre de la lutte acharnée du premier Charette, un autre Charette, son neveu, héritier de sa bravoure, La Roche-Saint-André et Goulaine, faisaient le coup de feu contre les troupes de l'empereur; que d'Autichamp, naguère accusé de lenteur, et Suzannet formaient leurs camps mobiles, et désignaient les lieux de rassemblement, et se préparaient à éclater au premier jour.

Le roi, malgré M. de Blacas qui comptait peu sur ces héroïsmes aventureux des guerres intestines, envoya Louis de La Rochejaquelein à Londres solliciter un subside de guerre pour un contingent de quatre-vingt mille Vendéens, auxiliaires de la coalition soldée par l'Angleterre. La Rochejaquelein passa la mer, obtint le subside et des vaisseaux de transport pour le transporter lui et ses grenadiers dans le bas Poitou. Le soulèvement avait éclaté le 15 ; le lendemain 16 mai, La Rochejaquelein touchait la côte de Saint-Gilles, débarquait ses soldats, ses munitions, ses subsides, et publiait sa proclamation de guerre :

« Vendéens ! voilà des armes. Le roi vous aime et m'envoie au nom des nations de l'Europe pleines d'admiration pour votre courage. Rappelez-vous combien de fois mon frère vous a conduits à la victoire. Je ne ferai que vous répéter ses paroles qui enflamment vos cœurs : « Si » j'avance, suivez-moi ! Si je recule, tuez-moi ! Si je meurs, » vengez-moi ! » Bonaparte n'ignore pas que votre réveil sera le signal de sa perte, c'est lui-même qui vous a donné le titre de géants. L'Europe a les yeux sur vous, elle marche pour vous soutenir. Le roi a dit : « Je devrai ma couronne » aux Vendéens. »

A ces accents, M. de Suzannet, cousin de La Rochejaquelein, accourt avec quatre mille paysans déjà insurgés à Saint-Gilles. Charette et tous les chefs le suivent ; ils informent le jeune général que M. d'Autichamp et son frère Auguste de La Rochejaquelein, chacun à la tête d'un rassemblement d'insurgés, combinent leurs mouvements pour balayer la Vendée des troupes de l'usurpateur, et combattent déjà en ce moment.

XX

Ces nouvelles étaient vérifiées à l'heure même par l'événement. Auguste de La Rochejaquelein, à la tête de trois mille paysans, presque sans armes et sans poudre, fanatisés par le curé des Aubiers, qui avait béni leur victoire ou leur mort, venait de fondre à Maulevrier sur le 26ᵉ régiment de ligne, et de le disperser en le poursuivant jusqu'à Châtillon. Là, ces troupes, ralliées par leur colonel sur une hauteur, avaient arrêté les Vendéens. Mais les nombreux blessés transportés à Chollet après la retraite avaient jeté la consternation dans cette ville.

Dans la nuit qui suivit cette victoire, Auguste de La Rochejaquelein, informé du débarquement de son frère, s'élançait vers Saint-Gilles pour armer sa troupe. Sapinaud, autre chef accrédité, à la tête de trois mille paysans, s'en approchait dans la même intention par une autre route. Le général Travot les attaque en vain pour enlever leurs munitions, ils triomphent et font leur jonction à Saint-Gilles avec Louis de La Rochejaquelein et ses grenadiers. Les campagnes de la côte se lèvent d'enthousiasme au bruit de ces succès. Des courriers en rapportent les nouvelles en les grossissant à Londres et à Gand. Le cabinet anglais et le roi croient l'insurrection victorieuse.

XXI

Les chefs réunis deux jours après à Palluau se concertent pour nommer un général en chef. La division et l'indépendance des commandements ont perdu la première guerre, l'union et l'obéissance doivent assurer le triomphe de la seconde. Un conseil de guerre est rassemblé. Suzannet et Sapinaud, tout en regrettant l'absence d'un prince qui enlèverait tout prétexte aux rivalités, consentent généreusement à reconnaître La Rochejaquelein pour supérieur. Le consentement d'Auguste de La Rochejaquelein n'était pas douteux, un frère ne pouvait être le rival d'un frère. D'Autichamp, absent et combattant loin de là, manquait seul au conseil. La Rochejaquelein, proclamé unanimement général, lui écrit pour s'en faire reconnaître. Il se décide à marcher sur Bourbon-Vendée. Le 20 au soir, l'armée, sous ses ordres, pénètre sans obstacle à Aizenay. Tout présageait la victoire pour le lendemain. L'armée royale, forte de son nombre, de ses armes, de ses munitions, de ses chefs, de son enthousiasme, s'endormit dans cette sécurité qu'inspire la consternation présumée de l'ennemi. On croyait les troupes impériales étonnées, en retraite, et occupées à se replier pour se concerter dans les villes fortes. Il n'en était rien.

Le général Travot, qu'une longue expérience des Vendéens avait accoutumé à leur impétuosité et à leurs fautes, forme une colonne d'attaque, traverse en se couvrant le pays boisé, attend le milieu de la nuit, le sommeil, les ténèbres, partage sa troupe en deux corps, et se présente inopinément à minuit aux portes d'Aizenay. Il répond par le cri de *Vive le roi!* au *Qui vive!* des sentinelles assoupies, lance à la fois ses deux colonnes par deux portes au cœur de la ville, surprend les Vendéens dans leurs bivouacs, sur les places, dans les rues, dans les foyers, où ils se reposaient avec confiance, les fusille, les sabre, les disperse ou les fait prisonniers. Ceux qui tentent de répondre, au hasard, au feu par le feu, s'entre-tuent les uns les autres. Les chefs n'ont que le temps de monter à cheval pour tenter de rallier leurs troupes ; les plus intrépides, et, parmi eux, le beau-frère du général La Rochejaquelein, Beauregard, se font tuer pour couvrir la déroute. Charette expire percé de cinq balles, et tenant un mouchoir sur sa poitrine pour suspendre un moment sa vie avec son sang : « Soldats ! dit-il, jurez-moi, avant que je meure, d'obéir à La Rochejaquelein ! » Saint-André, un de ces jeunes chefs, blessé et conduit devant Travot, est épargné par ce général, qui joint l'humanité au courage. « On vous a forcé de servir, sans doute? lui dit Travot pour lui inspirer une réponse qui permette de l'épargner. — Non, monsieur, répond le jeune homme ; j'ai suivi volontairement mon drapeau. — Mais, au moins, vous étiez sans armes quand vous avez été fait prisonnier? — Oui, général, réplique Saint-André, c'est vrai! elles avaient été brisées en vous combattant. »

XXII

L'armée de La Rochejaquelein sentit sa confiance amortie par cette déroute à l'ouverture d'une guerre d'enthousiasme. Cependant ce jeune général en rallia les débris. Les paysans comptaient sur un retour de fortune par l'armée de d'Autichamp, qui devait au même instant combattre et vaincre dans l'Anjou. D'Autichamp opérait en effet dans les anciens domaines de Cathelineau, de Bonchamp, de Stofflet, pays où chaque paysan était soldat ou fils de soldat de la vieille guerre. Tous les chefs de chouans survivant à Georges et tous les fils de familles militaires de la province servaient sous ses ordres : les Caqueray, les La Haie, les Beauveau, les Walsh, les Clermont, les La Vauguyon, les La Guesnerie, les Scepeaux, les Kersabiec, les Vaudreuil. Dix ou douze mille paysans de leurs paroisses suivaient leurs chefs ou les fils de leurs anciens chefs. La Vendée semblait avoir couvé quinze ans ces rassemblements. Les cris de guerre sortaient de toutes les chaumières, et pressaient d'Autichamp de fondre sur la division menacée de Travot et de s'emparer de Chollet.

Soit tactique funeste aux insurrections où la seule tactique est la promptitude, soit terreur inspirée à ses plans par la nouvelle de la déroute d'Aizenay, d'Autichamp évita un choc avec les forces de Travot. Il leur donna le temps d'évacuer Chollet, de se replier en arrière. Il entra lui-même dans Chollet, non en vainqueur qui saisit le champ de bataille, mais en tacticien qui occupe une position non disputée. Il y fut rejoint par La Rochejaquelein. Ce général venait de former son état-major, composé de MM. de Tinguy et de La Roche-Saint-André. Canuel, ancien général de la Convention contre les Vendéens et entré dans leur cause, fut nommé son lieutenant principal. L'expérience de Canuel devait organiser ce que La Rochejaquelein soulevait. D'Autichamp reconnut, comme les autres chefs, la suprématie de La Rochejaquelein et la mission qu'il tenait du roi.

XXIII

Pendant ces préliminaires de guerre sur la rive gauche de la Loire, d'Andigné formait quatorze légions d'insurgés sur la rive droite. Ces légions avaient pour chefs les Coislin, les Vaudémont, les Ménard, les Turpin, les Narcé, les Beaumont, noms déjà illustrés dans les vieilles guerres et chers par les souvenirs aux paysans.

Le général Tranquille, honoré par sa modération dans les extrémités de la guerre civile, et d'Embrugeau, se fortifiaient au cœur du pays des chouans, commençaient le feu dans toutes les rencontres. Gauthier, Charnacé, Champagne, levaient des bandes sur leurs flancs. Athanase Charette, de Sol de Grisolles, général et négociateur des anciennes dates, les Cadoudal, le comte de Marigny, vieilli sur les champs de bataille de la Bretagne, prenaient les armes à la fois. Tout présageait une lutte de cent mille hommes en communication avec la mer, maîtres bientôt du cours de la Loire, dominant Nantes, menaçant Angers et communiquant à la Normandie l'exemple et le mouvement de l'insurrection propagés jusqu'au cœur de l'empire. Les administrations et les détachements de l'empereur se retiraient des pays soulevés, ils imploraient à grands cris de prompts renforts de troupes de ligne. « Quarante mille hommes ne sont pas suffisants, écrivaient-ils ; les villages entiers courent aux armes ; un seul espoir reste : la division entre les chefs d'Autichamp et La Rochejaquelein, qui se sont déjà heurtés trop rudement à Nantes il y a deux mois au moment de la tentative du duc de Bourbon, pour avoir oublié leurs mutuelles offenses. Isoler à tout prix la Vendée de la mer qui lui apporte des armes, du pays des chouans qui lui prépare des soldats, voilà le plan que le gouvernement de l'empereur doit adopter et exécuter sans retard. »

XXIV

La Rochejaquelein, de son côté, voulait précipiter les événements, marcher à la côte pour s'y mettre en communication avec la flotte anglaise et l'amiral Hotham, qui devait apporter des armes et des munitions, joindre ensuite, en passant la Loire, l'armée de Marigny et de Sol de Grisolles pour s'élancer en masse sur Paris. D'Autichamp consent à ce plan, on marche de toutes parts sur la côte ; les divisions de Sapinaud et d'Auguste de La Rochejaquelein se rencontrent à Soulans, les divisions de d'Autichamp manquent au rendez-vous assigné. Louis de La Rochejaquelein, malgré ses forces incomplètes, espère avoir le temps de communiquer avec l'escadre en vue à deux lieues en mer. Il y envoie Robert de Chastaigniers annoncer sa présence à l'amiral Hotham et convenir de l'heure et du lieu du débarquement des subsides, des munitions et des canons. La Rochejaquelein prépare tout pour couvrir d'une force imposante contre Travot le débarquement convenu.

XXV

Pendant ces préparatifs, Suzannet, un de ses lieutenants, avait quitté à la tête de quatre mille hommes, restes des armées de l'ancien Charette, les contrées aguerries par ce souvenir. Arrivé à Lamotte-Foucrand, Suzannet apprend que six mille hommes des troupes impériales occupent Chollet, et le menacent de flanc, s'il poursuit sa marche. Au lieu d'avancer à la côte, il envoie demander des renforts au général en chef. La Rochejaquelein se découvre de quelques milliers d'hommes pour couvrir et fortifier son ami. Bientôt Gabriel Duchaffault, un des chefs de l'armée de Suzannet, arrive au quartier général et appelle La Rochejaquelein à Lamotte-Foucrand pour recevoir, dit-il, des communications décisives qui changent la face des choses. Au lieu d'obéir à La Rochejaquelein exposé seul à l'ennemi pour la cause commune, on négociait.

Voici le sens de cette négociation, où la loyauté de quelques chefs trompés devint la perte de l'entreprise et du général.

XXVI

L'empereur avait entrevu avec une juste terreur l'effet d'une insurrection générale de l'ouest de l'empire, pendant qu'avec des forces partagées et inégales il combattrait la coalition au nord. Ce n'était plus le temps où la Convention pouvait vaincre à la fois la Vendée et l'Allemagne ; le despotisme usé et répudié ne pouvait renouveler les prodiges du patriotisme et de la Révolution. Fouché se chargea de suspendre, par des négociations et par des promesses, une guerre fratricide dont les succès ou les revers ne pouvaient que coûter des flots de sang aux deux partis, sans décider le grand procès entre l'Europe et Napoléon.

Son nom avait une certaine popularité dans l'Ouest par les nombreuses amnisties et par les restitutions de biens qu'il avait accordées, comme ministre de la police, après la première guerre. Ses agents secrets avaient l'oreille de beaucoup de chefs. Il appelle dans son cabinet un gentilhomme vendéen, ancien combattant des armées vendéennes sous Bourmont, nommé M. de Malartic. Il lui représente l'inutilité et les désastres d'une insurrection qui ne peut causer que des malheurs partout. Il lui montre l'état des forces d'élite que le général Lamarque dirige avec une intelligence digne de Hoche, son modèle, sur les provinces, pour les étouffer dans leur généreux sang. Il fait plus, il lui ouvre son cœur, il lui communique ses correspondances avec la cour de Gand, il lui confie son double rôle de ministre de l'empereur et de partisan d'une restauration préparée comme refuge à la

France par ses soins pour préserver la patrie de l'anéantissement. Si Napoléon succombe, il lui désigne les Anglès, les Mounier, les d'Argout, les Guizot comme les confidents de ses desseins auprès du gouvernement de Louis XVIII. Le roi lui-même, lui dit-il, convaincu que les alliés n'agiront pas avant six semaines, sait que Bonaparte aurait le temps d'écraser les forces vendéennes, et leur ordonne de se réserver pour sa cause. M. de Malartic, convaincu par ses confidences, par les lettres, par les noms, se charge de partir pour la Vendée avec deux autres royalistes garants de sa loyauté aux yeux de son parti, MM. de La Béraudière et de Flavigny.

Ils partent. Arrivés au Mans, ils s'ouvrent à M. de Bordigné. « Fouché est à nous, lui disent-ils, voici des ordres de Napoléon à ses préfets et à ses généraux de suspendre toute hostilité à notre voix. » Bordigné s'étonne et suspend son départ pour la Vendée. Malartic, La Béraudière et Flavigny traversent, sous la sauvegarde des autorités, la Loire et les armées en présence. Ils arrivent au château de la Chardière, chez Suzannet. Ils lui demandent une entrevue à son camp et lui communiquent par écrit l'objet de leur mission. Suzannet les transmet à La Rochejaquelein et à Canuel, qui refusent énergiquement de les entendre. D'Autichamp, moins emporté, admet les trois négociateurs de Fouché à son camp à Tiffauges. Il écoute leur proposition et s'étonne de leur confidence. Il refuse d'y répondre avant d'avoir consulté ses lieutenants. Sur l'avis de son conseil de guerre, il subordonna toutes conférences avec eux aux résolutions de La Rochejaquelein son supérieur.

Pendant ces hésitations, Suzannet inclinant à la paix demeurait immobile. Les négociations divulguées parmi les chefs et les soldats ébranlaient les résolutions et les caractères. Les corps de Travot et de Lamarque, renforcés des gardes nationaux des villes et des campagnes patriotes, s'avançaient en nombre imposant vers le Marais et vers la mer. Vingt-cinq mille hommes, divisés en cinq colonnes, sillonnaient le sol vendéen derrière les corps insurgés. Ils coupaient l'armée royaliste du Morbihan. L'espace seul entre la mer et Suzannet restait libre à La Rochejaquelein. Il avait assez de forces pour vaincre encore, mais ces forces se dissolvaient sous sa main. Les paysans, travaillés par la défiance habilement semée dans leurs rangs, répétaient que leur général en chef ne se tenait si près du rivage que pour les abandonner, comme leurs pères à Quiberon, en se réfugiant sur l'escadre anglaise; tous se décourageaient d'une guerre qui n'avait plus ni le fanatisme religieux, ni l'enthousiasme royaliste, ni la persécution, ni l'expropriation, ni l'échafaud pour aliment. Les temps n'étaient plus, les temps font les hommes.

XXVII

Cependant La Rochejaquelein concentre son armée à Sainte-Croix-de-Vie pour couvrir le débarquement. Il se rend lui-même à bord du vaisseau de l'amiral Hotham, *le Superbe*; il est reçu par ces braves soldats, incapables de trahison, avec les honneurs dus à un général de la même cause. L'escadre envoie au rivage, sur toutes ses chaloupes, les canons, la poudre, les fusils, les balles, les subsides promis. L'armée s'arme avec des cris de joie et de reconnaissance. La Rochejaquelein attend ses lieutenants pour partager entre leurs camps ces gages de victoire. Trois jours se passent sans qu'ils fassent un mouvement vers lui. Le troisième jour, un courrier lui apporte une lettre collective de Sapinaud, de Suzannet et d'Autichamp. Ces trois généraux lui écrivaient, dans un style embarrassé, « que leurs camps refusent de les suivre ou se débandent ; que la présence d'un prince de la maison de Bourbon est nécessaire pour rendre l'élan et la constance à des paysans atterrés par la déroute d'Aizenay, et qu'ils l'engagent à se replier promptement sur son propre pays pour concourir à la défense commune. »

Une lettre séparée et plus amicale de Suzannet confirme, en les adoucissant dans les termes, ces résolutions des généraux, et lui parle des conférences entre Malartic, La Béraudière, Flavigny et les chefs ; enfin il prononce le mot de prochaine suspension d'armes.

XXVIII

A la suite de ces négociations, qui n'étaient encore ni consommées ni refusées, quinze mille paysans des camps de Suzannet, de Sapinaud et d'Autichamp, venaient de se disperser dans leurs villages. Lamarque avançait à la faveur de ce désarmement ; il mêlait la politique à la guerre ; il suspendait les hostilités et interdisait les rigueurs envers les rassemblements inoffensifs. La Rochejaquelein restait seul, exposé avec douze cents braves jeunes officiers et paysans, affectionnés jusqu'à la mort à sa maison, entre la mer et l'ennemi. L'indignation soulève son âme ; il jette, dans un ordre du jour à ses armées en retraite, un cri de colère et de désespoir. Il destitue Sapinaud, d'Autichamp, Suzannet, en leur reprochant la bassesse de leur transaction avec les dévastateurs de la France et du monde; il nomme à leur place MM. de Civrac, Duchaffault, Duperrat. Il oublie que la guerre civile proclame ses chefs et ne les reçoit de personne. Sa confiance s'accroît du péril. Il annonce le même jour au roi que la Vendée, purgée de quelques traîtres, sera plus forte qu'avant cette honte de pacification, et qu'avant huit jours cinquante mille hommes rejoindront ses drapeaux. En effet, le tocsin sonne par ses ordres dans tous les clochers, et Duperrat rallie les paroisses pour protéger le convoi de munitions et d'armes qui porte les secours de guerre à la Vendée.

XXIX

Le même jour aussi, Suzannet et Sapinaud faisaient avec pompe dans leurs camps les funérailles de Charette, dont nous avons raconté la mort à Aizenay. Une colonne de quinze cents hommes de l'armée de Travot passe avec confiance sous le feu des Vendéens occupés à pleurer leur chef. On supplie Suzannet d'attaquer cette colonne; il ne répond pas et fait prendre une autre route à ses paysans. Duchaffault désobéit; suivi de Lemaignan, de Chabot, il s'élance à la poursuite des impérialistes, les fusile et les poursuit jusqu'à Légé. Ce furent les derniers coups de feu de l'insurrection dans l'intérieur des terres. Le Marais seul ne désarmait pas entièrement.

Cependant La Rochejaquelein, menacé en flanc et en arrière par deux lieutenants de Travot, le général Grosbon et le général Estève, filait à l'abri des dunes. La rivière de Vie le séparait du corps de Grosbon ; on se fusillait, sans s'aborder, d'un bord à l'autre. Grosbon, visé des fenêtres d'un clocher par un Vendéen, tombe mort au milieu de sa colonne. La Rochejaquelein reçoit en ce moment quatre envoyés des camps de Sapinaud, de Suzannet et de d'Autichamp, MM. de Tinguy, de La Roche-Saint-André, de Goulaine, de Martray. Ces jeunes gens osent, au nom de leur armée, demander compte à leur général en chef du titre qui lui confie le commandement général et des munitions dont il s'est emparé pour son armée personnelle. La Rochejaquelein, qui n'avait de titres que son nom et le conseil de guerre de Saint-Gilles, élude la réponse, les convie à la concorde et leur confère à eux-mêmes des commandements. Ils reconnaissent celui qu'ils venaient affronter ; ils repartent pour lui obéir.

Le général Estève, à la tête d'une colonne de deux milliers d'hommes, atteint l'armée pendant la nuit. La Rochejaquelein se retourne, fond sur Estève, à la pointe du jour, et le refoule en désordre jusqu'à des fossés palissadés de haies vives qui servent de créneaux aux soldats ralliés d'Estève. De ces hauteurs ils foudroient les paysans. Un des chefs royalistes tombe, les siens se dispersent consternés en jetant le cri de *Sauve qui peut!* La Rochejaquelein et son frère Auguste restent seuls à découvert, rappelant, conjurant, encourageant leurs soldats. Auguste de La Rochejaquelein roule, frappé d'une balle au genou, sous son cheval tué sous lui. Ses amis l'emportent. Louis de La Rochejaquelein reste encore, espérant que sa constance et son exemple arrêteront la déroute. Debout sur un tertre élevé au-dessus des buissons, il brandit son chapeau sur la pointe de son sabre pour montrer l'ennemi à ses paysans du Marais, qui reviennent à sa voix. Quelques pas seulement le séparent des soldats d'Estève; son attitude, son geste et sa voix le font reconnaître pour un chef. Le lieutenant Lupin des gendarmes de Paris ordonne à ses gendarmes de viser le général, les gendarmes font feu. La Rochejaquelein tombe mort dans les bras des siens, qui le vengent par la victoire comme avait voulu être vengé son frère. Mais cette victoire se change en deuil pour son armée, et la Vendée, à peine levée, tombe tout entière avec lui.

Un jeune poëte qui s'était évadé du collége de Fontenay pour le suivre, ivre avant l'âge de la poésie des combats et du fanatisme de son nom, combattait à ses côtés; il se précipite sur son corps pour couvrir ou ranimer son général. Les balles le mutilent sur la poitrine de La Rochejaquelein, et le barde meurt et est enseveli avec son héros.

XXX

Ainsi disparut à la fleur de la vie l'auteur et la victime de cette guerre. Il fut pleuré des deux camps. Ses paysans en Vendée, les troupes de ligne où il avait des camarades et des amis, ses grenadiers en Belgique, en apprenant sa mort, confondirent leurs regrets. Sa sœur, le lendemain, ignorant sa fin, mais apprenant la défection de ses divisions, s'élance à cheval les cheveux épars, parcourt les villages voisins de sa demeure, jette le cri de détresse et de vengeance à la porte de toutes les chaumières, fait sonner le tocsin, harangue, supplie, émeut les paysans de sa contrée. La foule attendrie s'arme à sa voix et s'écrie : « Allons sauver les nôtres ! »

Il n'était plus temps. La Rochejaquelein était déjà enseveli dans le sillon du champ de bataille, honoré du deuil des deux armées et vengé par les remords de ses lieutenants. Son corps, remis à ses soldats, fut transporté au village du Perrier. Plus tard la Vendée éleva une croix funèbre sur un monticule du milieu des champs où il avait rendu le dernier soupir. On y lit ces mots : « Sur ce tertre fut tué et recouvert de terre Louis de La Rochejaquelein. » On y cultive des immortelles, sauvages fleurs pétrifiées du monument des héros. Madame de La Rochejaquelein, deux fois veuve, restait sur la terre avec huit enfants, dont l'aîné n'avait pas encore douze ans. L'un de ses fils devait continuer dans d'autres crises de sa patrie le retentissement de ce nom que la Révolution a grandi à la mesure des noms les plus poétiques de notre histoire.

XXXI

Auguste de La Rochejaquelein, son frère, remis de sa blessure, immole ses ressentiments à sa cause, rejoint Suzannet sans adresser un seul reproche à ce général, refuse le commandement en chef qu'on lui offre pour l'apaiser; on ajourne le choix d'un chef. D'Andigné, sur la rive droite, maintient sa forte organisation, n'écoute qu'avec réserve les émissaires de Fouché, et continue à harceler Lamarque. Ce général, jeune, impatient de gloire, habile à parler, prompt à agir, espère conquérir le grade de maréchal de France dans des succès d'éclat en Vendée. Il ne donne aucune trêve à d'Andigné; chaque jour est témoin d'un nouveau combat, où des prodiges de valeur individuelle, des deux côtés, rappellent ces exploits antiques des guerres corps à corps de l'antiquité. De Sol de Grisolles, à la tête des héroïques écoliers du collége de Vannes, balayait le Morbihan, Cadoudal la côte; les royalistes se fortifiaient à Auray au nombre de mille combattants. Attaqués sur ce champ même où étaient ensevelies les victimes de Quiberon, ils triomphent et pardonnent à leurs prisonniers dont les pères n'avaient pas pardonné sous la Convention à leurs pères.

Les Vendéens, après avoir écouté les propositions de pacification de Fouché, rougissent trop tard de les signer. Ils donnent à Sapinaud le commandement suprême. Ils se concentrent à la Roche-Servière pour combattre. Lamarque leur offre la bataille, après leur avoir offert la paix. Suzannet commande; il voudrait épargner le sang de ses soldats, mais leur ardeur l'emporte lui-même. Désespéré de la mort de La Rochejaquelein qu'il se reproche, il cherche la mort pour expiation. Deux fois blessé, son cheval tué, il s'élance sur celui de son aide de camp pour se jeter de nouveau au milieu du feu. Il tombe enfin dans les bras de La Roche-Saint-André et expire. Lamarque fond sur les débris de cette armée privée de chef. D'Autichamp accourt à la Roche-Servière, prend le commandement, résiste à Lamarque et à Travot réunis; toute sa jeunesse est décimée autour de lui avant de céder la ville et la victoire. Lamarque offre de nouveau la trêve ou la paix.

XXXII

On accepte une conférence. Les chefs, au nombre desquels reparaît Auguste de La Rochejaquelein, se réunissent dans un village des environs de Chollet, où Sapinaud les convoque. Quelques-uns s'obstinent à continuer la guerre; d'autres, avec d'Autichamp, insistent pour arrêter l'inutile effusion du sang. L'armée se partage; le plus grand nombre de ces soldats, accoutumés à la vie aventureuse et turbulente de la guerre civile, s'indignent de la mollesse de leurs généraux, ils vocifèrent des reproches menaçants autour de la salle où l'on délibère. Cependant la répugnance de la masse des populations à ensanglanter la patrie, les défaites d'Aizenay et de la Roche-Servière, la mort de La Rochejaquelein, l'absence des princes immobiles à Gand, pendant qu'on se dévoue pour eux en Bretagne, les forces et les négociations de Lamarque, les paroles secrètes de Fouché, la certitude d'un jugement prochain par d'autres armes dans les plaines de la Belgique, tout entraîne la majorité du conseil à la paix. Elle est signée par trente-six chefs, au nom de leurs corps d'armée. Le Morbihan seul reste sous les armes. La Vendée, patiente et immobile, attend d'ailleurs l'arrêt du destin.

LIVRE VINGT-TROISIÈME

Situation de Napoléon. — Travaux de Napoléon et de Benjamin Constant. — Acte additionnel. — Décret de convocation des chambres. — Les fédérations. — Adresse des fédérés à Napoléon. — Réponse de l'empereur. — Ratification de l'acte additionnel par le peuple. — Le champ de mai. — Adresse des électeurs à Napoléon. — Discours de l'empereur.

I

Napoléon, pour obtenir de la France le temps et les efforts qu'allait nécessiter une guerre à mort, était obligé, comme nous l'avons vu, de changer de nature, et de flatter les instincts de liberté qu'il avait non-seulement étouffés, mais insultés pendant son premier règne. Ce rôle, dont l'hypocrisie était évidente, rabaissait ce grand caractère à des semblants et à des concessions qui avilissent la toute-puissance elle-même. Le maître qui a besoin d'implorer l'obéissance est au-dessous du peuple qui la consent. L'homme qu'on soupçonne de tromper pour régner ne règne plus ; il représente seulement sur le trône un rôle double qui provoque la défiance et le dédain.

Telle était la situation de Napoléon, au milieu des exigences libérales, révolutionnaires ou républicaines des conseillers populaires dont il s'était entouré. Il les caressait, il les craignait, il s'efforçait de les séduire, tantôt en affectant une conversion sincère aux idées démocratiques et constitutionnelles, tantôt en les convertissant lui-même à ses vraies pensées par la perspective d'une domination partagée avec eux. Ceux qui l'observaient ne reconnaissaient plus l'homme des résolutions entières. Son âme fléchissait sous sa faute, sa dignité sous les accommodements, son génie même sous les irrésolutions. Il marchandait la liberté à des hommes qui lui marchandaient le pouvoir; puis il semblait tout abandonner au destin et au peuple, espérant tout reprendre avec le prestige d'un nouveau Marengo.

II

Benjamin Constant, son ennemi longtemps, aujourd'hui le confident de ses hésitations les plus secrètes, s'étonnait de trouver si variable, si indécis et si flexible un caractère trempé dans tant de tyrannies. Il s'apercevait combien Napoléon avait besoin de la force matérielle pour paraître si fort de volonté. « Dans nos entretiens et dans les entretiens avec ses conseillers et ses ministres, dit-il en racontant ces mystères du palais impérial après le 20 mars, on s'apercevait que cette nature tranchante dans les formes était au fond alors vacillante et même irrésolue. Napoléon commençait par commander, mais en homme qui craint d'être désobéi, il avait besoin de convaincre. Ballotté dans ces derniers temps par des incertitudes continuelles, il n'était pas nécessaire de le contredire pour l'ébranler, il suffisait de garder le silence de la désapprobation. »

Il fallait préparer la constitution qu'il présenterait à ses assemblées, pour que son retour parût apporter du moins une institution à la patrie. Là était pour Napoléon le perpétuel sujet de ses indécisions et de ses conseils ; il voulait, et il ne voulait pas, vingt fois dans un jour. Ne rien donner, c'était se dépopulariser ; trop donner, c'était se perdre. Benjamin Constant, esprit théorique et absolu, comme les abstractions de l'Allemagne, mais assoupli et dompté par sa défection et par ses ambitions intéressées devant l'empereur, était éminemment apte à servir, d'un côté, ces fausses apparences de concessions libérales dont Napoléon avait besoin de parer son retour ; de l'autre, les réserves secrètes d'autorité dont il ne voulait pas se départir, afin de rester despote, tout en paraissant constitutionnel.

Ces deux hommes se convenaient : l'un consultait par nécessité, l'autre conseillait par décence ; mais ni l'un ni l'autre ne consultait ou ne conseillait sincèrement. Il suffisait que le peuple fût satisfait des apparences ; on ne cherchait pas des institutions, mais des prétextes.

III.

Cependant le parti populaire ou républicain avait pris au sérieux les promesses vagues de liberté jetées par l'empereur comme un appât sur sa route. De toutes parts, on lui adressait par les brochures, par les journaux, ou par les correspondances, des projets de constitution; son cabinet était assiégé de placets de ce genre. L'empereur les feuilletait sans cesse pour y trouver des idées assez populaires pour infatuer l'opinion, assez vagues pour ne pas enchaîner son pouvoir. « Tenez! disait-il à Benjamin Constant en les lui tendant à ses audiences, en voilà de toutes les natures. » Les uns étaient des projets de république, avec une présidence héréditaire, donnant au peuple la satisfaction du nom, à la famille des Césars la perpétuité de l'empire ; les autres, des déclarations des droits naturels de l'homme, placées comme limites extrêmes aux empiétements du pouvoir suprême. Ceux-ci, imitant Venise, demandaient un conseil des Dix, des censeurs, un doge enchaîné par une inquisition d'État; ceux-là, une convention nationale et un exécuteur suprême et perpétuel de ses droits, comme l'avait rêvé Marat, un tyran obéissant à une tyrannie supérieure à la nation et à lui. Il souriait de ces vains efforts des révolutionnaires de transaction, pour concilier dans sa personne le règne du peuple et le règne d'un maître du peuple.

Benjamin Constant lui-même, chargé de lui préparer un projet de constitution, ne pouvait rencontrer assez juste l'esprit de Napoléon. L'empereur acceptait toutes les formules vulgaires et générales dans lesquelles les assemblées délibérantes, depuis 1789, avaient renfermé les symboles à peu près comme des idées. Mais il se refusait obstinément à accepter la souveraineté et l'élection du peuple, soit qu'il craignît que cette souveraineté, sérieusement consultée, lui refusât une nouvelle investiture, soit qu'il voulût conserver par devers lui ce titre et ce droit préexistant d'empire, par lequel il ne relevait que de lui-même.

« Non ! non ! disait-il à ses conseillers qui lui parlaient de faire dater son nouveau règne d'un nouveau contrat entre la nation et lui, non ! ce n'est pas là ce que j'entends ; vous m'ôtez mon passé, je veux le conserver. Et que faites-vous de mes onze ans de règne ? J'y ai quelques droits : le passé, l'Europe le sait ; il faut que la nouvelle constitution se rattache à l'ancienne, elle aura ainsi la sanction de plusieurs années de gloire et de succès ! »

IV

Ses conseillers lui répondaient « qu'il avait plus besoin de popularité que de souvenirs ; que si son passé glorifiait la France militaire, il humiliait la France civile ; qu'il fallait pour reconquérir un autre empire rajeunir son titre et le retremper dans la liberté. » Sourd à ces objections, qui le dégradaient lui-même du trône construit par sa propre épée, pour le consolider sur un trône plus large, mais qui lui semblait inférieur parce qu'il était conditionnel, Napoléon était inflexible. Benjamin Constant, complaisant interlocuteur de ses entretiens, et rédacteur ambigu de la pensée du maître, cédait toujours. Il s'était placé, par sa brusque transition d'une dynastie à l'autre, dans l'impossibilité de résister.

Il fut convenu que l'ancienne constitution impériale, où le despotisme se colore du nom de constitution, ne serait en rien abrogée, et que, pour satisfaire à la fois à son orgueil et à sa nécessité, Napoléon présenterait seulement un supplément additionnel à cette constitution, supplément qui donnerait une représentation plus sérieuse et quelques libertés plus réelles à la France. La confiscation même, cette peine qui aggrave l'ostracisme et la mort dans les mains de la tyrannie, n'y fut pas abolie. La souveraineté du peuple y était inscrite, mais limitée dans l'article qui la reconnaissait. Enfin le mode d'acceptation de cette constitution était dérisoire ; on ne la laissait pas voter, on l'imposait. On faisait plus, on la supposait insolemment acceptée d'avance, et on la mettait à exécution avant de l'avoir soumise au peuple.

« Eh quoi! s'écria l'empereur dans le Conseil d'État où quelques républicains s'indignaient timidement de ces formules et de ces concessions incomplètes, on me pousse dans une voie qui n'est pas la mienne ! On m'affaiblit, on m'enchaîne! On veut me faire abolir la confiscation des biens des coupables! La France me cherche et ne me trouve plus ! Elle se demande ce qu'est devenu le bras de fer de son empereur! L'opinion à mon arrivée était excellente, elle est exécrable ! Que me parle-t-on de bonté, de justice, de droits naturels? La seule loi, c'est la nécessité ; la seule justice, c'est le salut public. On veut que des hommes que j'ai comblés de biens s'en servent pour conspirer contre moi à l'étranger? Cela ne peut être, cela ne sera pas. Chaque Français, chaque soldat, chaque patriote aurait le droit de me demander compte des richesses laissées à ses ennemis. Quand la paix sera faite, nous délibérerons. A chaque jour sa peine, à chaque jour sa loi, à chaque homme sa nature : la mienne n'est pas d'être un ange! Non, il faut qu'on retrouve le vieux bras de l'empereur! »

Ces emportements, renouvelés à chaque objection, soumirent tous les esprits. La longue habitude d'obéir rend incapable de résister. Ces hommes timides, qui vendaient l'empire en affectant de disputer la liberté, sortirent vaincus et asservis de ces conférences. Ils avaient entrevu dans les révoltes de l'esprit indompté de Napoléon le réveil certain du despotisme, le jour où il oserait secouer les faibles liens dont ils feignaient de l'entourer. L'œil de Napoléon avait eu des éclairs et sa voix des accents qui trahissaient un second 18 brumaire en perspective. Benjamin Constant lui-même en fut atterré. Il commença à se repentir de son pacte et à craindre pour son nom la responsabilité d'une complicité. En sortant du palais, il alla confier ses angoisses à M. de La Fayette, son ami, et prendre pour ainsi dire date de sa douleur. La Fayette, après avoir salué le retour des Bourbons, s'efforçait, comme Benjamin Constant, de rattacher à Napoléon quelques espérances de retour de 89, ou plutôt La Fayette épiait déjà l'heure de la chute de Napoléon pour se relever avec une popularité et une dictature retrempées dans la retraite.

« Je suis entré, je m'en aperçois, dans une voie sombre et douteuse, dit Benjamin Constant à La Fayette, je commence à craindre d'avoir tenté une entreprise au-dessus de mes forces en essayant de lier cet homme par une constitution. Je vois l'empereur réapparaître avec des pensées qui m'alarment; il a pour moi du penchant et j'en éprouve de la reconnaissance; peut-être cette reconnaissance m'enlèvera-t-elle à mon insu quelque chose de mon impartialité. Qui peut répondre de soi-même auprès du pouvoir? Souvenez-vous de ce que je vous dis en ce moment, surveillez cet homme, et si jamais il vous paraît marcher au despotisme, ne croyez plus rien de ce que je vous dirai dans la suite ; ne me confiez rien, mais agissez sans moi et contre moi-même. »

Ces précautions prises contre la tyrannie, au moment où on la servait, mettaient Benjamin Constant en mesure avec les deux partis à la fois. Il avait des scrupules pour les uns, des complaisances et des complicités pour les autres. Sa confidence était une trahison ; il l'inspirait sans vouloir la nommer, de peur de mériter le nom de traître. La Fayette était assez temporisateur pour comprendre à demi-mot son ami. Les choses humaines, quand les caractères comme celui de Benjamin Constant se mêlent au drame, flottent entre Tacite et Molière, et font éclater le rire à côté du sang.

V

Napoléon ne résistait pas moins à la création d'une *pairie* substituée à son Sénat qu'à une représentation élective indépendante. Toutes les tribunes l'offusquaient. « Que sera une pairie? disait-il avec une justesse d'esprit qui faisait honte à ses conseillers; elle blessera l'orgueil de mon armée. Où sont les éléments d'une aristocratie représentative en France ? Les anciennes fortunes me sont ennemies; les nouvelles sont honteuses. Cinq ou six noms illustres ne suffisent pas; d'ici à huit ans, mes pairs de France ne seront aux yeux de la nation que des soldats ou des chambellans. On ne verra dans mon institution qu'un camp ou une antichambre de mon palais. »

VI

Mais avec la versatilité récente de ses pensées et avec l'obstination de ses instincts de priviléges sociaux, il revenait un moment après aux institutions héréditaires. « Une constitution appuyée sur une aristocratie vigoureuse ressemble, disait-il, à un vaisseau. Une constitution sans aristocratie n'est qu'un ballon perdu dans les airs. On dirige un vaisseau, parce qu'il a deux forces qui se balancent. Le gouvernail trouve un point d'appui dans les vagues ; mais un ballon est le jouet d'une seule force, le point d'appui lui manque, le vent l'emporte, et la direction est impossible. » Il se retournait avec des regrets toujours nouveaux vers l'ancienne noblesse française, qui était tout entière entrée dans le camp de la Restauration. Il se flattait de la reconquérir encore comme il avait séduit les familiers de cour, au commencement de son premier règne. « Il faudra bien que je revienne à elle et elle à moi une fois ou l'autre, disait-il en soupirant ; mais les souvenirs sont trop récents, ajournons cela après la bataille ; je les aurai si je suis le plus fort ; en attendant, laissons-leur les portes ouvertes dans une chambre aristocratique. Après quelques hésitations, ils finissent toujours par entrer. »

VII

L'opinion, témoin de ces hésitations et de ces subterfuges, reçut avec indignation l'*acte additionnel* aux constitutions de l'empire. L'empereur en fut consterné. On ne lui savait pas même gré de sa faiblesse. Il la regretta. La tyrannie franche aurait eu la franchise, l'audace et la dignité de plus. « Eh bien ! dit-il le lendemain de la promulgation à ses confidents, la nouvelle constitution ne réussit pas dans l'opinion publique? — C'est qu'on n'y croit pas assez, répliqua Benjamin Constant obstiné à son œuvre; faites-la exécuter, Sire, et on y croira. » L'empereur hésita encore, il eut des scrupules. « Quoi ! dit-il à son tour, faire exécuter une constitution qui n'a pas encore été acceptée?... Que dira le peuple ? — Quand le peuple verra qu'il est libre, répliqua le confident, qu'il a des représentants, que vous déposez la dictature, il sentira que vous ne vous jouez pas de sa souveraineté. » Il réfléchit, puis comme s'il eût incliné au premier conseil qu'on lui donnait : « Au fond, dit-il, vous avez raison : quand le peuple me verra agir ainsi et me désarmer du pouvoir absolu, il me croira peut-être plus sûr de ma force. C'est bon à tenter. » Il se promena dans son cabinet et dicta le décret qui convoquait les chambres.

VIII

La Fayette était retourné dans sa retraite de Lagrange, non loin de Paris, pour présenter son nom à la candidature prévue. Benjamin Constant, triomphant, lui écrivit comme s'il avait remporté une victoire de la liberté sur le despotisme. « Enfin, disait le conseiller au vétéran de la constitution de 1791, le décret a paru ! Dans trois semaines la nation sera maîtresse de sa constitution ! Vous allez être élu ! Votre élection sera un grand pas vers l'ordre représentatif ; j'ai pourtant des inquiétudes. Si la chambre est divisée et que les colléges électoraux nous envoient beaucoup d'ennemis, je crains les orages ! Écrivez-moi si vous êtes satisfait. »

« Oui, répondit Lafayette, je suis content ; la convocation immédiate d'une assemblée de représentants me paraît le seul salut. J'aurai plus de plaisir à me mêler des affaires que je n'en aurais eu il y a quelques jours. » Et la scène se rouvrait pour lui, il pressentait les luttes, les abdications ou les violences. Il savait par expérience qu'aucune tyrannie ne résiste à la turbulence d'une assemblée qu'en la renversant. Fidèle à son rôle, il était résolu de se ranger du côté de l'assemblée, soit pour combattre, soit pour subir la tyrannie avec le peuple. Son nom, longtemps à l'écart, devait rallier les républicains ou les constitutionnels entre lesquels son caractère avait toujours flotté dans la première révolution.

IX

Cependant les menaces de l'invasion, les promesses de liberté, la promulgation d'une constitution qui nommait le peuple, le patriotisme naturel aux masses, le recrutement soudain de l'armée, les fédérations spontanées des départements qui s'organisaient et se formaient en faisceaux pour défendre le sol, la convocation des chambres, le mouvement des élections qui agitait les partis divers, les gardes nationaux mobilisés dont les colonnes enthousiastes traversaient les départements du centre pour se rendre dans les places fortes des frontières, les espérances vagues que les républicains, trompés par les noms de Carnot, de Fouché et de Thibaudeau, attachaient à la grande solennité du champ de mai, convoquée à Paris pour le 26 mai, et dans laquelle on s'attendait confusément à voir Napoléon abdiquer l'empire et revêtir seulement la dictature militaire pour sauver la patrie, faire la paix et laisser la république à la France, remuaient profondément le pays. Napoléon flattait ces espérances et Fouché laissait se propager ces rumeurs; l'un pour y trouver une force momentanée, l'autre pour y préparer des déceptions irritantes contre l'empereur.

Mais le peuple des campagnes et celui des faubourgs s'armaient comme pour une défense suprême de la patrie. Ces fédérés, quittant les outils de leur profession pour les piques de la Bastille, rappelaient les agitations sinistres des jours qui avaient précédé et suivi la terreur. Napoléon n'osait ni les encourager ni les frapper. Mais il ne pouvait dissimuler sa répugnance pour toute force indisciplinée. L'image du 10 août, dont il avait été spectateur dans sa jeunesse, se dressait sans cesse devant ses yeux. Passionné pour les camps, il avait horreur des places publiques. « Non, disait-il à ses familiers, je ne serai jamais le Santerre de ce peuple après avoir été son Napoléon. »

X

L'empereur était réduit à ménager cet enthousiasme dont il s'effrayait. Près de reparaître devant les représentants de la nation, il voulait se montrer sur le pavois du peuple aux députés républicains et à l'Europe. Les fédérés des faubourgs commençaient à murmurer de ce qu'on ne donnait pas des armes ; ils demandaient à grands cris de défiler devant lui. Ces longues colonnes de peuple de tous les métiers que l'industrie, le travail, la misère, le vice lui-même ne rendent pas insensibles aux nobles instincts du patriotisme, s'acheminèrent, les mains vides ou armées de fusils et de piques, du faubourg Saint-Marceau et du faubourg Saint-Antoine vers la place du Carrousel. Leurs physionomies à la fois tristes et résolues, leurs bras pendants, leur pas militaire, leurs armes confuses, leurs vêtements humbles ou sordides empreints de l'usure du travail ou des stigmates de l'indigence, rappelaient aux yeux les colonnes révolutionnaires que les grands démagogues ameutaient de 1789 à 1794 contre les Tuileries ou la Convention. Mais c'était à la patrie que ces colonnes venaient offrir leur vie. Napoléon ne pouvait s'empêcher de les admirer en les redoutant ; c'était la source de son armée. Ces hommes portaient une adresse à l'empereur.

« Nous vous avons accueilli avec enthousiasme, dirent-ils, parce que vous êtes l'homme de la nation, le défenseur de la patrie, et que nous attendons de vous une glorieuse indépendance et une sage liberté... Ah ! Sire, que n'avions-nous des armes au moment où les rois étrangers, enhardis par la trahison, s'avancèrent jusque sous les murs de Paris ! Avec quelle ardeur nous aurions imité cette brave garde nationale, réduite à prendre conseil d'elle-même et à courir sans direction au-devant du péril ! Notre commune résistance vous aurait donné le temps d'arriver pour délivrer la capitale et détruire l'ennemi. Nous sentions cette vérité, nous vous appelions de tous nos vœux, nous versions des larmes de rage en voyant nos bras inutiles à la défense commune... La plupart d'entre nous ont fait, sous vos ordres, la guerre de la liberté et celle de la gloire ; nous sommes tous d'anciens défenseurs de la patrie ; la patrie doit remettre avec confiance des armes à ceux qui ont versé leur sang pour elle. Donnez-nous des armes, Sire, en son nom ; nous jurons entre vos mains de ne combattre que pour sa cause et la vôtre. Nous ne sommes les instruments d'aucun parti, les agents d'aucune faction... Vive la nation ! vive la liberté ! vive l'empereur ! »

XI

Napoléon, descendu à leur voix de ses appartements, les passa en revue en affectant de sourire à ces familiarités du peuple qui lui inspiraient secrètement plus de terreur que de confiance; il répondait à leurs cris de : « Vive l'empereur ! » par ce cri de : « Vive la nation ! » qu'il avait étouffé pendant tant d'années sur leurs lèvres.

« Soldats fédérés des faubourgs Saint-Antoine et Saint-Marceau ! leur disait-il, je suis revenu seul parce que je comptais sur le peuple des villes, sur les habitants des campagnes et les soldats de l'armée, dont je connaissais l'attachement à l'honneur national. Vous avez justifié ma confiance; j'accepte votre offre; je vous donnerai des armes... Vos bras robustes et forts aux plus pénibles travaux sont plus propres que les autres au maniement des armes. Quant au courage, vous êtes Français... Soldats fédérés ! s'il est des hommes nés dans les hautes classes de la société qui aient déshonoré le nom français, l'amour de la patrie et le sentiment de l'honneur national se sont conservés tout entiers dans le peuple des villes, les habitants des campagnes et les soldats de l'armée. Je suis bien aise de vous voir. J'ai confiance en vous. Vive la nation ! »

XII

Après cette revue, l'empereur, enfermé avec ses confidents les plus intimes, sentit plus profondément que jamais l'abaissement de sa situation. A la place de ces cinq cent mille hommes qui venaient en pompe à l'ouverture de ses grandes guerres défiler des extrémités de l'empire sous son épée, il n'avait vu que le fantôme de cette plèbe indigente et turbulente que les révolutions remuent dans les fonds des capitales sans gouvernement régulier. Cette plèbe qui le soulevait aujourd'hui pouvait l'engloutir demain. « Si j'avais su, dit-il à M. Molé, jusqu'où je serais obligé de descendre, je serais resté à l'île d'Elbe. » Il défendit de donner des armes à cette multitude. Toute force indisciplinée l'inquiétait plus pour son pouvoir qu'elle ne le rassurait pour la patrie. Il méprisait ces soulèvements spontanés du peuple terrible dans l'explosion, incapable de constance. « Les émeutes du peuple, disait-il, font des révolutions; les armes seules font des conquêtes. » Le chant de la *Marseillaise*, que les fédérés répétaient en chœur en se dispersant dans leur quartier, était pour lui le tocsin d'un 10 août. Il sentait trembler l'empire à ces chants qui avaient jadis sauvé la patrie. Le petit nombre de ces fédérés et des volontaires lui disait assez que ce mouvement était plus turbulent que national. Tout lui indiquait de jour en jour davantage que l'opinion mécontente ou ombrageuse des classes supérieures du peuple s'éloignait de lui.

XIII

Les registres ouverts dans toutes les municipalités de l'empire pour l'acceptation de la constitution promulguée restaient vides. A peine un million de suffrages provoqués par les agents du gouvernement ou inspirés par la crainte ratifiaient l'acte additionnel. Quelques milliers protestèrent sur les registres mêmes, au nom de la royauté ou de la république. M. de Kergorlay et M. de Rosambo, deux hommes dignes, comme M. Lainé, de défier la tyrannie parce qu'ils avaient la constance de subir la persécution, publièrent hardiment leur profession de foi politique contre l'usurpation de la souveraineté nationale. L'empereur, pour combattre ces protestations et pour inspirer le choix des représentants des colléges électoraux, nomma vingt-deux commissaires extraordinaires et leur distribua les principales divisions de l'empire. Il choisit ces commissaires dans la nuance indécise de ces hommes à opinions flexibles, qui après avoir donné des gages à la Révolution avaient passé à sa cause, et qui lui appartenaient par droit de participation à son passé. La Révolution pouvait les reconnaître, et le bonapartisme se fiait à eux. C'étaient MM. de Sussy, de Gérando, Rampon, Bedoch, Dumolard, Pommereuil, Rœderer, Miot, Vatry, d'Alphonse, Pontécoulant, Boissy d'Anglas, Caffarelli, Français de Nantes, Quinette, Costez, Thibaudeau, Maret, Marchand, Colcher, Arrighi, Chasles, hommes incertains du rôle qu'ils allaient revêtir, trop suspects de complaisance pour le maître aux yeux des républicains, trop imbus de libéralisme aux yeux des fanatiques de l'empire : les uns personnellement attachés à l'empereur, d'autres à Carnot, les plus habiles admis dans la confidence de Fouché, tous hésitant entre des fidélités, des ambitions ou des craintes contradictoires. Leur mission, froidement accueillie dans les départements, ne profita qu'à l'opposition, qu'ils furent obligés de caresser en voyant qu'ils ne pouvaient la vaincre. Elle n'eut aucun effet sur l'opinion.

XIV

L'empereur voulait la frapper d'une grande impression, par une de ces scènes à la fois impériales, populaires et militaires, dont la Convention lui rappelait le souvenir. Il convoqua à Paris, pour le 1ᵉʳ juin, les représentants, les électeurs, et des députations de tous les corps de l'armée. C'était un second couronnement plus populaire, dont il voulait consacrer aux yeux de la nation et de l'Europe son titre à l'empire. Il donna à cette solennité toutes les pompes de la guerre, de la religion et de la paix.

Le théâtre choisi pour cet immense rassemblement du peuple et de l'armée fut le champ de Mars, cirque moderne construit par la révolution de 1789 pour les grandes fédérations du peuple. Une multitude, plus avide de spectacle qu'attirée par l'enthousiasme, couvrait dès l'aurore les gradins de gazon de ce cirque.

Cinquante mille hommes de l'armée, déjà en marche sur la Belgique, jonchaient le sol aux pieds du peuple, comme pour une dernière revue avant la dernière campagne. Entre ce peuple et cette armée, il n'existait pas en ce moment cette concorde qui unit le citoyen au soldat dans les temps ordinaires.

L'armée avait un remords envers le peuple, le peuple un ressentiment contre l'armée. Mais ces soldats étaient les enfants de ce peuple, leur défection était excusée par leur enthousiasme pour leur chef et par leur héroïsme. D'ailleurs ils allaient combattre, et peut-être bientôt mourir pour ce sol sacré ; leur prochaine destinée attendrissait la multitude en faisant excuser leur faute. Le ressentiment remontait plus haut. On accusait, dans les groupes, l'empereur seul d'être venu tenter leur fidélité. Ce qu'on venait contempler en lui au champ de mai, c'était l'homme historique plus que l'homme populaire. On semblait avoir le pressentiment de sa prochaine et définitive disparition. On voulait avoir imprimé dans ses yeux cette grande page d'histoire pour s'en souvenir dans sa vieillesse. Le champ de mai était, ce jour-là, une grande scène, et dans l'esprit du plus grand nombre une dernière scène des tragédies du siècle.

Le peuple et l'armée étaient silencieux.

XV

Une pyramide à larges gradins s'élevait au milieu du champ de Mars. Elle était terminée à son sommet par une plate-forme qui portait un trône. Les maréchaux, les généraux, les courtisans, les électeurs des départements, se tenaient en haut sur les gradins de cette pyramide. Les troupes, formant un vaste carré de toutes armes, l'entouraient. C'était le pavois visible de l'empereur à tout un peuple et à tous ses soldats. On l'attendait pour le saluer d'un dernier regard et d'une suprême acclamation.

Il parut accompagné de ses frères Lucien et Jérôme Bonaparte. Le peuple, qui attendait un chef militant, dont le mâle profil était gravé dans ses yeux avec le costume des camps, fut étonné de le voir revêtu, ainsi que ses frères, de longues tuniques blanches, imitant le costume sacerdotal et efféminé des royautés d'Égypte. Ces robes antiques, couvrant de leurs plis des hommes d'hier, et changeant en représentation théâtrale les diverses impressions de la réalité, déconcertèrent les yeux et les pensées. Le comédien cachait le grand homme; on jouait à ce jeu de l'étiquette impériale qu'on croyait relégué avec le vieil empire dans les garde-meubles du palais. Ce qu'il y avait de saisissant dans Napoléon à ce moment, c'était le soldat se préparant à sa dernière lutte avec le monde, ce n'était pas l'homme nouveau enveloppé des bandelettes et des diadèmes de la vieille royauté. Le chapeau, l'habit, la chaussure des camps, l'épée du général, auraient produit une sensation bien plus profonde, parce qu'elle était plus vraie. La pompe n'était pas de circonstance, c'était la simplicité. Il voulait rappeler le souverain, il rappelait l'homme. Les soldats ne le reconnaissaient pas sous ces vêtements, le peuple dédaignait cette supercherie étalée sous ses regards. L'orgueil du rang avait mal conseillé l'empereur et sa famille. Les chuchotements de surprise et de raillerie disputèrent la foule aux acclamations.

XVI

Trois cents officiers de ses troupes, agitant dans les airs les drapeaux de leurs régiments qu'ils tenaient dans leurs mains, le saluèrent d'un long cri de : « Vive l'empereur ! » Une estrade avait été dressée pour porter un autel et pour faire bénir ces drapeaux aux regards de l'armée et du peuple. Le cardinal Cambacérès, archevêque de Rouen et frère de l'archichancelier, célébra les mystères en plein ciel, comme pour associer le Dieu des peuples à ces serments. Le sacrifice terminé, un des électeurs, choisi à la sonorité retentissante de sa voix (M. Dubois, d'Angers), lut l'adresse que les électeurs, réunis à Paris, avaient rédigée pour la circonstance :

« Sire, disait cette adresse, expression non contredite du petit nombre de citoyens qui s'étaient rendus dans les collèges électoraux — il y eut des départements, comme les Bouches-du-Rhône, où les députés furent nommés par des poignées de huit ou dix électeurs, — Sire, le peuple français vous avait décerné la couronne, vous l'avez déposée sans son aveu ; ses suffrages viennent de vous imposer le devoir de la reprendre.

» Un contrat nouveau s'est formé entre le trône et la nation. Rassemblés de tous les points de l'empire autour des tables de la loi où nous sommes venus inscrire le vœu du peuple, ce vœu seule source du légitime pouvoir, il nous est impossible de ne pas faire retentir la voix de la France dont nous sommes les organes immédiats, de ne pas dire, en présence de l'Europe, au chef auguste de la nation ce qu'elle attend de lui, ce qu'il doit attendre d'elle.

» Que veut la ligue des rois alliés? Comment avons-nous motivé leur agression? Nous ne voulons pas du chef qu'ils veulent nous imposer, et nous voulons celui dont ils ne veulent pas. Ils osent vous proscrire personnellement, vous, Sire, qui, maître cent fois de leurs capitales, les avez raffermis généreusement sur leurs trônes ébranlés. On proscrirait le moins connu de nos citoyens que nous devrions le défendre ; il serait comme vous sous l'égide de la loi et de la nation.

» On nous menace d'une invasion ; et cependant, resserrés dans des frontières qui ne sont pas les nôtres, que longtemps et avant votre règne la victoire et la paix même avaient reculées, nous n'avons point franchi cette étroite enceinte par respect pour des traités que vous n'avez pas signés et que vous avez offert de respecter. Ne craint-on pas de nous rappeler des temps et un état de choses naguère si différents et qui pourraient encore se reproduire? Serait-ce la première fois que nous aurions vaincu l'Europe armée contre nous ?

» Sire, rien n'est impossible, rien ne sera épargné pour nous assurer l'honneur et l'indépendance, ces biens plus chers que la vie ; tout sera tenté, tout sera exécuté pour repousser un joug ignominieux. Nous le disons aux nations: puissent leurs chefs nous entendre! S'ils acceptent vos offres de paix, le peuple français attendra de votre administration forte, libérale, paternelle, des motifs de se consoler des sacrifices que la paix lui coûte ; si on ne lui laisse que le choix entre la guerre et la honte, la nation tout entière se lève pour la guerre, tout Français est soldat ; nous sommes prêts à vous dégager des offres, trop modérées peut-être, que vous avez faites pour épargner à l'Europe un nouveau bouleversement...

» Les trois branches de la législature vont se mettre en action. Un seul sentiment les animera. Confiants dans les promesses de Votre Majesté, nous lui remettons, nous remettons à nos représentants, à la chambre des pairs, le soin de revoir, de perfectionner, de consolider de concert, sans précipitation, sans secousse, avec sagesse et maturité, notre système constitutionnel et les constitutions qui doivent en être la garantie. Sire, un trône relevé par les armées étrangères s'est écroulé en un instant devant vous, parce que vous nous rapportiez de la retraite, qui n'est féconde en grandes pensées que pour les grands hommes, tous les errements de notre véritable gloire, toutes les espérances de nos véritables prospérités. »

Les hérauts d'armes proclamèrent ensuite l'acceptation par le peuple français de la constitution promulguée par l'empereur. Un roulement de tambour imposa un complet silence à la multitude. Napoléon se leva et dit :

« Empereur, consul, soldat, je tiens tout du peuple. Dans la prospérité, dans l'adversité, sur le champ de bataille, au conseil, sur le trône, dans l'exil, la France a été l'objet unique et constant de mes pensées et de mes actions...

» Français, en traversant au milieu de l'allégresse publique les diverses provinces de l'empire, j'ai dû compter sur une longue paix... Ma pensée se portait alors tout entière sur les moyens de fonder notre liberté par une constitution conforme à la volonté et à l'intérêt du peuple. J'ai convoqué le champ de mai.

» Je n'ai pas tardé à apprendre que les princes qui ont méconnu tous les principes, froissé l'opinion et les plus chers intérêts de tant de peuples, veulent nous faire la guerre. Ils méditent d'accroître le royaume des Pays-Bas, de lui donner pour barrières toutes nos places frontières du Nord, et de concilier les différends qui les divisent encore en se partageant la Lorraine et l'Alsace.

» Il a fallu se préparer à la guerre.

» Cependant, devant courir personnellement les hasards des combats, ma première sollicitude a dû être de constituer sans retard la nation. Le peuple a accepté l'acte constitutionnel que je lui ai présenté...

» Français ! vous allez retourner dans vos départements. Dites aux citoyens que les circonstances sont grandes ; qu'avec de l'union, de l'énergie, de la persévérance, nous sortirons victorieux de cette lutte d'un grand peuple contre ses oppresseurs ; que les générations à venir scruteront sévèrement notre conduite ; qu'une nation a tout perdu quand elle a perdu l'indépendance ! Dites-leur que les rois étrangers, que j'ai élevés sur le trône et qui me doivent la conservation de leur couronne, qui tous, au temps de ma prospérité, ont brigué mon alliance et la protection du peuple français, dirigent aujourd'hui leurs coups contre ma personne. Si je ne voyais que c'est à la patrie qu'ils en veulent, je mettrais à leur merci cette existence contre laquelle ils se montrent si acharnés. Mais dites aussi aux citoyens que tant que les Français me conserveront les sentiments d'amour dont ils me donnent tant de preuves, cette rage de nos ennemis sera impuissante.

» Français ! ma volonté est celle du peuple ; mes droits sont les siens ; mon honneur, ma gloire, mon bonheur, ne peuvent être autres que l'honneur, la gloire et le bonheur de la France. »

Il étendit ensuite le bras sur les livres saints et jura entre les mains du pontife la constitution. Puis rejetant son manteau impérial, et apparaissant à ses troupes dans le costume militaire sous lequel elles aimaient à le voir sur le champ de bataille :

« Soldats! dit-il à la garde nationale de l'empire, soldats des troupes de terre et de mer, je vous confie l'aigle impériale aux couleurs nationales! Vous jurez de la défendre au prix de votre sang contre les ennemis de la patrie? Vous jurez qu'elle sera toujours votre signe de ralliement? Vous le jurez? »

Une voix sourde, unanime et prolongée sortit des escadrons et des bataillons et répéta : « Nous le jurons! » Un cri de : « Vive l'empereur! » parcourant les masses du peuple, répondit sur les gradins du cirque. L'empereur, revêtant de nouveau sa robe blanche semée d'abeilles, monta lentement les degrés de la pyramide au pied de laquelle il avait parlé, il s'assit majestueusement sur le trône qui l'attendait au sommet de la plate-forme, et contempla pour la dernière fois de là son empire résumé dans ces maréchaux, ces dignitaires, cette armée et cette multitude.

A ses pieds les armes, les panaches, les uniformes, les aigles, les drapeaux groupés, resplendissaient agités par le vent sur les quatre faces de la pyramide impériale, et semblaient rassembler en un seul faisceau toutes les gloires et toutes les splendeurs de cet empire que la foudre allait sitôt frapper. Les musiques de tous les régiments formaient un vaste orchestre, qui jeta dans les airs l'écho de tant de champs de bataille et de tant de victoires. Les troupes s'ébranlèrent, se divisèrent en colonnes semblables à des fleuves d'acier, et passèrent sous la pyramide, en saluant l'empereur d'un cri continu.

Napoléon, redescendu de son trône, leur tendait de la main les drapeaux. Il adressait à chaque régiment un de ces mots qui font palpiter la fibre du cœur dans le corps de chaque soldat. Il rappelait à celui-ci Arcole, à celui-là Marengo, à l'un l'Égypte, à l'autre Austerlitz, à tous une de ces campagnes où le régiment avait illustré sous lui son numéro dans le catalogue de l'armée. Quand la garde impériale, véritable flamme de ses camps, s'avança la dernière en le couvrant de ses fanatiques acclamations, il parut plus ému à son aspect qu'il ne l'avait été en se plaçant sur son trône : « Soldats de ma garde impériale, leur dit-il d'une voix martiale, vous jurez de vous surpasser vous-mêmes dans la campagne qui va s'ouvrir ? Vous jurez de mourir plutôt que de permettre à l'étranger de venir dicter des lois à la patrie ? — Nous le jurons ! » répondirent d'une seule voix vingt-deux mille hommes. Et ils tinrent leur serment.

XVII

Telle fut cette cérémonie vaine et purement théâtrale que l'empereur avait fait attendre depuis deux mois au peuple, comme un de ces événements mystérieux d'où devaient sortir de nouvelles destinées pour la France. Une scène et une revue, rien de plus. La déception fut générale et le murmure universel. Les royalistes espéraient une abdication et une convocation du peuple, à qui l'on remettrait le vote universel et libre sur la nature de gouvernement qu'il lui conviendrait d'adopter après la guerre. Les masses espéraient que l'empereur, désintéressant la querelle de son nom en couronnant son fils, d'accord avec l'Autriche, enlèverait ainsi tout prétexte à la guerre. Les républicains espéraient que le dictateur se proclamerait seulement général, et qu'il ne garderait de ses attributs impériaux que l'épée pour couvrir la patrie menacée, confiant les destinées intérieures à la république. Tous se regardèrent avec les signes de la déception sur le visage. Ils se demandaient si c'était pour une pareille représentation de cour qu'on les avait convoqués, de si loin, à ce rendez-vous du peuple français.

Le murmure suivit la déception, et l'audace des paroles et des écrits rappela les jours du Directoire. Napoléon était évidemment déchu déjà dans l'opinion des classes politiques; les classes soldatesques et populaires lui restaient seules attachées encore, parce qu'elles voyaient en lui non le pouvoir, mais la patrie.

LIVRE VINGT-QUATRIÈME

Réunion des chambres. — Lanjuinais, président de la chambre des représentants. — Mécontentement de l'empereur. — Motion de M. Dupin sur le refus de serment. — Ouverture des deux chambres. — Entrevue de Napoléon et de La Fayette. — Discours de l'empereur aux chambres. — Adresses des chambres. — Réponses de l'empereur. — Rupture de Napoléon et de Fouché. — L'empereur forme son conseil de gouvernement. — Forces respectives de l'empereur et des alliés. — Plan de campagne de Napoléon. — Son départ de Paris. — Rôle et caractère de Fouché. — Arrivée de Napoléon à Avesnes.

I

Le surlendemain du champ de mai, la chambre des pairs et la chambre des représentants se réunirent. L'empereur voyait avec terreur ces pouvoirs publics nouveaux sortir d'une élection à un appel révolutionnaire, et pour la première fois debout face à face devant lui. Ni les noms des représentants nommés en majorité par ses partisans dans les départements, ni les noms des pairs nommés par lui-même ne le rassuraient suffisamment. Il y avait des renommées républicaines mal éteintes, comme celle de La

Fayette, parmi les représentants ; il y avait dans la chambre des pairs des noms royalistes auxquels il n'avait pas osé refuser cette investiture, bien qu'il se défiât secrètement d'eux. Là comme ailleurs sa politique avait été vaincue par sa situation. Obligé de caresser tous les partis, il avait décimé le sien. Il avouait le lendemain du champ de mai ces fluctuations de son âme.

« La crainte de ma tyrannie dérange toutes les têtes, disait-il à ses familiers. Les hommes avides de bruit s'érigent en avocats du peuple. De conseillers, ils deviennent censeurs ; de censeurs, ils deviennent factieux ; de factieux, ils deviennent rebelles. Il faut alors que le prince subisse leur joug ou qu'il les chasse. » On retrouvait dans ces mots l'élève de Machiavel, réduisant le devoir du prince au seul devoir de régner, et ne voulant de bruit dans le monde que le bruit fait par lui-même.

II

La chambre des pairs attestait par l'indigence des illustrations qui la composaient les refus nombreux de faire partie de ce corps que Napoléon avait reçus. Les uns prévoyaient déjà que cette faveur deviendrait un signe prochain de proscription ; les autres n'osaient pas encore mêler leurs noms antiques à ces noms nouveaux. Macdonald, fidèle à la cause qu'il avait embrassée, même vaincue, refusa cette dignité avec une respectueuse obstination. L'empereur ressentit vivement un refus qui était une accusation muette contre son retour.

La chambre des représentants élut Lanjuinais pour son président. Ce choix indiquait d'avance l'esprit de cette Assemblée. Lanjuinais, patriote intrépide, un des auteurs du décret de déchéance, qui, l'année précédente, avait offert le trône aux Bourbons contre une charte gage de liberté, était un de ces hommes qu'on ne pouvait ni intimider ni corrompre. Ses opinions étaient dans sa conscience. On était sûr qu'il ne pactiserait ni avec la tyrannie ni avec la domination étrangère. Il avait bravé avec un courage et une éloquence antiques la Convention et le peuple aux jours de la terreur. Girondin de cœur et de probité, il avait plus qu'aucun d'eux bravé leur échafaud. Il y avait échappé, comme les héros échappent souvent à la mort, en la défiant avec un plus sublime mépris de la vie. L'empereur n'aimait pas ces caractères inflexibles aux caresses comme aux menaces. Il sentait que sa puissance s'émoussait sur de pareils cœurs.

Ses courtisans avaient tout tenté dans l'Assemblée pour détourner les représentants d'arrêter leur choix sur cette espèce de *Caton* de la Révolution. Ils auraient voulu faire donner la présidence à Lucien, ce frère de l'empereur qui avait présidé au 18 brumaire le conseil des *Cinq-cents*, et qui, par sa complicité, son éloquence et son courage, avait tant aidé Napoléon à subjuguer cette Assemblée.

Lucien était le seul des frères de l'empereur qui n'eût pas accepté de trône en récompense de son sang, soit qu'il conservât dans l'âme le sentiment républicain de ses premières années, soit qu'il eût l'orgueil de ne rien devoir de sa fortune qu'à lui-même, soit que l'amour qu'il nourrissait pour une femme belle et énergique, épousée contre la volonté de son frère, le retînt dans une disgrâce honorable pour lui. Lucien n'avait quitté Rome, son séjour, qu'au bruit du retour de Napoléon. L'infortune et le danger l'avaient réconcilié avec l'empereur ; il était accouru dans l'espoir de lui être une seconde fois secourable. Il rapportait dans son âme les traditions de la république mêlées aux sentiments fraternels pour un maître de l'empire si rapproché de son cœur. Cette double situation lui donnait à la fois la confiance des républicains et la confiance de l'empereur. Nul négociateur n'eût été plus apte à la réconciliation entre la liberté et le règne adouci de son frère. Mais l'Assemblée répugna à un nom qui avait une signification trop napoléonienne, il était évident qu'elle pressentait d'avance les jours prochains où elle aurait à opter une seconde fois entre un homme et la patrie, et qu'elle ne voulait avoir aucun lien trop indissoluble avec le maître.

Elle écarta donc Lucien.

III

L'empereur vit une offense et une menace dans le choix sévère de Lanjuinais ; il s'en expliqua avec indignation et avec colère dans l'intérieur du palais. Mais il n'osa faire éclater son ressentiment trop haut, et il dissimula son irritation sous une franchise brusque. « On m'assure, lui dit-il dans son audience officielle, que vous êtes partisan des Bourbons ; d'autres me disent que vous êtes mon ennemi personnel ; d'autres enfin, que vous aimez avant tout la patrie. Vous jugerez quelle foi je prête à ces divers jugements sur vous aux félicitations que je vous adresse sur le choix que l'Assemblée a fait de vous pour la présider. »

M. de La Fayette, signification plus républicaine, avait balancé avec Lanjuinais le suffrage de ses collègues ; ce choix et ces scrutins révélaient à Napoléon les cœurs. L'empire n'avait plus la majorité même dans l'opinion des électeurs, les plus favorables de tous les citoyens à la cause de Napoléon.

Un symptôme plus menaçant révéla dans l'Assemblée des réserves plus sévères encore. M. Dupin, orateur politique illustré depuis sous tant de règnes et de républiques, déjà noté pour son éloquence au barreau à cette époque, et M. Roy, homme considérable par sa fortune et par le crédit de son nom dans Paris, s'opposèrent avec énergie à la prétention de faire prêter serment aux représentants, à moins que ce serment, prescrit par le décret de l'empereur, ne fût ratifié par une loi. Cette première audace de souveraineté nationale et d'opposition souleva l'indignation des impérialistes. M. de La Fayette l'avait concertée en secret avec un groupe de députés auxquels il avait essayé de souffler son âme. « Eh quoi ! s'écria Boulay de la Meurthe, un des conseillers d'État les plus obstinés à l'empire, faut-il donc parler ici avec franchise? Eh bien! il existe en France deux partis : l'un, le parti national, car il comprend la grande masse du peuple, et n'a en vue que l'indépendance et l'honneur de la nation ; l'autre, qu'on peut appeler la faction de l'étranger ! » A ces mots, des murmures de colère s'élevèrent ; on vit dans cette insinuation la volonté préconçue d'enlever toute liberté à l'opposition en la confondant avec la trahison. « Oui, continua avec plus de force Boulay de la Meurthe, oui, il existe des Français assez vils, assez corrompus pour appeler de leurs vœux les Anglais, les Prussiens, les Russes. Ce sont les Bourbons qui sont les chefs de cette faction ; ce sont eux qui, à l'aide des baïonnettes étrangères, veulent nous imposer de nouveau un pacte humiliant. Il faut donc nous prononcer fortement ! il faut le faire avec unanimité ! Pour moi, je le déclare : demain, en présence de l'empereur et des deux chambres, à la séance d'ouverture, je fais serment d'obéissance aux constitutions de l'empire et de fidélité à l'empereur ! »

L'opposition rentra dans les cœurs à cette déclaration pour en ressortir avec plus d'opportunité aux jours de faiblesse. La motion de M. Dupin fut écartée.

IV

Le jour suivant l'empereur ouvrit les chambres.

Il reconnut comme un mauvais présage La Fayette, qu'il n'avait pas vu depuis dix ans, parmi les représentants chargés de venir l'accueillir sous le péristyle. La Fayette, après son retour des prisons d'Olmütz, s'était présenté souvent aux Tuileries. L'empereur trouvait son nom trop révolutionnaire pour une monarchie ; mais il l'avait traité avec la distinction qu'un nom célèbre et malheureux commande. Il avait accordé de nombreuses faveurs à sa sollicitation. Depuis, La Fayette était rentré dans la retraite et dans l'attente des événements. L'empereur l'aborda et lui adressa la parole avec cette affabilité qui quête le retour d'un sentiment et d'un mot bienveillant sur les lèvres : « Il y a douze ans que je ne vous ai vu, je crois, dit-il d'un ton de reproche à La Fayette. — Oui, Sire, il y a douze ans, » répondit avec froideur La Fayette, sans ajouter ni un regret ni une grâce à la sécheresse de cette réponse. L'empereur passa, et La Fayette, qui l'observait, lui trouva, dit-il, l'aspect inquiet et repoussant d'un despote irrité et ombrageux. Au retour, l'empereur tenta de nouveau de lier un entretien avec La Fayette : « Je vous trouve rajeuni, lui dit-il ; la solitude des champs vous a reposé. — Oui, Sire, » répliqua avec le même laconisme La Fayette. Le républicain futur ne voulait pas s'engager d'un sourire avec l'usurpateur de la liberté.

V

« Depuis trois mois, dit l'empereur aux chambres réunies, les circonstances et la confiance du peuple m'ont revêtu d'un pouvoir illimité. Aujourd'hui je viens accomplir le devoir le plus pressant de mon cœur. Je vais commencer la monarchie constitutionnelle. Les hommes sont trop impuissants pour assurer l'avenir. Les institutions seules fixent les destinées des nations... Nos institutions sont éparses ; une de nos plus importantes occupations sera de les réunir dans un seul cadre et de les coordonner dans une seule pensée. Ce travail recommandera l'époque actuelle aux générations futures.

» Une coalition formidable de rois en veut à notre indépendance ! Leurs armées arrivent sur nos frontières. Le sang a coulé déjà sur mer en pleine paix ; il est possible que mon premier devoir de prince m'appelle bientôt à la tête des enfants de la nation pour combattre pour la patrie.

L'armée et moi nous ferons notre devoir. Vous, pairs et représentants, donnez à la nation l'exemple de la confiance, de l'énergie, du patriotisme, et, comme le sénat des grands peuples de l'antiquité, soyez décidés à mourir plutôt qu'à survivre au déshonneur et à la disgrâce de la France. La cause sainte de la patrie triomphera ! »

Les chambres répondirent par des adresses avec plus de défiance contre la tyrannie que d'élan pour la guerre à ce discours. Napoléon, blessé de ces soupçons, leur répondit avec une sévère tristesse : « Ce n'est pas de l'entraînement de la prospérité que nous avons aujourd'hui à nous défendre. Les étrangers veulent nous faire passer sous les fourches caudines. Je partirai cette nuit pour me rendre à l'armée. Que la constitution soit notre étoile polaire dans ces moments d'orage ! Toute discussion publique qui tendrait à diminuer directement ou indirectement la confiance serait un malheur pour l'État. N'imitons pas l'exemple du Bas-Empire, qui, pressé de toutes parts par les barbares, se rendit la risée de la postérité en s'occupant de discussions abstraites pendant que le bélier brisait les portes de la ville ! Aidez-moi à sauver la patrie ! »

VI

Il lisait sur les visages des représentants et des pairs le pressentiment des agitations et des infidélités qui allaient profiter de son absence, si la guerre laissait un intervalle entre son départ et son retour victorieux. Il savait que Fouché, manœuvrant avec les royalistes à Gand et avec les républicains de l'Assemblée à Paris, ne laissait aucune sécurité à son gouvernement. Il aurait voulu s'en défaire ; il n'osait pas enlever ce gage donné par lui aux opinions libérales. Sa colère s'accroissait de sa faiblesse. Peu d'heures avant son départ pour l'armée, il dit à Fouché : « Je sais que vous êtes un traître ; je pourrais vous envoyer au supplice, et tout le monde applaudirait. D'autres s'en chargeront. Vous croyez me dominer ; je vous prouverai que vous ne pesez pas du poids d'un cheveu dans la balance de mon destin ! »

De telles paroles, dites à un homme à qui on laissait Paris et la France après l'avoir outragé et menacé sans frapper, attestaient le délire de l'impuissance. Elles auraient fait un traître de ce ministre s'il ne l'avait pas été jusque-là. Napoléon ne se possédait plus. Fouché se possédait ; il affecta de ne voir dans ces accusations et dans ces violences que l'humeur injuste d'un maître aigri par les embarras de sa situation. « L'empereur me maltraite, dit-il en sortant avec une apparente indifférence à un de ses confidents qu'il savait être aussi le confident de Napoléon ; il s'aigrit par la résistance, il m'accuse de ses difficultés, il ne sait pas assez que je suis fort par l'opinion publique seulement. Je pourrais demain faire tomber vingt-cinq têtes que l'opinion me livre ; je ne pourrais faire arrêter impunément vingt-quatre heures un seul des hommes que protége l'opinion contre lui ! » Ces paroles, que Fouché savait devoir être reportées à l'empereur, répondaient par une menace sous-entendue à une menace ouverte. Elles disaient à Napoléon : Vous n'êtes pas ce que vous croyez être encore ; l'opinion est désormais au-dessus de vous, et je suis plus soutenu par l'opinion que vous-même. On voit à quelle conviction de sa faiblesse réelle était descendu un homme qui n'était remonté sur le trône que pour le sentir vaciller et s'affaisser sous lui.

VII.

Il chercha à neutraliser les dangers de cette situation de Paris et des chambres pendant son absence en formant, comme en 1814, un conseil de gouvernement égal ou supérieur au conseil des ministres pour lutter avec Carnot ou avec Fouché. Son frère Joseph, ancien roi d'Espagne, reçut de lui la présidence de ce conseil, présage de faiblesse et de ruine comme il l'avait été en 1814. L'empereur espérait mieux de son frère Lucien, caractère dont il avait éprouvé la résistance et la force au 18 brumaire. Il le nomma membre de ce conseil. Il y fit entrer ses partisans les plus dévoués des deux chambres et du Conseil d'État : Defermon, Regnault de Saint-Jean-d'Angély, Boulay (de la Meurthe), Merlin (de Douai), tous hommes sortis de la Révolution, mais tellement engagés avec l'empire qu'il n'y avait de refuge et d'honneur pour eux, ni dans la république, ni dans la Restauration. L'empereur, pour expliquer cette création, véritable superfétation inconstitutionnelle sous un gouvernement responsable affecta de dire que ses ministres n'avaient ni assez l'habitude des discussions parlementaires, ni assez le don de la parole pour paraître devant les chambres, et qu'il fallait leur donner des auxiliaires dans ces orateurs du Conseil d'État rompus aux tribunes. Personne ne s'y trompa. Son véritable motif était la crainte qu'il avait de son propre ministère, de Carnot et de Fouché surtout. Il ne voulait pas que ces deux hommes, chers d'avance au parti libéral, accrussent leur popularité aux dépens de la sienne en parlant devant les deux chambres. Il voulait surtout contrebalancer un de ces gouvernements par l'autre dans le cas où la désaffection et les manœuvres de Fouché menaceraient son pouvoir pendant qu'il combattrait hors de Paris. Cette prudence même l'affaiblissait, car elle trahissait en lui le soupçon contre les chambres et le sentiment de sa faiblesse. Ce conseil de gouvernement tout personnel, dominé par sa famille, n'était qu'un sujet d'ombrage pour l'opinion, d'irritation pour l'Assemblée, de défiance pour ses ministres. Prudence malhabile, qui avertit de se défier en montrant elle-même de la défiance.

VIII

L'empereur, admirablement secondé par le maréchal Davoust, son ministre de la guerre, jeta avec lui, pendant cette nuit, un dernier regard sur l'ensemble des forces qu'il avait préparées pour faire face à l'Europe. Ce tableau n'était pas rassurant; mais il comptait sur un de ces coups du hasard de la guerre que son génie militaire savait changer en certitude toutes les fois qu'il déconcertait l'ennemi en le devançant.

La France, nous l'avons vu, ne s'était pas levée en masse. Le Midi tout entier était resté immobile dans l'expectative des événements; l'Ouest fermentait, mais c'était de haine contre Napoléon, d'amour pour les Bourbons. Le gouvernement se gardait bien de remuer ces provinces en leur demandant leurs enfants pour combattre contre le roi ; c'était assez d'obtenir leur neutralité. L'Alsace, la Franche-Comté, le centre, les départements voisins de Paris avaient seuls fourni quelques bataillons de volontaires mobilisés et d'anciens soldats libérés du service pour former les garnisons des places de guerre. Le Nord, terre patriotique et belliqueuse, était partagé entre sa prédilection pour les Bourbons et sa généreuse passion pour l'indépendance du territoire. La patrie y avait de nombreux défenseurs, l'empereur peu de partisans. Paris comptait dans ses faubourgs trente ou quarante mille fédérés, peuple et artisans demandant à grands cris des chefs et des armes, et parmi lesquels un gouvernement plus franchement populaire aurait pu recruter de seconds bataillons de 1792 ; mais Napoléon tremblait d'armer la révolution en armant cette partie du peuple.

Il songeait au retour, il ne voulait pas laisser ou retrouver dans sa capitale une armée d'enthousiasme qui pouvait servir de point d'appui à des opinions hostiles à son gouvernement. Il aimait mieux désarmer la patrie de cette force convulsive qu'armer la liberté. D'ailleurs il croyait peu à la solidité de ces levées en masse, en face de troupes disciplinées et aguerries comme celles qu'il avait à combattre. Cent mille hommes de ces vieux soldats de la ligne et de sa garde, assouplis à sa main et maniables comme sa pensée, fermes comme son âme, lui paraissaient préférables à ces nuées d'hommes que le sol produit un jour d'élan et qu'il dévore un jour de revers. Il ne comptait donc que sur son armée régulière. Mais, menacé de tous les côtés à la fois, il ne pouvait les réunir sur un seul point sans les affaiblir sur tous les autres, et s'il tentait de faire face à tous, il était faible et insuffisant partout ; de là le parti qu'il avait pris de rassembler toutes ses forces actives sous sa main, et de ne laisser à ses lieutenants que des noms et des ombres d'armées qui ne pouvaient servir qu'à rassurer, quelques jours, l'œil et l'imagination de la France.

IX

Le maréchal Suchet, homme froid, pensif, consommé dans l'administration de la guerre, imperturbable aux événements, expérimenté dans la guerre de montagnes, né à Lyon, entouré d'estime, aimé dans les provinces qu'il allait défendre, n'avait que sept ou huit mille soldats de ligne et douze ou quinze mille gardes nationaux mobiles pour couvrir soixante lieues du versant des Alpes sur la France, la Savoie, le Jura, Genève, et pour fermer les gorges du mont Cénis, du Simplon, du mont Genèvre. Lorsqu'il serait refoulé de ces versants des Alpes, il devait se replier sur Lyon, Mâcon, Châlon et défendre la ligne de la Saône. Lyon, changé en place de guerre, se fortifiait derrière Suchet pour donner un point d'appui à son armée contre les invasions des deux routes du Midi.

Lecourbe, ancien ami et émule de Moreau, longtemps relégué dans la disgrâce et dans l'inaction, avait retrouvé, sous l'extrémité du péril, la confiance forcée de Napoléon. Général républicain, jouissant dans le Jura, sa patrie, de la vieille popularité de son nom, Lecourbe avait reçu le commandement de cette province montueuse, intermédiaire entre le Rhin et les Alpes, entre l'Alsace et la Saône. Il n'avait pour toute armée que quelques bataillons sortis du sol à sa voix et qu'il avait concentrés dans Belfort. Ces bataillons, solides derrière ces murs, étaient incapables d'entrer en ligne de bataille. C'était le nom d'une armée et d'un général qui pouvait tenir sa place sur la carte et imposer de loin à l'étranger, mais ce n'était au fond qu'un rassemblement précaire et confus, un dépôt d'armée à créer, si les événements lui laissaient le temps de s'organiser et de s'instruire.

Lecourbe reliait ainsi, par une fiction plus que par une réalité, l'armée de Suchet à l'armée du Rhin. Molitor et Rapp, deux des plus intrépides et des plus consommés des lieutenants de l'empire, commandaient cette armée du Rhin. Son nom faisait illusion sur sa faiblesse. Elle n'était qu'un avant-poste composé d'environ dix mille soldats et de quelques milliers de braves volontaires alsaciens, postés à l'ouverture des gorges qui percent ce rempart national des Vosges et des montagnes d'Alsace, depuis Huningue jusqu'aux lignes célèbres de Weissembourg, Thermopyles de la France.

Le maréchal Brune occupait Marseille avec quelques régiments, plutôt pour contenir que pour défendre cette partie royaliste et effervescente du Midi.

Le général Clausel, entreprenant, négociateur, habile à la fois à manier une poignée d'hommes ou à capter une population, maintenait Bordeaux à peine reconquis sur la duchesse d'Angoulême; il observait de là avec inquiétude les mouvements à peine assoupis de la Vendée. Il ne demandait point à ces provinces d'efforts pour la cause répudiée de Napoléon, il ne leur demandait que du temps pour que la cause de Napoléon ou des Bourbons se jugeât ailleurs.

Le général Decaën contenait Toulouse avec aussi peu de forces et par les mêmes atermoiements.

Le général Lamarque, plus rapproché de Paris et du Nord, observait l'Ouest à la tête de dix-huit mille hommes. La trêve avec les Vendéens lui permettait au besoin de se replier sur l'armée de l'empereur et de couvrir Paris par la Normandie.

On voit qu'à l'exception de ces dix-huit mille hommes de Lamarque, nécessaires encore pour intimider le royalisme dans l'Ouest, l'empereur ne pouvait pas détacher un seul homme des faibles camps qui couvraient la France, soit pour les appeler à lui, soit pour se replier sur eux en cas de revers. Son sort et celui de la France étaient tout entiers dans la *grande armée*.

X

Celle-ci même n'était qu'un nom pour un souverain et pour un général qui avait conduit sept cent mille soldats en Russie, trois cent mille à Austerlitz et à Wagram. Ses états officiels et ses journaux la portaient à deux cent quatre-vingt mille hommes. Il comptait dans ce nombre cent mille gardes nationaux volontaires mobilisés des provinces du centre et de Paris, et soixante mille hommes de troupes de ligne dont il avait ordonné la levée et l'armement, et qu'il plaçait comme armée de réserve entre Laon et Paris. Ces levées n'avaient pas été faites, ces armements n'étaient pas prêts; l'armée de réserve n'était qu'une pensée dans sa tête, il n'y avait rien sur le sol. Ces deux cent quatre-vingt mille hommes se réduisaient donc à cent vingt mille hommes, disposés successivement et sourdement entre Paris et la Belgique, pour sortir de ces cantonnements au premier signe de l'empereur, et pour venir former sous sa main une des plus formidables lignes de bataille sur ces champs de Fleurus et de Jemmapes, premier écueil de la coalition sous Jourdan et sous Dumouriez.

Elle était composée de cinq corps d'infanterie, de quatre corps de cavalerie et d'une artillerie de trois cents bouches à feu. Drouet d'Erlon concentrait sous son commandement le premier corps d'infanterie à Valenciennes, Reille le second à Maubeuge, Vandamme le troisième à Marienbourg, Gérard le quatrième à Rocroy, Lobau le cinquième à Avesnes. Le maréchal Grouchy commandait la cavalerie, forte de trente mille chevaux; sous lui, Excelmans, Milhaud, Pajol, Kellermann, commandaient chacun une des quatre divisions de cette cavalerie. La garde impériale, qui comptait encore vingt-deux mille hommes d'infanterie et quatre mille cavaliers, complétait la grande armée. C'étaient tous les généraux, tous les colonels et tous les officiers dont les noms avaient grandi depuis vingt ans dans la fumée de nos guerres, tous les corps renommés pour leur solidité, tout ce qui restait de soldats d'élite de nos victoires et de nos désastres, le noyau, le cœur et le bras de cette France militaire levée en 1792, aguerrie dans vingt campagnes, inaccessible à l'intimidation du nombre, confiante en elle-même, confiante dans son chef, fière de son nom, brûlant de venger ses revers, accourue à la voix de son empereur, acceptant avec enthousiasme le défi de l'Europe, résolue à montrer à la France que, si elle avait manqué à la patrie en lui imposant par sa défection un chef dont la patrie ne voulait plus, l'armée saurait du moins légitimer sa faute par sa constance à le défendre. Chaque soldat faisait pour ainsi dire sa cause personnelle de la cause de Napoléon. L'esprit qui animait la grande armée n'était pas seulement du patriotisme, c'était de la colère et aussi du remords. Napoléon, avec de pareils hommes, pouvait défier à la fois l'Europe et la France, car chacun de ces soldats se solidarisait dans sa cause et se personnifiait dans son général.

XI

Les armées de la coalition se divisaient en trois armées principales, reliées encore entre elles par des corps d'armée secondaires. Ces trois colonnes, partant des trois points de la circonférence, tendaient, par leur direction, à se rapprocher, en atteignant la France, et à se concentrer, après l'avoir traversée, sur Paris. Une quatrième armée, celle des Russes, plus retardée par la distance, formait la réserve de cette levée en masse de l'Europe. Le prince de Schwartzenberg commandait l'armée du Haut-Rhin, forte de deux cent soixante mille hommes, presque tous Autrichiens ou des États héréditaires de l'empire. L'armée prussienne, composée de cent mille combattants, s'avançait sur la Meuse; Blücher, déjà vainqueur, la commandait. Elle prenait le nom d'armée du Bas-Rhin, et touchait par sa droite à la Belgique. L'armée anglaise, hollandaise et belge, comptait environ cent mille hommes aussi, mais de différentes races et sans unité de langue, d'âme et d'esprit : Anglais, Belges, Hanovriens, Hollandais, Allemands, sortes de contingents mixtes les plus difficiles à manier et à mouvoir. Lord Wellington, aussi grand administrateur que grand général, négociateur et soldat à la fois, investi du prestige et de l'autorité de sa campagne de sept ans en Espagne, commandait en chef cette armée d'auxiliaires.

L'armée russe de réserve comptait cent quatre-vingt mille hommes. Elle était sous les ordres du général Barclay de Tolly, et devait traverser le Rhin en face de Rapp et de Molitor, entre l'armée autrichienne et l'armée prussienne, aussitôt qu'elle serait en ligne avec ces deux ailes de la coalition.

Enfin soixante mille Allemands, Italiens et Piémontais étaient sous les armes au pied des Alpes, et commençaient à les franchir en face de Suchet. Le général Frimont les commandait.

C'étaient en tout sept cent mille combattants; la Suisse, de plus, ouverte à la coalition, comme elle l'avait été en 1814, découvrait la France, comme elle le fait toujours dans ses extrémités, et offrait trente mille auxiliaires à nos ennemis. Gouvernement timide et vénal qui emprunte l'appui du plus fort dans ses querelles personnelles, et qui, dans les dangers de ses voisins, n'appuie jamais lui-même que le vainqueur.

Cent vingt mille hommes contre sept cent trente mille pour défendre une nation divisée qui avait la moitié de son cœur avec sa royauté légitime dans les camps ennemis : telle était donc la situation réelle de la France le jour où Napoléon allait combattre, malgré elle, et moins pour elle que pour lui.

XII

Jamais il n'eut plus besoin de dévouement, de conseil et de cœur pour soutenir sa résolution et seconder ses grands desseins. Jamais il n'en manqua davantage.

Le prince Eugène, son fils adoptif, comblé d'affection et de confiance par l'empereur de Russie à Vienne, et attendant toute sa fortune du congrès, s'était retiré en Allemagne, à la cour du roi de Wurtemberg, son beau-père, pour contempler de là, sans s'y mêler même de ses vœux, la dernière lutte du protecteur de sa jeunesse.

Murat, cette flamme des champs de bataille qui décuplait en lui seul l'élan de la cavalerie française, et qui emportait à la fin des journées la victoire au galop de ses charges, s'était embarqué en fugitif sur un navire de cabotage, la nuit, sur la grève de la petite île d'Ischia, suivi seulement de son neveu et du vaillant duc de Rocca Romana, ce paladin de Naples. Il était débarqué à Cannes, et il vivait retiré dans une bastide des environs de Toulon, couvant sa confusion, implorant son pardon de Napoléon, frémissant d'entendre, sans s'y jeter, le bruit de la guerre; le plus malheureux des amis, le plus humilié des hommes. L'empereur lui avait fait écrire par Fouché qu'il consentait à ignorer sa présence dans cette France qu'il avait trahie par sa faiblesse; qu'il lui prêtait asile, mais qu'il lui défendait de paraître à sa cour ou à son armée. Rigueur méritée, mais funeste, qui privait l'armée d'un héros, l'empereur d'un ami. L'amertume des remords de Murat avait assez puni son égarement et sa fausse politique, il brûlait de reconquérir son pardon par ses exploits.

Lannes était mort; Bessières avait été emporté par un boulet; Duroc était tombé frappé aux pieds de son ami; Berthier, cet infatigable Éphestion des bivouacs de l'empereur, avait fui à Bamberg pour ne pas trahir Louis XVIII et pour ne pas entendre l'appel de son ancien maître.

Marmont à Gand s'attachait de plus en plus à la seule cause qui lui restât à servir.

Ney était mécontent de lui-même, inquiet, souvent irrité, et faisant rejaillir sur l'empereur les ressentiments qu'il éprouvait contre l'ambiguïté de son âme et de sa situation.

Oudinot et Macdonald s'écartaient pour rester fidèles aux Bourbons dont Napoléon lui-même leur avait dit d'embrasser la cause; Masséna avait vieilli; Bernadotte était sur les marches d'un trône, donnant ses vœux, ses conseils, ses armées aux ennemis de la France.

Le maréchal Soult, ce Wellington français, à la fois grand administrateur de guerre et grande pensée de commandement, s'était retiré à distance au retour de Napoléon, comme pour expier les services qu'il avait offerts à la cause royaliste pendant son ministère sous les Bourbons. L'empereur l'ayant rappelé, le maréchal était accouru de nouveau à sa voix; il avait été nommé, à la place vide de Berthier, major général, c'est-à-dire second de l'empereur pour la campagne qui allait s'ouvrir.

Mais comment la confiance et l'intimité, nécessaires entre la tête et la main, pouvaient-elles se retrouver complètes entre un lieutenant qui venait de faire des proclamations insultantes contre son ancien chef, et un chef qui ne devait qu'à la fortune le retour de son lieutenant?

Tout était isolement ou ombrage autour de Napoléon, dans son état-major ou dans ses conseils. Cette année d'absence avait dévasté son entourage. Son palais ne lui offrait pas moins un vide que son quartier général. Plus d'intimités domestiques, plus d'affections éprouvées, plus d'espérances ou de fortunes à partager, plus de cœurs! Celui de Joséphine, épouse répudiée, mais honorée encore, s'était brisé aux coups des adversités en 1814. Elle était morte à la Malmaison pendant l'exil de l'île d'Elbe. Marie-Louise et son fils étaient prisonniers de l'Europe à Schœnbrunn; les sœurs de l'empereur, descendues des trônes auxquels il les avait élevées, étaient errantes dans des asiles étrangers.

Hortense Beauharnais, reine déposée de Hollande et qu'il aimait comme une fille de tous les souvenirs de ses meilleurs jours, avait, disait-on, puissamment secondé son retour, mais elle s'était éloignée ensuite pour que la seconde chute de l'empire n'engloutît pas toute sa maison sous ses débris. Ses ministres étaient les uns indifférents, les autres ennemis secrets. Ce second trône l'isolait de sa cour, de son armée, de la France, comme de l'empire; il était face à face avec la fortune.

Le maréchal Davoust, qu'il avait choisi pour ministre de la guerre, homme de rude franchise, de haute aptitude et de cœur sûr, lui restait personnellement attaché. C'était un de ces caractères qui ne se prosternent pas devant la grandeur, mais qui résistent aux revers. Il avait souvent mécontenté l'empereur par ses murmures et ses dures admonitions dans les dernières campagnes de Russie et d'Allemagne, mais la disgrâce ne l'avait pas jeté dans l'ingratitude. Davoust n'avait pas été employé par les Bourbons en 1814. Il supplia, avec de vives instances, l'empereur, dans cette dernière nuit, de le nommer son major général à la place de Soult.

« Soult, dit-il à l'empereur, a des talents que je reconnais et que j'admire, comme tous les hommes de guerre; je ne suspecte pas sa fidélité à la nouvelle cause qu'il embrasse, puisque c'est aujourd'hui la cause de la patrie; c'est un de ces hommes qui en changent avec les événements sans trahir celle qu'ils ont embrassée tant qu'elle est celle de leur pays; mais l'armée, témoin de ses vicissitudes récentes et de ses démonstrations éclatantes d'amour pour les Bourbons, le verra avec ombrage entre elle et vous, en face de la cause qu'il servait hier et qu'il pourra resservir demain. Le soupçon de trahison, faiblesse et hésitation des armées, planera, à son aspect, dans l'esprit des généraux et des corps; on exécutera avec moins de confiance des ordres qu'on osera suspecter de double sens, la défiance entraînera la désobéissance ou l'irrésolution. Je suis moins illustre peut-être, mais je paraîtrai plus exclusivement dévoué à notre cause et à celle de l'armée. L'armée me sait gré de n'avoir pas servi pendant votre absence à son humiliation. Le ministère de la guerre est un poste important et supérieur à celui de major général, je ne crains pas de descendre pour servir; d'ailleurs la France est où vous êtes. Le ministre de la guerre a peu de mesures à prendre pendant la campagne, la France n'a plus rien à donner, tout est dans les camps; nommez à ma place un vieillard, Masséna, dont la main est engourdie par l'âge, mais dont le nom est populaire à Paris comme le souvenir de notre victoire. Joignez-y le commandement en chef des gardes nationales de la capitale; Masséna vous répondra ainsi de l'intérieur et de Paris pendant que votre génie et mon zèle répondront de la campagne et des frontières ! »

L'empereur fut touché, mais inflexible ; il tremblait pour Paris, il voulait y laisser un lieutenant énergique et sûr pour contre-balancer ses ennemis. Davoust resta malgré lui. Soult fut maintenu dans son poste de major général. Il inaugura ses fonctions par un ordre du jour à l'armée, désaveu louangeur des proclamations antinapoléoniennes dont il avait adulé, quelques semaines auparavant, les Bourbons et insulté le règne de l'empereur ; soit qu'il méprisât ces vaines formules dont les hommes de cour saluent tour à tour les révolutions accomplies, soit que la servilité banale de l'époque fût plus invétérée encore chez les hommes de guerre que chez les citoyens.

XIII

Deux plans de campagne se présentaient à l'esprit de l'empereur comme en 1814. Attendre l'ennemi au cœur de la France en concentrant fortement l'armée française autour de Paris ; ou le prévenir avant qu'il eût franchi les frontières, combattre sur un champ de bataille choisi une ou deux de ses armées étendues sur une vaste circonférence, le vaincre, le couper de ses autres armées, revenir avec toutes les forces disponibles sur un autre corps des coalisés, se mesurer de nouveau, à nombre à peu près égal, avec l'ennemi ainsi isolé et déconcerté par la défaite de ses auxiliaires, passer au troisième, rompre le faisceau, ébranler les esprits, tenter les faiblesses, refouler les vaincus, offrir des trêves, négocier des paix séparées, raffermir et exalter la France derrière soi au contre-coup de sa victoire.

Le premier de ces plans, presque sûr en 1814 si l'empereur avait replié en même temps sur l'intérieur de la France les armées perdues et inutiles qu'il avait en Espagne, en Italie, dans les garnisons d'Allemagne, en Hollande, était évidemment funeste en 1815. Ces armées n'existant plus, l'empereur était réduit à lui-même ; la France affaissée et mécontente, envahie de toute part par les armées coalisées, aurait repris, sans elles, le drapeau blanc et le gouvernement du roi. Napoléon, étouffé par sept cent mille hommes autour de Paris, harcelé sur la Loire par les départements royalistes de l'Ouest, aurait été prisonnier dans son propre empire. Ce plan pouvait être militaire, il n'était évidemment pas politique. On s'étonne qu'un génie militaire aussi pénétrant que celui du maréchal Soult l'ait conseillé à l'empereur. Il se trompait d'année. L'empereur le rejeta et suivit le sien, approuvé par tous les autres généraux qu'il avait au conseil. Il échoua, mais par la fortune des armes ; le premier aurait échoué par la nature même des choses. La fortune put manquer à ce dessein, le génie n'y manqua pas.

Concentrer la grande armée sur les bords de la Sambre, la porter résolûment sur Charleroi, attaquer les Prussiens au point de jonction où leur aile droite atteignait l'aile gauche de l'armée de Wellington, les refouler sur Luxembourg, pénétrer en Belgique, manœuvrer en pays presque uni dans ces riches plaines, laisser un corps imposant en face de Blücher pour prévenir le reflux de son armée sur l'empereur, se jeter à gauche et marcher sur Bruxelles et sur Wellington, écraser l'armée anglaise, revenir ensuite en vainqueur sur les deux armées du Bas-Rhin et du Rhin central, combattre et vaincre encore la coalition ébranlée de ces deux premières armées : tel était ce plan, le seul qui répondît à l'état intérieur de la France, au nombre disproportionné de l'armée française, à la dissémination de l'ennemi, au génie naturel de l'empereur et de ses soldats, enfin au génie de l'impétuosité et du désespoir.

XIV

A la fin de la nuit du 11 au 12 juin 1815, Napoléon sortit du palais des Tuileries pour n'y plus rentrer, s'élança dans sa calèche de voyage, en recommandant encore l'union, le zèle et l'énergie à ses confidents, et roula sans s'arrêter jusqu'à Avesnes, extrême frontière de la France sur la Belgique. Il laissait derrière lui les soucis, les soupçons, les résistances, les infidélités, les trahisons dont il était obsédé depuis ce règne obstiné qui s'échappait de ses mains à l'intérieur, une assemblée douteuse dans la chambre des pairs, une assemblée hostile dans la chambre des députés, des ministres hostiles ou conspirateurs, un pays affaissé, une capitale turbulente. Mais il se jetait avec confiance dans son armée, son vrai peuple, sa vraie capitale. Elle allait tout lui rendre si elle lui rendait une victoire. Il comptait sur cette victoire pour tout dénouer au dehors, pour tout subjuguer au dedans. Il avait résumé sa pensée la veille en répondant à un de ses familiers qui le conseillait de se défaire de Fouché avant de partir. « Je pars pour l'armée, avait-il répondu. Si je perds la partie, à quoi bon le sang de cet homme? son exécution devient sans but; si je la gagne, le courrier qui apportera la nouvelle de ma victoire apportera en même temps l'ordre de son arrestation et de son jugement; et les crieurs publics, en annonçant le lendemain dans les rues le triomphe de nos armes, apprendront en même temps au peuple la condamnation et l'exécution de Fouché comme *traître à la patrie*. La nouvelle se perdra au milieu des cris de victoire; personne ne murmurera. »

Ainsi il ne craignait pas de reconnaître qu'un de ses ministres était plus puissant que lui devant l'opinion, et que cette opinion protégeait contre lui ses ennemis les plus rapprochés. Sa dictature n'était qu'un nom; son gouvernement depuis son retour n'était en réalité qu'un triumvirat où le parti de l'empire était déjà subordonné aux deux autres : le parti de la patrie personnifié dans Carnot, le parti de l'intrigue représenté par Fouché. Réduit à compter avec l'un et à menacer l'autre sans oser le frapper, il courait appeler une seconde fois à son secours le parti militaire, et retrouver, dans les plaines de la Belgique, ce pavois de la gloire d'où trois ans de défaites l'avaient fait descendre. Il était empereur encore de nom, mais moins maître que Fouché.

Fouché connaissait les dispositions de l'empereur et le sort qui l'attendait, si Napoléon vainqueur reconquérait l'ascendant qu'il lui disputait. Il montrait, il faut le reconnaître, une rare audace et une énergique intrépidité dans son rôle. Sa tête répondait tous les jours de ses intrigues.

Elle pouvait tomber au premier mouvement de honte et de colère de Napoléon. Il semblait avoir trempé son caractère dans les tragédies de la Convention, et jouer avec la mort suspendue à la parole du maître, comme il avait joué avec les supplices suspendus à un geste de Robespierre. De tous les survivants de cette époque, lui seul ne se montrait ni usé, ni lassé de témérité. Jeté par sa manœuvre hardie, d'un côté entre la tyrannie qui voulait renaître et la liberté qui voulait revivre ; de l'autre entre Napoléon prêt à sacrifier la patrie à son intérêt, et la France qui ne voulait pas s'immoler tout entière pour un homme, Fouché intimidait l'empereur, flattait les républicains, rassurait la France, faisait signe à l'Europe, souriait à Louis XVIII, négociait avec les cours, correspondait par gestes avec M. de Talleyrand, et tenait tout en suspens par son attitude. Rôle centuple, difficile, à la fois bas et élevé, mais immense ; auquel l'histoire n'a pas fait jusqu'ici assez d'attention ; rôle sans noblesse, mais non sans patriotisme et sans courage d'esprit, où un sujet se plaçait au niveau de son maître, un ministre au-dessus de son souverain, un ancien proconsul de la terreur au-dessus des rois qu'il avait suppliciés et qu'il allait rappeler en s'imposant à leur reconnaissance ; arbitre de l'empire, de la Restauration ou de la liberté, mais arbitre par la duplicité ! On ne retrouve un tel rôle dans l'histoire que dans les maires du palais des rois de notre première race. Le cardinal de Retz, dans les temps modernes, eut quelque chose de ce génie de l'intrigue appliqué aux affaires d'État. Mais Fouché était un cardinal de Retz plus tragique, aux prises avec des hommes et avec des événements plus imposants que ceux de la Fronde, et remuant des trônes, des congrès et des empires avec ces mêmes fils avec lesquels son modèle ne remuait que des factions. L'histoire, en condamnant Fouché, ne pourra lui refuser pendant cette période des Cent-Jours une audace dans la situation, une supériorité dans le maniement des partis et une grandeur dans l'intrigue qui le placeraient au rang des premiers hommes d'État de son siècle, s'il y avait pour l'histoire moderne de véritables hommes d'État sans dignité de caractère et sans vertu.

Napoléon, qui s'était arrêté quelques heures à Soissons et à Laon pour donner un coup d'œil aux fortifications de ces deux villes, appui éventuel d'une retraite, arriva le 13 à Avesnes au cœur de sa grande armée. Il se retrouva empereur aux acclamations de ses soldats.

LIVRE VINGT-CINQUIÈME

14 juin. — Ordre du jour de l'empereur à son armée. — Ses dispositions. — Position des armées anglaise et prussienne. — Plan de Napoléon. — 15 juin. — L'armée passe la frontière. — Marche du général Gérard sur Charleroi. — Défection de Bourmont. — Passage de la Sambre. — Entrée de Napoléon à Charleroi. — Arrivée de Ney. — Combat contre les Prussiens. — Nouvelles dispositions de l'armée française. — 16 juin. — Ordres à Ney. — Napoléon rencontre Blücher au delà de Fleurus. — Nouveaux ordres. — Bataille de Ligny. — Inaction de Wellington à Bruxelles jusqu'au 15. — Combat des Quatre-Bras. — Double mouvement de Drouet d'Erlon. — Défiances de l'armée française. — Ordre de Napoléon à Ney. — 17 juin. — Marche de l'empereur contre les Anglais. — Nouveaux ordres. — Grouchy poursuit les Prussiens et s'arrête à Gembloux. — Napoléon aux Quatre-Bras. — Rencontre de l'empereur et de Ney. — Champ de bataille de Waterloo. — Napoléon s'arrête à Planchenoit. — Ses dispositions. — Premier ordre à Grouchy. — 18 juin. — Marche de l'armée française contre les Anglais. — Enthousiasme de l'armée à la vue de Napoléon. — Situation respective des armées française et anglaise. — Deuxième ordre à Grouchy. — Attaque contre l'armée anglaise. — Assaut et combat d'Hougoumont. — Attaque de Ney contre le centre des Anglais au mont Saint-Jean. — Prise de la Haie Sainte. — Apparition de l'armée de Bulow sur la droite de Napoléon. — Troisième ordre à Grouchy. — Prise d'une partie du mont Saint-Jean. — Panique de l'armée anglaise. — Résistance de Wellington. — Charge de la cavalerie anglaise sur l'artillerie de Ney. — Charge des cuirassiers de Milhaud sur le plateau du mont Saint-Jean. — Espérance de victoire. — Fuite des paysans et des blessés

vers Bruxelles. — Panique de Bruxelles. — Situation de la bataille. — Inaction du maréchal Grouchy. — Sa marche sur Wavres. — Arrivée de Bulow à Saint-Lambert. — Combat de Planchenoit. — Charge de la cavalerie française contre les Anglais. — Assaut de la garde. — Arrivée de Blücher. — Abattement de Napoléon. — Déroute de l'armée française. — Conclusion.

I

Napoléon ne voulut pas laisser retomber l'enthousiasme que sa présence répandait toujours dans ses camps. Son apparition signifiait de tout temps pour eux une bataille et une victoire. Il apportait de Paris à ses soldats un de ces *ordres du jour* qu'il dictait d'avance à ses chefs d'état-major, et qui étaient son dialogue avec ses armées. Nul ne savait mieux la langue de ces harangues écrites qui donnent le mot d'ordre aux grands rassemblements disciplinés. Son nom d'ailleurs leur imprimait l'avenir. Il faisait aussi coïncider, avec un soin superstitieux, le jour de son arrivée à l'armée, et des combats qu'il voulait livrer, avec un de ces anniversaires de ces grandes batailles qui étaient l'Iliade de ses camps, comme s'il eût voulu sommer aussi la fortune d'être fidèle à elle-même, en lui donnant une victoire de plus le jour où elle l'avait fait déjà vainqueur.

« Soldats! disaient ces ordres du jour, c'est aujourd'hui l'anniversaire de Marengo et de Friedland, qui décida deux fois du destin de l'Europe ; alors, comme après Austerlitz, après Wagram, nous fûmes généreux ! nous crûmes aux protestations et aux serments des princes que nous laissions sur le trône ; aujourd'hui cependant, coalisés entre eux, ils en veulent à l'indépendance et aux droits les plus sacrés de la France; ils ont commencé la plus injuste des agressions; marchons donc à leur rencontre! Eux et nous, ne sommes-nous pas les mêmes hommes?

» Soldats! à Iéna, contre ces mêmes Prussiens, aujourd'hui si arrogants, vous étiez un contre trois! à Montmirail un contre six!

» Les Saxons, les Belges, les Hanovriens, les soldats de la confédération du Rhin gémissent d'être obligés de prêter leurs bras à la cause des princes ennemis de la justice et des droits de tous les peuples; ils savent que cette coalition est insatiable; après avoir dévoré douze millions de Polonais, douze millions d'Italiens, un million de Saxons, six millions de Belges, elle devra dévorer ces États de second ordre de l'Allemagne.

» Les insensés!... Un moment de prospérité les aveugle, l'oppression et l'humiliation du peuple français sont hors de leur pouvoir. S'ils entrent en France, ils y trouveront leur tombeau!

» Soldats! nous avons des marches forcées à faire, des batailles à livrer, des périls à courir; mais avec la constance, la victoire sera à nous; les droits, l'honneur et le bonheur de la patrie seront reconquis.

» Pour tout Français qui a du cœur, le moment est arrivé de vaincre ou de périr! »

II

L'armée répéta avec un intrépide enthousiasme ces paroles. Plus elle se sentait isolée en France, plus elle se sentait fière de combattre seule pour la patrie qu'elle voulait venger, pour l'empereur qu'elle avait couronné malgré la France. Elle brûlait de racheter sa faute par la victoire. Elle aurait défié la coalition entière devant elle. Vieux et jeunes soldats n'avaient qu'une âme. Ce n'était plus le courage de l'espérance que Napoléon avait soufflé à ces premières bandes en Italie, en Égypte, en Allemagne, c'était le courage moins bruyant, mais plus résolu du désespoir. Les généraux et les officiers calculaient seuls le nombre des ennemis qu'ils allaient avoir à combattre, les soldats ne comptaient pas. Ils avaient oublié 1812, 1813, 1814; le nom de l'empereur effaçait pour eux tous les souvenirs. Ils croyaient que l'exil lui avait rendu l'invincibilité. Ce n'était plus à leurs yeux l'homme de Moscou, de Leipzig, de Fontainebleau, c'était l'homme de Marengo et d'Austerlitz; ils étaient sûrs d'insérer un nom immortel de plus dans ce catalogue des journées de l'empire.

Mais les plus grands de ses lieutenants accoutumés manquaient à Napoléon. Presque tous ses corps d'armée étaient commandés par des généraux braves, illustres, mais de seconde ligne. Les noms des chefs ne fascinaient plus l'imagination des troupes. Le maréchal Soult, il est vrai, était avec l'empereur, mais son nom inspirait autant de défiance que de respect aux officiers supérieurs de l'armée; la Restauration l'avait altéré. Il n'y avait plus de maréchaux à la tête des corps, à l'exception de Grouchy, jeune de grade. Napoléon le sentit bien. Il appela Ney, retiré et mécontent dans sa terre des Coudreaux, et Mortier.

Il donna à Mortier le commandement des vingt mille hommes de sa garde impériale. Les autres maréchaux étaient vieillis, désaffectionnés ou usés par la guerre. L'empereur ne leur pardonnait pas l'amortissement de leur ardeur dans les dernières années. « Ils n'en veulent plus, s'écriait-il, il leur faut maintenant des hôtels somptueux, des lits de duvet au lieu de la paille de nos bivouacs ; il faut les remplacer par de plus jeunes que je n'aie pas encore enrichis. » Il oubliait qu'on ne refait pas une époque. La première génération de la guerre sortie de la Révolution était fauchée.

Ney et Mortier arrivèrent en même temps que lui au quartier général : Mortier, intrépide et froid comme le devoir ; Ney, combattu entre son ardeur et ses repentirs, toujours le premier soldat de l'armée française, mais plus propre désormais par l'inquiétude de son cœur à se précipiter dans la mort qu'à assurer la victoire.

Les deux armées ennemies que Napoléon avait devant lui étaient, comme nous l'avons vu plus haut, à gauche, l'armée de lord Wellington, forte d'environ cent mille hommes, commandée sous lui par le prince d'Orange, lord Hill, lord Uxbridge.

L'armée prussienne de Blücher, d'environ cent trente mille hommes, sous les généraux Ziethen, Pirch, Thielman et Bulow.

Ces deux armées, réunissant ainsi deux cent trente mille hommes contre cent vingt mille, n'étaient nullement prêtes au combat le 14 juin. Elles avaient entre elles deux une distance de plusieurs lieues. Elles attendaient avec une certaine négligence que les autres armées de la coalition et la réserve russe fussent en ligne, et que l'entrée des Autrichiens de Schwartzenberg en France leur donnât le signal d'avancer. Elles ne soupçonnaient pas les projets de l'empereur, elles ignoraient son départ de Paris et sa présence à Avesnes. Rien ne remuait devant elles dans les cantonnements français; elles croyaient avoir des jours nombreux à compter avant d'agir. Elles n'étaient concentrées ni pour la marche ni pour le combat. Cette ignorance profonde où étaient les deux armées prussienne et anglaise, deux jours avant la bataille, atteste que le secret des plans de l'empereur et de son cabinet n'avait pas transpiré, et que Fouché, qui se préparait en cas de revers à livrer l'homme dans Napoléon, ne livrait pas du moins en lui le général et le sang des soldats de la France. C'est la vérité.

III

Napoléon, qui avait tout conçu à Paris, se confirma dans la justesse de ses conceptions militaires en se rapprochant du champ de bataille. La négligence et la dissémination des corps d'armée de Wellington, qui avaient besoin de deux ou trois jours pour se concentrer sur sa gauche, donnait à l'empereur le temps strictement nécessaire pour aborder, combattre et refouler l'armée de Blücher avant que l'armée anglaise fût à portée du premier combat. Le caractère impétueux, téméraire et l'aventureuse intrépidité de Blücher, qualités précieuses dans un général d'avant-garde, funestes dans un général manœuvrier, servaient dans cette circonstance l'empereur. Il pressentait, d'après ce caractère de Blücher, que l'armée prussienne, emportée par la fougue de son chef, manquerait de prudence, ne se replierait pas, sans combattre, sur Wellington, et qu'elle accepterait seule une bataille, à force égale ou même inférieure, plutôt que de paraître hésiter et temporiser devant les Français. Le génie lent, sûr et temporisateur de Wellington, au contraire, le rassurait du côté des Anglais. L'empereur était certain, par les renseignements de ses espions en Belgique, que ce général ne s'aventurerait pas au secours de Blücher avant d'avoir rassemblé, concentré et disposé tous ses corps épars. Il lui fallait plus de quarante-huit heures pour cette concentration, plus de deux marches pour traverser obliquement les seize lieues qui séparaient Bruxelles du quartier général de Blücher.

C'était le temps de deux victoires et d'une campagne pour le génie improvisateur de Napoléon. La fortune lui livrait dès le premier jour la manœuvre qu'il affectionnait par-dessus toutes les autres et qu'il avait employée dans toutes ses guerres, l'irruption soudaine avec ses forces réunies au centre de l'armée ennemie, comme pour la séparer en deux tronçons, et l'écraser de ses deux bras pendant qu'elle ne lui résiste qu'avec un seul. Mais ce coup d'audace désespérée, qui lui réussissait presque toujours, exigeait des troupes aguerries, solides, imperturbables comme lui-même sous un double feu. Il les avait, cette fois, dans cette grande armée toute d'élite et dont chaque bataillon avait une âme égale aux extrémités de cette suprême lutte; il n'hésita donc pas un jour.

IV

Le 13 juin, une heure après son arrivée à Avesnes, les officiers d'état-major coururent et distribuèrent aux différents chefs de corps de la grande armée l'ordre de s'ébranler et de se porter sur les différentes positions de l'extrême frontière et d'y camper. C'était le prélude du mouvement ; l'empereur lui-même, se rapprochant du centre de sa ligne, transporta le soir du 14 son quartier général à Beaumont. Il donna de là, dans la nuit, l'ordre général de mouvement à chaque corps et à chaque division de l'armée. L'heure, la direction et le but de chacun de ces mouvements avaient été calculés sur la carte des distances au compas, et aux difficultés ou aux facilités de la route ; en sorte que chaque corps, selon l'espace plus ou moins long qu'il avait à franchir, partît du bivouac, à des heures différentes, pour appuyer toujours les corps de droite et de gauche et pour arriver au même moment à la même hauteur de route. Vaste ligne de bataille en marche, prête à combattre à chaque pas qu'elle hasardait sur le sol ennemi.

Le général Gérard, en vertu de cet ordre de mouvement, devait partir le premier des environs de Philippeville et converger vers Charleroi. Une éclatante défection signala le premier pas de ce corps d'armée en avant. Le général Bourmont commandait une des divisions de Gérard. Nous avons vu les hésitations de cet ancien chef vendéen au moment où le maréchal Ney, dont il était le second, flottait lui-même à Lons-le-Saulnier entre son devoir et sa faiblesse. Bourmont ne l'avait pas détourné avec assez de vertu de ce funeste affaissement de son honneur. Cependant il avait quitté le maréchal pendant sa marche sur Paris, rougissant de marcher ainsi contre la cause de ses premières armes. Mais, après l'entrée de Bonaparte à Paris, Bourmont, un moment indécis, avait sollicité de nouveau un commandement dans la grande armée. Napoléon, qui se défiait de lui, non comme soldat, mais comme royaliste, avait résisté. Les instances du maréchal Ney et les assurances de Gérard, qui avaient répondu de lui à l'empereur, avaient surmonté ces pressentiments de Napoléon.

Bourmont avait reçu le commandement de la troisième division de Gérard. Sans doute il était trop brave pour avoir prémédité dans ce commandement la pensée d'une trahison, mais son indécision l'avait jeté, comme elle avait jeté Ney deux mois auparavant, dans une de ces situations ambiguës plus fortes que les caractères faibles, où le cœur est d'un côté, l'honneur de l'autre, et où l'homme manque aux deux à la fois et à lui-même, faute d'avoir tranché avec énergie sa couleur et sa situation. Le repentir de son engagement dans la cause de l'empereur saisit Bourmont à la vue de son ancien drapeau mêlé aux drapeaux de la coalition. Il frémit d'être confondu par le roi qu'il avait servi et par ses anciens compagnons de guerre vendéens avec les généraux de Napoléon qui leur disputaient le sol et le trône. Il ne voulait pas trahir, il déserta ; mais il déserta à l'ennemi, en face de l'ennemi.

Une telle défection, sans avoir l'intention de trahir, trahissait en effet, car elle semait l'incertitude et le soupçon dans l'armée que Bourmont abandonnait au moment de combattre. Elle faisait voir à chaque soldat un traître dans son général, à chaque général un traître dans son compagnon d'armes, elle ébranlait tout dans le camp français, elle encourageait tout dans le camp ennemi, elle sonnait l'alarme ou la défiance dans tous les cœurs.

Suivi de l'adjudant commandant Clouet, officier d'un royalisme avoué, qui n'avait ni les engagements personnels, ni les responsabilités de commandement de Bourmont, du chef d'escadron Villoutreys, officier blessé par l'empereur, et de ses trois aides de camp, Bourmont, accompagné, comme Dumouriez, d'une escorte de cavaliers, sortit de son camp au lever du jour, le 14, comme pour reconnaître l'ennemi. Parvenu à une certaine distance de ses colonnes, il congédia son escorte, il remit au sous-officier qui la commandait des lettres pour le général Gérard, et, s'élançant au galop vers les avant-postes prussiens avec ses officiers, il disparut, aux yeux de son escorte étonnée, derrière le rideau de la cavalerie prussienne. En quelques heures, Bourmont rejoignit le général Blücher, contre lequel il manœuvrait le matin.

On ne l'accuse pas d'avoir communiqué l'ordre de marche de l'empereur dont il avait connaissance comme commandant d'une division française, mais sa présence seule avertissait assez Blücher du mouvement de Gérard sur Charleroi. Elle prévenait les Prussiens contre toute surprise par le quatrième corps, elle leur disait par ce mouvement partiel le mouvement général auquel il devait correspondre, elle livrait quelques heures plus tôt la pensée de l'empereur à l'ennemi.

Blücher accueillit Bourmont. Ce transfuge courut se présenter à Gand. Il y fut reçu par les royalistes de la cour de Louis XVIII avec ombrage et froideur; les uns trouvant qu'il arrivait trop tôt pour son honneur, les autres trop tard pour sa fidélité. Il y languit dans un isolement, première peine des actes qui ne s'expliquent pas d'eux-mêmes. Il reconquit depuis la faveur des Bourbons, la direction de l'armée, la victoire même à l'expédition d'Afrique, l'excuse, la gloire, la grandeur, jamais l'estime. Son nom reste indécis devant l'histoire entre une défaillance et une défection.

V

Gérard, consterné en apprenant la désertion de Bourmont, courut haranguer ses troupes ébranlées, et envoya avertir l'empereur d'un événement qui pouvait déconcerter ses plans en les dévoilant. L'empereur, en effet, ordonna à Gérard de suspendre son mouvement direct sur Charleroi et de se détourner pour tromper Blücher. Cette première nuit fut tourmentée dans le camp de l'empereur par le soupçon qui sème la panique dans l'imagination des troupes.

La journée du lendemain 15 effaça néanmoins ces mauvais pressentiments de l'armée; elle passa victorieusement la Sambre par toutes ses colonnes, sous le feu des avant-postes prussiens partout refoulés, et s'élança au delà de Charleroi, emportée sur les collines de la Sambre qui servent d'étages au plateau de Fleurus. L'empereur y entra avec la garde à onze heures. Reille et d'Erlon, à la tête des deux autres corps, le précédaient.

Le maréchal Ney, arrivé de Paris au même moment que

l'empereur à Charleroi, reçut le commandement général de ces deux derniers corps formant environ quarante mille hommes.

L'empereur ne donna que verbalement au maréchal Ney les instructions de porter son armée à gauche, vers Frasnes et les Quatre-Bras, pour observer les mouvements du duc de Wellington et prévenir sa jonction avec Blücher, pendant que l'empereur conduirait la masse de la grande armée à droite, contre l'armée des Prussiens, dès qu'il aurait reconnu ses positions; et c'est à Frasnes qu'il lui envoya le lendemain ses instructions définitives par M. de Flahaut.

VI

A peine Ney l'avait-il quitté, que l'empereur lui-même, inquiet de l'immobilité de son avant-garde sur les rampes de Fleurus, sortit à cheval de Charleroi, suivi d'une partie de la garde impériale, pour décider la retraite trop lente de Ziethen, qui retardait son mouvement sur Blücher. Arrivé aux plateaux, il ordonne au général Lecourt de prendre les escadrons de service qui l'escortaient et de balayer Ziethen. Lecourt obéit, lance ses escadrons, disperse les dix mille Prussiens, mais tombe mort dans sa victoire.

L'empereur le regretta, et revint à pas lents à Charleroi presser de nouveau ses dernières colonnes ralenties par le passage escarpé de la Sambre. Le jour touchait à sa fin. Gérard, retardé par le contre-ordre qu'avait nécessité la défection de Bourmont, arrivait à peine au delà de la Sambre, et y prenait la position indiquée. Napoléon, avant d'engager plus avant la grande armée sur les collines et sur les plateaux de Fleurus, attendait des nouvelles du maréchal Ney.

VII

Le maréchal avait engagé son avant-garde avec un bataillon belge du prince Bernard de Saxe-Weimar. Il se tint un moment en suspens par le bruit du canon entendu vers Fleurus; il arrêta ses colonnes pour les tenir à la portée de l'empereur en cas de nécessité. Quand le canon s'était tu, il avait repris son mouvement; mais la nuit était arrivée, les troupes étaient lasses de deux jours de marche. Ney se croyait sûr d'occuper les Quatre-Bras le lendemain, il bivouaqua près de Gosselies.

L'empereur employa la nuit à Charleroi à introduire dans les relations de son état-major avec ses différents corps d'armée une innovation qui semblait devoir donner plus d'unité à ses mouvements, mais qui enlevait quelque chose à la rapidité de la communication des ordres sur le champ de bataille. Il divisa toute la grande armée en trois masses, aile droite, aile gauche et centre, comme une armée en action. L'aile gauche, de quarante mille hommes, sous le maréchal Ney, ayant sous lui Reille, d'Erlon pour l'infanterie, Kellermann et Lefèvre-Desnouettes pour la cavalerie. L'aile droite sous le maréchal Grouchy, secondé par Vandamme et Gérard pour l'infanterie, Excelmans, Pajol, Milhaud pour la cavalerie. Enfin le centre, commandé par l'empereur lui-même, avec Lobau, commandant d'infanterie, et vingt mille hommes environ de sa garde impériale.

Chacune de ces armées comptait à peu près quarante mille combattants.

Cette mesure, qui paraissait naturelle et simple à l'ouverture d'une campagne où chaque jour serait une action, relâcha les liens directs qui avaient resserré jusque-là les rapports entre la tente de l'empereur et les divisions secondaires de son armée. Elle mécontenta les généraux de ces divisions, en les subordonnant à des maréchaux dont ils se sentaient les égaux et en leur enlevant quelque chose de leur responsabilité et de leur gloire.

Le 16, à dix heures du matin seulement, l'empereur sortit de Charleroi, après avoir envoyé l'ordre au maréchal Grouchy, commandant son aile droite, de marcher sur la position de Sombref, et de s'y établir avec Vandamme et Gérard, ses lieutenants. Informé en même temps du retard que Ney avait apporté la veille à occuper les Quatre-Bras, il lui écrivit pour lui réitérer l'ordre de s'emparer de cette position au plus vite, et de lancer de là des avant-gardes sur la route de Bruxelles pour observer les mouvements de Wellington ; enfin de couvrir l'espace entre les Quatre-Bras et Sombref, point où il dirigeait Grouchy, et où il allait se concentrer lui-même à la fin du jour.

Le 16, à neuf heures du matin, avant de quitter Charleroi, l'empereur dicta à M. de Flahaut, un de ses plus intimes et de ses plus braves aides de camp, une instruction plus détaillée et plus confidentielle pour le maréchal Ney. Cette instruction lui dévoilait la pensée de le faire avancer avec ses quarante mille hommes sur Bruxelles, aussitôt que lui-même il aurait battu ou écarté les Prussiens jusqu'à Gembloux.

« Bruxelles, lui disait-il, sera le gage de la campagne,

cette capitale occupée déconcertera Wellington et les Prussiens à la fois, l'armée anglaise flottera séparée de Mons et d'Ostende. Préparez-vous, au premier mot que vous recevrez de moi, à y lancer vos huit divisions selon le parti que j'aurai pris demain, peut-être ce soir, peut-être dans trois heures. » Ce parti dépendait, dans sa pensée, du plus ou moins de solidité qu'il allait trouver dans les bataillons de Blücher. Ces ordres ne parvinrent que vers midi au maréchal Ney.

M. de Flahaut partit. A peine était-il en route, que le maréchal Soult écrivit de nouveau à Ney par un autre officier, pour lui dire que Blücher était à Namur, que ses dispositions faisaient craindre qu'il ne portât ses masses sur les Quatre-Bras, et pour donner au maréchal la division de Kellermann comme renfort, dans le cas où il aurait à résister à ces masses. On sent dans ces ordres le tâtonnement d'une armée qui s'avance dans les ténèbres. Mais ni les craintes de Soult sur la présence des Prussiens aux Quatre-Bras, ni les espérances de l'empereur portées à Ney par Flahaut, n'étaient fondées. Blücher, par sa rapidité et sa résolution, avait tout trompé. Parti de Namur la veille, il avait pressenti l'empereur, concentré quatre-vingt mille hommes sur Sombref, point de jonction, entrevu par lui, de Grouchy et de Napoléon.

L'empereur, en entrant à deux heures à Fleurus où ses avant-postes l'attendaient, fut consterné de se voir devancé à Sombref par l'armée prussienne tout entière, qu'il n'attendait que deux jours plus tard. Il descendit de cheval, franchit ses vedettes et ses postes, monta au sommet de la tour voilée d'un moulin à vent qui dominait la plaine nue de Fleurus, et contempla lui seul les innombrables baïonnettes dont cette plaine était couverte à peu de distance de lui.

Tous ses plans de la veille et du jour étaient trompés par cette concentration et par cette présence inattendue de Blücher, qui interceptait la route de Sombref où il avait cru le devancer. D'un autre côté, la bataille isolée contre les Prussiens qu'il venait chercher s'offrait ainsi d'elle-même. Il accepta à la fois la contradiction de la fortune et la faveur qu'elle lui offrait en échange. Il changea son plan et modifia instantanément tous ses ordres. Vandamme et Gérard furent rappelés de la direction sur Sombref et se retournèrent sur Fleurus. Ney reçut ordre d'attaquer tout ce qui se trouverait autour de lui aux Quatre-Bras, et de se replier ensuite sur l'empereur, pour peser du poids de ses quarante mille hommes sur l'armée de Blücher. « Vous la prendrez ainsi par derrière ; cette armée est perdue, si vous agissez vigoureusement. Le sort de la France est dans vos mains, ainsi dirigez-vous sur Bry. »

Bry était un village à gauche de Fleurus. Un officier volontaire, aventureux et intrépide, le marquis de Forbin-Janson, qui avait entretenu seul la guerre en Bourgogne en 1814, avec un corps franc levé à ses frais, fut chargé par l'empereur lui-même de ce billet. « Dans trois heures, dit-il en recommandant à M. de Forbin la célérité, le sort de la guerre peut être décidé ; tout dépend de la promptitude et de l'énergie du maréchal Ney. »

Il devait avoir, en y comprenant la cavalerie de Kellermann que Soult lui avait prêtée, près de cinquante mille combattants sous ses ordres. Mais l'absence de la division de vingt mille hommes du général d'Erlon, dont le retard ne fut expliqué que plus tard, avait réduit l'effectif de Ney à vingt-cinq mille hommes.

VIII

Cependant la journée s'avançait sans que l'empereur, qui voulait laisser à Ney le temps de recevoir et d'exécuter ses ordres, donnât à son armée impatiente le signal du combat. Cent mille Prussiens de l'armée de Blücher étaient devant lui, le centre en avant de Bry, les deux ailes dans le village de Saint-Amand et de Ligny, un vaste plateau presque nu entre les deux fronts. Les Français, massés en face et en avant de Fleurus, ne comptaient que soixante mille combattants, mais c'était la garde impériale et le nerf de l'armée sous les yeux de l'empereur lui-même. La confiance décuplait leur force et leur ardeur. Une armée dans une telle disposition ne se compte pas par les bras, mais par les cœurs. Elle est ce qu'elle croit être ; la nôtre se sentait invincible. Elle dévorait de l'œil l'espace entre Fleurus et Saint-Amand. L'empereur, calculant le temps qu'il croyait nécessaire à Ney pour se rapprocher de lui, au bruit de son canon, donna enfin à Vandamme et à Gérard l'ordre d'enlever Saint-Amand.

Ce long village, en pente douce inclinée du côté de Fleurus, couvert d'avenues, de haies et de vergers, de mares, de clôtures, de ravins encaissant de petits cours d'eau, cachait les Prussiens à nos camps, et offrait autant de forteresses naturelles qu'il y avait de hameaux, de fermes et de maisons détachées les unes des autres.

Vandamme, sans être arrêté par l'artillerie prussienne, dont les batteries fumantes sous ces massifs d'ombrages labouraient la plaine, s'avança à la tête de sa division d'infanterie et arriva jusqu'aux premiers arbres qui lui dérobaient l'ennemi; puis, s'élançant aux cris de : « Vive l'empereur ! » à l'assaut de ces étages successifs crénelés de batteries et de baïonnettes, reçut le feu des Prussiens dans ses rangs décimés, sans ralentir d'un pas sa marche, disparut aux regards de l'armée française sous ce nuage d'arbres et de fumée, enleva, une à une, toutes ces redoutes du village, engagea jusque dans les maisons changées en champ de bataille les Prussiens, franchit le sommet du plateau en les refoulant à l'arme blanche, les précipita dans le ravin qui se creusait de l'autre côté de Saint-Amand; il s'élevait déjà, au delà du village, sur le plateau de Bry, lorsque Blücher, voyant de loin son aile droite ainsi percée, lança de nouveaux bataillons sur Vandamme, les guida, les anima lui-même de son courage, et rejetant l'infanterie de Vandamme dans le ravin, la força de remonter sur le versant de Saint-Amand et de se contenter d'occuper contre l'armée prussienne cette forteresse naturelle d'où elle venait de les précipiter.

IX

Pendant que Vandamme engageait ainsi la bataille sur la gauche, l'empereur, contemplant par la lucarne du moulin les progrès de son aile gauche, faisait appeler le général Gérard, à peine arrivé en ligne avec les douze mille hommes qu'il commandait. Il lui reprocha avec une douce raillerie la confiance trompée qu'il avait eue, malgré lui et malgré Davoust, dans la fidélité de Bourmont, dont Gérard et Ney avaient répondu si témérairement. Puis, le prenant par une main et lui montrant de l'autre la tour de l'église de Ligny au sommet de la plaine sur la droite : « Général de mon quatrième corps, lui dit-il en souriant, vous voyez ce clocher au delà de ce ravin dont les glacis sont couverts par la gauche de Blücher ! voilà votre direction : allez, et enlevez ces positions à l'ennemi. » Gérard remonte à cheval au pied de la tour du moulin, galope vers sa division, et traversant, au son de ses musiques militaires, la plaine qui sépare les deux armées, s'élance comme Vandamme à l'assaut de Ligny.

Un profond ravin en avant des maisons hérissées de batteries et de bataillons défendait les abords de Ligny, jugés inexpugnables. Gérard le franchit en le comblant de ses morts et de ceux de l'ennemi. Ses obus et ceux des Prussiens allument les fermes et les premières maisons qui tracent la large avenue du village ; on se combat à travers les flammes qui séparent de rue en rue les combattants. Des charges successives livrent et reprennent quatre fois le village, tantôt aux Prussiens, tantôt aux Français. Gérard, qui sent sur lui le regard impatient de l'empereur, ramène lui-même ses bataillons au feu. Entouré dans une de ces charges d'un escadron de lanciers prussiens, son cheval, embarrassant ses pieds dans le chaume d'un champ de blé, tombe et roule dans un fossé. Son escorte et ses officiers relèvent leur général tout en combattant pour le couvrir contre les lances de l'ennemi. Son aide de camp Lafontaine tue deux cavaliers acharnés sur ce groupe d'officiers ; son sabre se brise, il combat encore avec le tronçon. Le général Saint-Remy, frappé de deux coups de lance, tombe à côté de Gérard. L'aide de camp Duperron se sacrifie pour sauver Gérard; il lui donne son propre cheval et s'efforce de le dégager du poids du sien qui l'écrase au fond du fossé.

Vains efforts! Gérard allait être pris ou tué au milieu de cette poignée d'officiers luttant en désespérés pour sa défense, quand le fils du maréchal Grouchy, qui commandait un régiment de chasseurs sous Gérard, aperçoit cette mêlée, accourt à toute bride, enfonce et disperse les Prussiens et sauve son général. Ligny en feu est enfin emporté par les Français. L'acharnement des combattants l'avait changé en un monceau de cendres et de cadavres. Blücher lui-même, en se retirant, reconnaissait que, dans ses longues guerres, il n'avait jamais vu la victoire disputée et conquise avec un si courageux acharnement. Quatre cents pièces de canon, se répondant d'une ligne à l'autre à travers la plaine, couvraient de boulets, de terre, de tronçons d'armes et de pans de murailles, le ravin par-dessus la tête des combattants.

Il était cinq heures; les réserves de Vandamme étaient engagées du côté de Ligny, c'était le moment de les secourir et de décider la journée. L'empereur, qui avait sous sa main vingt mille hommes de sa garde jusque-là immobile, l'ébranle enfin pour peser sur le centre de l'ennemi. Tout à coup il l'arrête à moitié de la route par un contre-ordre dont les soldats ne comprennent pas le sens. Lui-même semble hésiter en le donnant.

Au moment où il allait engager ainsi ses dernières troupes, il apprend par des aides de camp de Vandamme que ce général a aperçu à travers la fumée du haut du clocher de Saint-Amand un corps d'environ vingt mille hommes qui s'avance sur sa gauche dans la direction de Bry. Vandamme a cru d'abord que cette armée est une aile de celle de Ney accourant pour prendre en flanc et en queue l'ennemi, selon le plan connu de l'empereur ; mais bientôt il a vu cette armée inexplicable changer la route qui la rapprochait de lui, s'arrêter comme indécise dans un tâtonnement sans but, rebrousser chemin et disparaître enfin sous un mamelon, à l'horizon de la plaine. Il communique ces renseignements à l'empereur. L'empereur reste indécis. Il attend deux heures que le destin s'explique. Si c'est une aile de Ney, il faut l'attendre ; si c'est une colonne anglaise échappée à la surveillance de ce maréchal, il faut réserver contre elle son centre et sa garde.

Il attend inutilement ; rien ne reparaît. Il n'a plus que quelques instants de jour. Il faut se déclarer vaincu ou achever la victoire ; le lendemain doublerait les forces des Prussiens, dont le canon a sans doute averti Wellington. Il remonte à cheval et fait franchir la plaine de Fleurus à ses vingt mille combattants. A la hauteur de la ligne des Prussiens, il les divise en trois colonnes, l'une au centre où il reste, les deux autres obliquement dirigées, l'une sur Vandamme avec les cuirassiers, les grenadiers à cheval et les dragons de sa garde pour balayer le plateau de Bry, l'aile droite de Blücher, l'autre sur Gérard à Ligny.

X

Ces troupes, irritées par la longue immobilité qui leur a été imposée, s'élancent sur ces deux hauteurs pour soutenir, entraîner, venger leurs ailes. Le général Girard, jeune officier de prédilection de l'empereur, anime ses colonnes de son âme, gravit le glacis du ravin, derrière Saint-Amand, d'où Vandamme est redescendu le matin, charge les masses prussiennes qui couvrent Bry, les enfonce, les disperse, les foudroie dans tous les sens, et tombe victorieux frappé de deux balles dans la poitrine. Ses colonnes franchissent son corps par l'impulsion qu'il leur a donnée.

Blücher lui-même, toujours plus soldat que général, voit sa droite ébranlée et décimée; il groupe à la hâte quelques escadrons de sa cavalerie de réserve, et fond sur les cuirassiers et sur les dragons de la garde. Son cheval, atteint d'une balle dans le flanc, tombe et roule sur son cavalier dans un champ de blé. Les escadrons français, revenant au galop sur les Prussiens, le confondent, dans le nuage de fumée de ces charges, avec les cadavres d'hommes et de chevaux qui jonchent le sol. Ils passent et repassent deux fois à côté du général ennemi engagé sous son cheval abattu, sans le connaître; une dernière charge des dragons prussiens le délivre. Il s'élance sur le cheval d'un de ses dragons et rejoint sa réserve, deux fois prisonnier et deux fois délivré par sa fortune.

Ligny était emporté sur un autre flanc; Bry le débordait sur sa droite. L'armée française, victorieuse partout sur ses ailes, s'avançait en convergeant sur son centre. Blücher avait perdu toute la ligne de ses positions fortifiées; vingt mille morts de son armée couvraient les rampes et la plaine de Fleurus. La nuit tombait. Il était coupé de Wellington aux Quatre-Bras par le corps d'armée de Ney. Il ordonne partout la retraite et disparaît dans les ténèbres. Il s'arrête à deux lieues de Ligny au village de Gembloux, où il rencontre l'armée de Bulow son collègue, qui arrivait de Liége et qui le couvrit pendant la nuit.

L'empereur, vainqueur, mais sans autre fruit de sa victoire que le champ de bataille et la gloire d'un premier succès, couche à Ligny au milieu de son armée. La crainte d'aventurer la grande armée contre Blücher en l'absence de Ney l'empêche de poursuivre et de faire un seul prisonnier. Mais le bruit exagéré quoique légitime de la défaite de l'armée prussienne était pour lui en France et en Europe une dépouille qui valait plus que dix milliers de prisonniers. Il avait reconquis son nom. Cette victoire s'appelle la bataille de Ligny.

XI

Napoléon n'apprit que le lendemain les causes de l'absence de Ney, dont la coopération devait achever et utiliser sa victoire, et le mystère de ce corps d'armée entrevu à distance. Le général Labédoyère, chargé par l'empereur de porter un nouvel ordre au maréchal Ney (écrit au crayon) l'avait communiqué en route au général d'Erlon. Cette communication décida d'Erlon à détourner sa division vers Saint-Amand, au lieu de suivre la marche qui devait le réunir à Ney. Arrivé sur les hauteurs de Bry, et ne recevant aucun ordre d'avancer, d'Erlon avait repris la route de Frasnes, mais trop tard pour porter son concours à la bataille des Quatre-Bras, que Ney eut à livrer, avec la moitié de son armée, devant les forces supérieures et sans cesse renouvelées de l'armée anglo-belge.

L'empereur se borna à déplorer ces contre-temps et à se taire.

Le maréchal Ney, arrivé, comme on l'a vu, inopinément à Avesnes, en même temps que l'empereur, sans état-major à lui, sans officiers de confiance, sans aides de camp, sans équipages, sans chevaux, avait reçu le commandement inattendu de corps nombreux, dont il connaissait à peine les positions, dans un pays qui s'était effacé de son souvenir depuis vingt ans. Il ne connaissait pas davantage les officiers généraux qui commandaient ces différents corps. Il lui fallait quelques jours pour étudier les lieux, les troupes, les caractères. Cette ignorance des choses et des hommes pouvait enlever à son coup d'œil quelque chose de sa rapidité et de sa sûreté ; il n'avait pas encore son armée dans la main. Peut-être aussi le poids de sa fausse situation vis-à-vis de l'empereur et de ses collègues, depuis sa double faute à Fontainebleau et à Lons-le-Saulnier, pesait-elle sur son esprit. Il devait craindre plus qu'un autre le moindre revers ; la calomnie aurait montré à l'empereur et à l'armée l'indice d'une trahison. Il devait être prudent jusqu'au scrupule, quand son caractère était la témérité et l'audace. Un homme, quelque grand qu'il soit, n'est grand que par sa nature ; quand sa nature est neutralisée par les circonstances, il n'est plus lui. Si le maréchal avait été rejoint à temps par les vingt mille hommes du général d'Erlon et s'il avait pris sur lui aux Quatre-Bras la moitié autant de prévoyance et de constance qu'à la retraite de la Bérésina, il n'y aurait peut-être pas eu de Waterloo. Ligny eût commencé et fini une des plus décisives campagnes de l'empereur.

On a vu que Ney, en approchant le 15 des Quatre-Bras,

pour attendre d'Erlon, avait bivouaqué à deux lieues de là, à Gosselies. Pendant cette nuit, imprudemment perdue, sept mille Hollandais et Belges du prince d'Orange s'avançaient à l'ombre de la forêt de Nivelles, autrement appelée le Bois-de-Boussu, qui couvrait alors leur position aux Quatre-Bras; ils y prévinrent les Français. Le lendemain, le maréchal fit attaquer, au lever du jour, les abords de cette position, confluent de quatre grandes chaussées qui pouvaient distribuer dans quatre directions les armées et leurs convois. La brigade commandée par le général Foy, déjà illustre à la guerre, bientôt plus illustre à la tribune, aborda avec résolution ces hauteurs; mais à mesure que les colonnes de Ney grossissaient et s'acharnaient à l'attaque, la résistance, inexplicable au maréchal, d'un ennemi qui ne comptait la veille que quinze cents hommes, puis huit mille le matin, devenait plus formidable. Ney lui-même engagea successivement la moitié de son armée, c'est-à-dire environ vingt-cinq mille combattants. Toujours repoussés avec une énergie nouvelle, ces vingt-cinq mille hommes refluaient sur lui. Il lui devint évident qu'il ne luttait déjà plus contre un avant-poste, mais contre une armée entière versée sur les Quatre-Bras par les sombres avenues de la forêt de Nivelles.

XII

Le duc de Wellington, plus inexcusable de sa négligence que le maréchal Blücher, dont les colonnes n'étaient pas encore en ligne quand l'empereur avait franchi la Sambre, comme nous l'avons vu à Ligny, où Bulow et son corps d'armée ne parvinrent qu'après la bataille, était oisif et insouciant à Bruxelles. Mal instruit des rassemblements et des mouvements de l'empereur jusqu'au dernier moment, plus mal informé de son génie, qui consistait dans l'inattendu et dans la rapidité, le duc de Wellington comptait encore sur des semaines de préparatifs et d'inaction. Il croyait que l'empereur s'imiterait lui-même, en se repliant, comme en 1814, de position en position, dans l'intérieur de la France; qu'il prendrait ses places fortes pour base et pour redoutes de son armée d'opération ; qu'il disputerait le passage des fleuves, et que, concentré enfin dans les plaines voisines de Paris, où il serait rejoint par tous ses renforts de l'Est, de l'Ouest et du Centre, il recevrait là, seulement, une de ces batailles suprêmes qui, comme celles de Wagram, de Dresde ou d'Iéna, décident du sort d'un trône, sous les yeux d'une capitale.

Il écrivait à l'empereur Alexandre des dépêches conjecturales, où il discutait, d'après ces données, le plan de l'invasion combinée de la France par les alliés. En attendant, il laissait ses troupes disséminées en Belgique, pour ménager un pays ami, se reposer en paix dans leurs cantonnements. Lui-même avec son état-major, ses généraux et ses régiments d'élite, préludait à la guerre par les fêtes et par les plaisirs à Bruxelles, dont il était avide et dont il ne redoutait pas l'amollissement pour ses officiers.

Homme de guerre tout moderne par caractère, par principes et par les habitudes voluptueuses contractées dans les Indes, en Portugal et en Espagne. Comme Frédéric II ou comme Turenne, il ne tendait pas avant l'heure la discipline et l'esprit de ses compagnons d'armes. Il permettait à ses lieutenants, à ses jeunes officiers et à ses soldats les délassements, les distractions et les voluptés qu'il se permettait à lui-même. Sévère seulement sur la ponctualité et sur l'intrépidité pendant l'action, il laissait, avant et après, se détendre, sans crainte de les énerver, les rigueurs de ses camps. Il croyait que le soldat, exposé à jeter sa vie au hasard, doit anticiper sur la mort toujours prochaine, en jouissant, quand l'heure est sûre, des courts plaisirs du cœur ou des sens dérobés à la fatigue et au danger des camps. Les sévères Anglais lui reprochaient de laisser, avec trop d'indulgence, corrompre, dans ses états-majors, les mœurs de la jeunesse militaire, et de traiter les hommes comme les Hindous font les éléphants qu'ils enivrent pour les rendre plus belliqueux.

XIII

La nuit du 14, où Napoléon franchissait la Sambre, disputait les avant-postes des Prussiens et s'avançait avec cent huit mille hommes sur Ligny et sur les Quatre-Bras, en indiquant déjà à Ney la route de Bruxelles, une fête donnée par la duchesse de Richemond réunissait, dans ses salons retentissants de musique et animés de danse, les princes, les diplomates, les généraux et les officiers de l'armée anglaise. Le duc de Wellington s'entretenait, au bruit des instruments, dans l'embrasure d'une fenêtre, avec le duc de Brunswick, un des généraux de son corps d'armée, lorsqu'un de ses aides de camp s'approcha de lui, et, lui parlant à voix basse, lui donna communication des dépêches qui venaient d'arriver au quartier général. Le duc de Brunswick, d'une famille militaire, à qui chaque campagne semblait, depuis 1772, prophétiser la mort d'un de ses membres sur le champ de bataille, se leva avec un tel sursaut à cette nouvelle inattendue de l'invasion de Napoléon sur la Belgique, qu'il oublia un jeune enfant assoupi sur ses genoux, et qu'il le laissa glisser sur le tapis. Wellington pâlit, en concentrant sa surprise et son imprévoyance dans son âme.

La nouvelle circula en un instant dans la fête : les instruments se turent, les danses se dénouèrent, les femmes s'émurent et tremblèrent pour ceux qu'elles aimaient ; les diplomates, les princes se groupèrent pour échanger rapidement leurs premières pensées ; les officiers sortirent ; Wellington disparut pour envoyer à l'instant à tous les corps les ordres de direction et de marche qui les concernaient. Il racheta par sa présence d'esprit, par la décision et par la promptitude, la faute qu'il avait commise en oubliant Napoléon, en relâchant les fils de son armée et en n'occupant pas les positions qui couvraient Bruxelles. Une heure après la dépêche reçue, les officiers volaient sur toutes les routes de la Belgique pour appeler ses troupes à lui. Les plus rapprochées couraient aux armes ; la cavalerie, l'artillerie, les trains, les convois traversaient, au pas de course, les rues de Bruxelles, pour se porter sur la forêt de Nivelles, et pour arriver aux Quatre-Bras, si la faible brigade du duc de Saxe-Weimar y tenait encore, ou pour les reconquérir s'il les avait perdus.

Les ordres donnés et exécutés, Wellington sort lui-même le dernier de Bruxelles, et s'élance au galop, suivi de son nombreux état-major de toute nation, aux avant-postes, pour reconnaître le danger. Les Quatre-Bras n'étaient pas conquis, il respira. Le prince d'Orange, comme nous l'avons vu, l'y avait devancé, et avait placé huit mille Belges et Hollandais en bataille, pour y soutenir le duc de Saxe-Weimar et ses faibles bataillons.

Du sommet du plateau qui s'incline de la lisière de la forêt vers les Quatre-Bras, Wellington, descendu de cheval, distingue à l'aide de sa longue-vue les masses françaises qui semblaient hésiter et se grossir au pied de la position. « J'ai longtemps combattu les armées françaises en Espagne, dit-il à ses officiers, je connais la physionomie de leurs colonnes, ceci n'est point une aile aventurée pour reconnaître une position ou pour faire une diversion, c'est une armée commandée par un maréchal en personne. Ses nombreux officiers d'état-major annoncent un chef important ou l'empereur lui-même. S'il attaque, nous sommes perdus ; nos forces sont insuffisantes contre de pareilles masses. N'importe, il faut tenir et mourir ici jusqu'au dernier homme ! C'est le nœud de la guerre, c'est la clef de la position ! » Et il affirma sa résolution d'un geste de la main, qui montrait sur le sol la place de la tombe, ou le piédestal de la victoire. Le prince d'Orange, ses lieutenants, ses officiers se pénétrèrent de sa résolution. Son âme les cloua vivants ou morts sur cette lisière de la forêt, au-dessus de cette plaine. On verra combien d'entre eux y tombèrent pour ne pas démentir leur général.

XIV

Remontant à cheval après cette reconnaissance, il lança généraux sur généraux, courriers sur courriers pour presser la marche des corps appelés par lui pendant la nuit. « Il ne s'agit pas, leur répéta-t-il à tous, de s'attendre les uns les autres, de marcher par corps, par divisions, par régiments même, bataillon par bataillon, compagnie par compagnie : les premiers prêts, les plus rapprochés, les plus intrépides. Faites non pas marcher, mais accourir comme au feu ! »

Wellington, en attendant le retour de ses officiers et le résultat de ses ordres, s'assit pensif sur le bord du glacis qui descend de la forêt sur la chaussée de Namur, comptant les minutes, et tremblant que les masses françaises déployées sous ses yeux ne fissent le mouvement en avant qui eût été notre victoire et sa perte. Ney resta immobile, attendant la division du général d'Erlon. Deux longues heures s'écoulèrent ainsi. Le général anglais Picton, annoncé à Wellington par le galop d'officiers avant-coureurs, déboucha enfin de la forêt à trois heures. Le duc de Brunswick, à la tête de son corps d'armée auxiliaire, le suivait ; le duc de Nassau venait après. A quatre heures, cinquante mille hommes d'élite, infanterie, cavalerie, artillerie, couvraient déjà les Quatre-Bras, défendus la veille par un seul bataillon, le matin par huit mille hommes, que Ney aurait pu conquérir au prix d'une marche, et qui devaient coûter, deux jours plus tard, une armée à la France et un empire à Napoléon.

XV

Le maréchal, qui avait atermoyé jusque-là son attaque, parut comprendre l'importance de cette position, au nombre seulement des troupes que les alliés déployaient pour la conserver. Il attaqua avec ses vingt-cinq mille hommes, escalada les premières pentes de la forêt, aujourd'hui défrichée, qui s'avançaient au delà des Quatre-Bras dans la plaine. Rien ne résista à l'élan de ses troupes et au sien. En quelques moments les troupes du duc de Nassau furent refoulées sur les hauteurs; les chasseurs et les lanciers français chargèrent et rompirent les régiments du duc de Brunswick. Ce prince tomba lui-même dans une de ces charges, frappé de cette mort des braves dont il avait le pressentiment la veille, en causant avec Wellington.

Kellermann, rompant du poitrail de ses chevaux un régiment écossais formé en carré pour faire une forteresse de son corps aux Quatre-Bras, tua le colonel et prit le drapeau. Ney animé par le feu, galopant à travers les boulets et les balles pour faire monter les Quatre-Bras à ses régiments, croyait les atteindre. Deux nouvelles divisions anglaises accourant au feu et au bruit les couvrirent de nouveau au geste de Wellington. Soixante mille combattants rejetèrent les régiments français à distance, et les continrent sur leur première position. Ney frémissait et regardait sans cesse du côté de Frasnes pour voir déboucher les vingt mille hommes de d'Erlon, à qui il envoyait ordre sur ordre d'accourir à lui. L'horizon restait vide et le jour avançait.

Labédoyère, qu'il avait envoyé le dernier porter à d'Erlon l'ordre de se diriger sur les Quatre-Bras, accourut enfin vers cinq heures. Il n'avait plus trouvé d'Erlon à Frasnes. Ce lieutenant de Ney avait quitté la direction des Quatre-Bras depuis le milieu du jour et repris la route de Ligny. Le maréchal pâlit et frémit de rage. Il ne pouvait plus rien par lui-même. Son infanterie et sa cavalerie, engagées et décimées depuis trois heures, sont incapables de renouveler un assaut contre une armée qui grossit à chaque minute. Il n'a plus d'intacts que deux régiments de cuirassiers sous Kellermann. C'est à peine assez pour couvrir l'armée, si les Anglais lancent leur cavalerie dans la plaine. Les batteries élevées à la hâte par Wellington sur le revers de la forêt ne cessent pas de lancer la mitraille et les boulets sur ses régiments. « Vous voyez ces boulets, dit-il à Labédoyère, je voudrais qu'ils m'entrassent tous dans le corps ! » Ce désespoir du malheureux maréchal lui inspire un dernier effort, désespéré comme son cœur. Il galope vers Kellermann. « Encore un effort, lui dit-il d'un accent de supplication, mon cher général ! Jetez-vous avec vos deux régiments au cœur de l'armée anglaise, et rompez-la à tout prix ; je vais vous faire soutenir par Piré, qui recompose ses régiments : la patrie vous le demande ! »

« Chargez ! » s'écrie, sans délibérer, Kellermann à ses cuirassiers ; et il fond comme la foudre sur le centre des Anglais, qu'il brise. Traversant irrésistiblement les deux lignes, il éteint les batteries et pénètre jusqu'à la ferme fortifiée des Quatre-Bras. Les haies et les murs de cette ferme couverts d'une infanterie de réserve foudroient Kellermann et ses régiments. Son cheval, frappé, roule avec son cavalier dans le sang ; les Anglais l'entourent, un reflux de ses cavaliers le délivre. Une colonne d'infanterie française pénétrant par la brèche que la cavalerie de Kellermann a ouverte dans les deux lignes des Anglais, touche elle-même aux Quatre-Bras. Wellington lance d'en haut, contre elle, la garde anglaise et la division d'Alten. Ces forces fraîches et irrésistibles refoulent notre infanterie. Ney renonce à l'impossible ; il renvoie le général Delcombe à la recherche de l'armée de d'Erlon, résolu à tenter encore l'escalade, quand il aura recouvré ce corps qu'il croit égaré.

XVI

Il ne l'était pas. On a vu que le matin du jour où l'empereur se préparait à attaquer Blücher, il avait envoyé Labédoyère au maréchal Ney pour lui porter l'ordre, écrit au crayon, de se replier sur Ligny, où la grande armée allait combattre, afin d'envelopper la gauche de Blücher et de lui couper la route de jonction avec les Anglais. Napoléon croyait alors que le maréchal Ney était maître des Quatre-Bras.

Labédoyère, en passant à Frasnes, village intermédiaire entre Ligny et Ney, avait rencontré d'Erlon et ses vingt mille hommes levant leur camp pour suivre Ney aux Quatre-Bras. Il avait montré l'ordre écrit de l'empereur dont il était porteur pour Ney. D'Erlon, lisant cet ordre et interprétant celui qu'il allait recevoir de son chef Ney, s'était hâté de devancer le maréchal en marchant vers Ligny. Il se trompa de chemin au commencement de son mouvement et se trouva à la hauteur de Fleurus, point trop en arrière du champ de bataille de l'empereur. Il rectifia sa route et revint se mettre en bataille à portée des Prussiens du côté de Bry.

C'est là que Vandamme l'avait aperçu et avait donné à l'empereur avis d'une armée nouvelle dont il ignorait le drapeau. D'Erlon avait attendu là l'arrivée de Ney ou un ordre de l'empereur, immobile et inutile aux deux armées, quand de nouveaux ordres de Ney, apportés par Delcombe, l'avaient sommé de revenir précipitamment aux Quatre-Bras. Il obéit sans calculer qu'une heureuse désobéissance sauvait l'empereur et ruinait Blücher. Il se replia dans les ténèbres sur Ney, et arriva à dix heures du soir dans les environs des Quatre-Bras. Par la lenteur de Ney, par l'ignorance de l'empereur, qui devait croire son ordre du 15 accompli, et par la fatale obéissance de d'Erlon, vingt mille hommes de troupes d'élite et cinquante pièces de canon avaient manqué à la fois aux deux batailles, errant un jour et une nuit au bruit du canon d'un camp à un autre, cause à la fois d'une retraite aux Quatre-Bras et d'une victoire inachevée à Ligny! Malheur suite d'une faute et aggravé par d'autres malheurs. Ney, par sa lenteur à occuper la veille les Quatre-Bras; d'Erlon, par son hésitation entre des ordres contraires; Labédoyère, par sa communication anticipée à d'Erlon de l'ordre de l'empereur qu'il portait à Ney, portent la responsabilité de cette journée.

XVII

Malgré sa vigoureuse résistance aux assauts de Ney, Wellington ne se fit point illusion sur les résultats de la double bataille de Ligny. On voit dans sa correspondance avec le duc de Berri sur le champ de bataille qu'il ne s'exagéra pas les succès de l'empereur contre les Prussiens, mais qu'il ne se dissimula pas ses propres périls pour le lendemain : « Nous avons eu hier, disait-il à ce prince qu'il tenait informé des moindres événements, afin qu'il en informât son oncle Louis XVIII, et qu'il pourvût à sa sûreté à Gand ; nous avons eu une double bataille très-sanglante : moi, auprès de la ferme des Quatre-Bras ; les Prussiens, auprès de Sombref. J'avais peu de monde avec moi et point de cavalerie, cependant j'ai contenu et repoussé l'ennemi. Les Prussiens ont beaucoup souffert ; ils se sont retirés dans la nuit, j'ai donc dû me replier moi-même pour rester en ligne avec eux. J'ai été mollement poursuivi ; les Prussiens ne le sont pas du tout. Bulow et leur quatrième armée de trente mille hommes les ont rejoints. Moi, j'ai maintenant presque toutes mes forces sous la main.

» Il se peut que l'ennemi me tourne par Hal, quoique le temps soit terrible et les chemins impraticables, et quoique j'aie placé le prince Frédéric des Pays-Bas avec un corps d'armée entre Hal et Enghien. Si cela arrive, avertissez le roi de se réfugier à Anvers ; il faut tout prévoir quand on veut ménager le sang de son armée. Que le roi parte pour

Anvers, non sur de faux bruits, mais aussitôt qu'il aura la nouvelle certaine que l'empereur est entré à Bruxelles avant moi. »

XVIII

Pendant que Blücher réorganisait ses bataillons et se couvrait de l'armée de Bulow à Sombref, et pendant que Wellington se repliait sur Waterloo et s'établissait en face de ce village, sur un champ de bataille choisi et étudié, en communication distante, mais libre, avec ce qui restait de l'armée prussienne; l'empereur, quoique victorieux, s'affligeait d'une victoire imparfaite, prélude heureux, mais terrible, d'une bataille plus décisive. Ses soldats s'étonnaient de n'avoir pas vu la journée finir par un de ces grands déploiements de réserve ou d'ailes qui, dans ces grandes batailles, enveloppaient ou dispersaient l'armée ennemie. Il ne leur restait qu'un champ de bataille couvert de vingt mille Prussiens et de douze mille Français morts ou mourants dans les sillons de Ligny et de Saint-Amand. Devant eux la nuit et la plaine vide où Blücher avait disparu pour reparaître sur leur gauche; les quarante mille hommes de l'armée de Ney évanouis. Tout était soupçon, piége ou problème dans leur imagination. Ils accusaient de trahison leurs chefs les plus intrépides. Soult, major général de l'empereur, leur paraissait un mauvais génie épiant la fortune sous sa propre tente, ou donnant avec mollesse des ordres tardifs dont l'inexécution rendait leur courage et leur sang même inutiles. A chaque instant, une rumeur nouvelle courait de bivouac en bivouac, annonçant une défection imaginaire dans les rangs. L'ébranlement donné la veille par la désertion de Bourmont à l'esprit du soldat se répercutait de corps d'armée en corps d'armée. Tantôt c'était Soult qui livrait l'empereur, tantôt Vandamme qui passait à l'ennemi, tantôt le général Maurin qui haranguait ses dragons pour les conduire au roi. Rien n'était vrai, tout semblait probable. L'empereur, souvent interpellé lui-même par les soldats, ne parvenait qu'à peine à les rassurer. Le courage était le même, le désespoir même le redoublait; mais la confiance, ce ciment des armées, était perdue. La nuit se passa dans ces entretiens entrecoupés des regrets sur les pertes du jour et des sombres prévisions du lendemain. C'était la nuit du 17 au 18 juin.

XIX

L'empereur, retiré à Fleurus, ne s'endormit pas dans sa victoire. Il ne se fit pas illusion à lui-même sur ce triomphe, mais il se hâta de le grossir dans ses bulletins aux yeux de la France, et d'expédier à Paris des récits exagérés de l'anéantissement de l'armée prussienne. Il lui importait de frapper l'imagination de ses ennemis à l'intérieur, et de tenir l'Assemblée des représentants sous la pression d'une de ces victoires qui avaient été de tout temps sa négociation avec les partis. Son prestige était reconquis. Paris indécis se soumettrait comme toujours à la fortune. Lui seul n'y croyait plus avec la foi qu'il voulait et qu'il devait inspirer à ses amis et à ses ennemis.

Il flotta encore pendant toute cette nuit entre les incertitudes de sa double situation. Fallait-il rappeler à lui Ney pour achever à Sombref la défaite des Prussiens? Fallait-il abandonner les Prussiens à leur sort et rejoindre lui-même Ney aux Quatre-Bras pour y livrer bataille aux Anglais? Il s'arrêta à la dernière résolution, et envoya ordre à Ney d'attaquer de nouveau Wellington au lever du jour. Il le prévint qu'un renfort détaché de sa propre armée et commandé par le comte de Lobau, deux divisions d'infanterie, les cuirassiers de la garde et la cavalerie légère, allait marcher à lui, par la route de Namur à Bruxelles, et le soutenir dans son attaque. Ces ordres, transmis en conséquence de Fleurus aux différents corps, trouvèrent des troupes harassées des combats de la veille, des chevaux épuisés, des officiers obligés de compatir à la lassitude et aux nécessités de leurs troupes. Ils furent exécutés avec difficulté et lenteur. Les heures se perdirent. Les chemins effondrés par les pluies, le découragement chez les uns, les négligences chez les autres, rendirent lourds et lents les mouvements de ces deux armées séparées par de longues distances. Les colonnes ne se mirent en marche qu'à la moitié du jour.

XX

L'empereur lui-même, attendant toujours pour se décider des nouvelles de Ney, ne sortit que tard de Fleurus dans sa voiture de campagne pour parcourir le champ de bataille de Ligny. Arrivé à Saint-Amand, il monta à cheval, et parcourut les positions disputées la veille, et encore occupées par les régiments qui les avaient emportées. Ces régiments le saluèrent par des acclamations qui couvraient le deuil des morts et les gémissements des blessés. Son armée et lui s'embrassaient dans un premier triomphe.

Il descendit de cheval et s'assit longtemps sur le sac d'un de ses grenadiers, entouré des généraux et des colonels de sa garde, causant familièrement avec eux des exploits de la veille et des prévisions de la journée. Il semblait donner lui-même cette précieuse journée à l'incertitude. Il attendait le retour des détachements qu'il avait envoyés à Ney pour lui rendre compte des opérations de son lieutenant. Ces cavaliers étant arrivés et lui ayant dit que Ney n'avait pas encore attaqué à onze heures, l'empereur comprit que ce maréchal hésitait avec des troupes trop faibles devant l'armée anglaise réunie; il prit à l'instant son parti. C'était de courir à l'ennemi le plus rapproché, laissant à la distance, au hasard, à l'inconnu, le soin de le couvrir d'un retour des Prussiens. Il dicta ses ordres au maréchal Soult.

XXI

La grande armée, divisée à Charleroi en trois ailes, comme nous l'avons vu, ne se compose plus que de deux. L'une, sous ses ordres immédiats, réunissant l'armée de Ney à celle qui avait combattu à Ligny; l'autre, sous le commandement du maréchal Grouchy; la première armée d'environ quatre-vingt mille hommes, la seconde de trente à quarante mille hommes ; en tout cent quinze mille combattants. L'empereur, obligé de diviser cette armée en deux corps séparés et qui allaient se perdre de vue pendant longtemps, calcula que quatre-vingt mille hommes dirigés par son génie, animés de son âme, soutenus de sa présence, suffisaient pour vaincre l'armée de Wellington, désormais isolée des Prussiens et composée de corps auxiliaires et incohérents, dont plusieurs même, comme les Belges, combattaient avec répugnance les Français. Il ordonna au maréchal Grouchy de suivre, pas à pas, les Prussiens dans leur retraite, de les atteindre, de ne pas les perdre de vue, et de manœuvrer entre eux et la grande armée, de manière à couvrir toujours cette armée contre un retour soudain de Blücher, et à retarder en même temps autant qu'il serait possible la jonction de ce général avec l'armée anglaise. Il devait se diriger sur Wavres.

La pluie incessante, les chemins noyés, le soin des blessés, les murmures des soldats, les mêmes causes qui avaient fait perdre à Ney et à l'empereur lui-même la matinée du 17, ralentirent le mouvement de Grouchy. Il mit avec peine sa lourde armée en marche vers Wavres, et n'atteignit Gembloux, village intermédiaire un peu sur la droite, qu'à la chute du jour. Les Prussiens, abandonnés par l'empereur à Saint-Amand et si mollement poursuivis de l'autre par Grouchy, avaient ainsi trente heures pour se rallier, se concentrer, réparer leurs pertes par l'armée de Bulow, concerter leurs mouvements avec Wellington et dérober leur direction à Grouchy et à l'empereur.

La journée du 17, lendemain d'une première victoire, fut donc entièrement perdue par les vainqueurs et profitable aux seuls vaincus. Les éléments conjurés semblaient s'unir à nos ennemis pour nous enlever le fruit de la victoire. Les plaines étaient inondées par une pluie de trois jours. Le sol glissant se dérobait sous les pieds des chevaux et des hommes. Les nuages bas cachaient, derrière les moindres ondulations de ces plaines, les mouvements des Prussiens et des Anglais. L'aspect sinistre du ciel s'imprimait dans le cœur du soldat.

A deux heures seulement l'empereur, quittant le groupe de généraux et d'officiers dont il était entouré, donna ses derniers ordres, demanda son cheval, et entraînant avec lui la garde et la masse de la grande armée du côté des Quatre-Bras, laissa seulement à Saint-Amand et à Ligny le général Girard en arrière-garde avec les restes de sa division, décimée la veille à l'assaut de Saint-Amand. Il marcha sur le village de Marbois et sur les Quatre-Bras.

XXII

Que se passait-il, pendant cette longue perte de temps, à ce camp de Ney et à l'armée anglaise? Ney avait hésité encore et donné ainsi à Wellington le temps de se replier sur les hauteurs de la forêt de Soignes, qui dominent la plaine et le village de Waterloo, se rapprochant ainsi de Blücher pour l'appuyer au besoin ou pour s'appuyer sur lui, et couvrant en même temps, quoique plus faiblement, la route de Bruxelles. Mais Wellington, pour tromper Ney ou pour le retarder, avait laissé le général anglais Uxbridge avec une forte arrière-garde aux Quatre-Bras. Ney, croyant toujours l'armée entière de Wellington dans cette position, attendit des forces pour exécuter l'attaque ordonnée de Fleurus par l'empereur. Il perdit ainsi l'occasion de tourner l'armée anglaise par Hal, comme le craignait Wellington, et d'ouvrir à l'empereur la route de Bruxelles. Lord Uxbridge n'évacua les Quatre-Bras qu'à la vue des premières colonnes de l'armée de l'empereur.

L'empereur, en approchant des Quatre-Bras le soir, s'étonnait de ne pas voir arriver à lui son lieutenant immobile et muet au milieu de son corps d'armée. Sans l'attendre davantage, il ordonna au général d'Erlon et au général Reille de dépasser les Quatre-Bras et de s'avancer rapidement sur la route de Bruxelles. Ney enfin parut, embarrassé de son maintien devant l'empereur. Napoléon lui adressa ces reproches que ses lieutenants étaient accoutumés à subir de cette bouche et qui donnaient tant de prix aux éloges, mais qui laissaient aux généraux ainsi réprimandés l'honneur et l'encouragement à réparer les fautes. Le maréchal répondit avec déférence qu'il avait craint d'engager témérairement l'aile gauche seule contre l'armée anglaise tout entière qu'il croyait encore aux Quatre-Bras, et de priver ainsi l'empereur d'un tiers de son armée, dont il aurait peut-être besoin contre Blücher.

Ces explications parurent satisfaire Napoléon. Ce n'était pas l'heure de se priver, par une aigreur intempestive, du nom, du cœur et du bras de Ney. L'armée fila rapidement sur les traces des Anglais, vers la forêt de Soignes. Le général de cavalerie légère Subervie chargea l'arrière-garde anglaise, à la tête de la cavalerie de la garde, sous les yeux de Napoléon. Ce général, républicain de souvenir et de cœur, comme Foy et quelques généraux fidèles à leur première cause, oubliait sa prédilection de jeunesse sur le champ de bataille, pour ne penser qu'à la patrie et à la gloire, patrimoine commun de tous les gouvernements. L'empereur connaissait ses opinions et les tolérait à cause de ses services. Il arriva sur les pas de Subervie jusqu'aux bords de l'immense forêt de Soignes, où disparaissaient les dernières colonnes de l'armée en retraite de Wellington. Il y fit halte, c'était Waterloo.

XXIII

Quelques tirailleurs français, gravissant par son ordre les pentes qui montent de la plaine vers les premiers arbres de la forêt, cinquante pièces de canon en batterie éclatèrent sur leurs têtes et firent comprendre à l'empereur que l'ennemi s'arrêtait là. « Il aurait fallu deux heures de jour de plus, s'écria-t-il avec douleur, pour enlever ce rideau et précipiter l'ennemi sur la route de Bruxelles. » Le destin les lui avait dérobées. Il ne lui restait qu'assez de jour pour camper ses troupes et pour étudier le champ de bataille du lendemain. Il le parcourait tantôt au pas, tantôt au galop de son cheval. Il a raconté lui-même à Sainte-Hélène les impressions de cette soirée et de cette nuit.

La plaine, inégale comme celles des Pays-Bas, qui se rapprochent du noyau de l'Allemagne par de légers renflements, racines éloignées des montagnes, était uniforme et raccourcie pour l'œil par les nuages pluvieux qui noyaient les bas horizons. Elle s'élevait d'abord insensiblement, à partir du petit village de Waterloo, ombragée de grands arbres blessés par les boulets et coupés depuis ; elle gravissait ensuite une pente assez escarpée, traversée par la route de Nivelles; elle aboutissait enfin à la longue lisière de la forêt de Soignes. Les bouquets d'arbres s'avançaient en certains endroits, comme des presqu'îles sombres, sur les champs couverts de moissons. Quelques chaumières étaient groupées, çà et là, dans les clairières. Les habitants et les troupeaux s'enfuyaient de ces demeures et de ces pâturages, la veille silencieux, dont le hasard de la guerre allait faire le lendemain le champ de rencontre de deux armées. C'était, en face de l'armée française, Waterloo et Mont-Saint-Jean; sur la droite, Ohain, Saint-Lambert; plus loin et hors de vue, Wavres, point de repère de l'armée à double but de Grouchy; à gauche, dans les terres, la ferme et le vieux château fortifié d'Hougoumont, Braisne-la-Leud, la Haie-Sainte, la ferme de Caillou, celle de la Belle-Alliance, la Maison-d'Écosse, Ottignies, Moustiers; un peu en arrière, le village en pente de Planchenoit, dominant la vallée large et creuse qui séparait ce versant des plateaux occupés par l'armée française, du versant opposé de Waterloo et des plateaux de la forêt de Soignes, où campait Wellington.

Napoléon arrêta l'armée sur ces versants. Les lenteurs du jour, moitié perdu, l'approche de la nuit, qui ne laissait plus qu'une heure ou deux aux opérations du général, la lassitude des hommes et des chevaux inondés de pluie et embourbés depuis deux jours dans ces sillons changés en marais par des averses incessantes, la nécessité de se mettre en communication plus précise avec l'aile droite de Grouchy, marchant au hasard derrière les monticules de Wavres, le besoin de repos et de nourriture des troupes harassées de marches et de combats, et, par-dessus tout, les mystères de la forêt de Soignes, cachant derrière ce rideau d'arbres ou une simple arrière-garde, ou l'armée anglaise tout entière, forcèrent l'empereur à contenir son impatience, et à demander à la fin du jour et à la nuit le temps, les pensées et la connaissance des événements dont il avait besoin, avant de jouer sa dernière armée et sa dernière fortune dans une bataille.

XXIV

Il établit son quartier général au village de Planchenoit, centre de sa position, observatoire admirablement disposé par la nature et choisi par le coup d'œil d'un général consommé pour tout tenir dans sa main, tout voir et tout diriger sur le champ de bataille que ce village dominait de tous côtés. D'un regard l'empereur parcourait sa propre armée, les plaines et les mamelons entre Waterloo et Planchenoit, enfin tout le versant et toute la lisière de la forêt de Soignes, où l'armée anglaise aurait à manœuvrer le lendemain.

Ses notions sur Wellington et sur Blücher étaient confuses, les informations lui manquaient ; il n'avait pour base que des conjectures. Il penchait néanmoins à croire que Blücher, plus vigoureusement poursuivi par Grouchy qu'il ne l'était, aurait mis la Dyle entre les débris de son armée en retraite et ce maréchal ; que Wellington, trop faible devant sa propre armée à lui, Napoléon, et d'ailleurs trop prudent de caractère pour rien donner au hasard, aurait traversé la forêt de Soignes pendant la soirée et pendant la nuit, pour aller recueillir et fortifier Blücher du côté de

Bruxelles; qu'en conséquence Grouchy, libre le lendemain, reviendrait à lui par sa droite; qu'ils traverseraient ensemble la forêt, sur les traces des Anglais, et qu'il ne trouverait la bataille qu'un jour ou deux plus tard, sous les murs de la capitale de la Belgique.

Les villages étaient tellement désertés par les habitants effrayés, l'esprit de la population dans les provinces belges qu'il traversait lui était si glacial, et le service de ses espions était si contrarié par l'antipathie générale contre sa cause, qu'il ne recevait ses informations que du hasard ou de son génie. Les officiers de son état-major, et le maréchal Soult lui-même, ne lui donnaient que des opinions pour renseignements. Ses avant-postes et ses reconnaissances ne pouvaient s'aventurer qu'à quelques pas de son armée. Quatre ou cinq lieues de plaines, de vallées, de défilés, de monticules, sans corps intermédiaires de communication, le séparaient de son aile droite et de Grouchy. Ney, mécontent et timide, par suite de ses fautes précédentes, n'osait rien affirmer, rien conseiller, dans la crainte naturelle d'encourir la responsabilité terrible du sort de l'armée entière envers la patrie et l'empereur.

Napoléon était livré à lui-même, au milieu d'un état-major dont il n'avait pas l'habitude, ou trop jeune ou trop vieux, nouveau ou passé. Les instruments manquaient à sa main. Enfin il n'avait pas de retraite derrière lui, en cas d'erreurs ou de revers; cette armée aventurée ou détruite, tout était perdu autour de lui et lui-même. Il ne pouvait reculer que dans la ruine. Un poids si lourd comprime le ressort de l'âme même d'un héros. Pour conserver toute la liberté et toute la puissance de son esprit, il faut à l'homme une certaine latitude de destinée derrière lui. Il n'en avait plus. C'était sa faute. Il avait encouru témérairement, en quittant l'île d'Elbe, une de ces extrémités qui dépassent le génie humain et les faveurs même de la fortune, un homme contre son pays, un homme contre l'Europe.

XXV

Toutefois, il faut le reconnaître, la veille de Waterloo, son esprit, égal à son sort, ne défaillit pas. Il eut le sang-froid, la liberté, la réflexion, l'élan, l'activité de ses meilleures journées de guerre ; tant qu'il put espérer, il fut fort et grand. Quoiqu'il n'eût pris, depuis dix-huit heures, ni sommeil, ni repos, ni nourriture, il ne dormit pas pendant que ses troupes se séchaient, se nourrissaient, dormaient autour des feux de leurs bivouacs, sans cesse éteints par les ondées de la nuit.

Après avoir expédié à Grouchy, qu'il croyait campé à Wavres, un officier avec ordre au maréchal de lui envoyer dans la nuit une division de sept mille hommes pour appuyer sa droite aux défilés de Saint-Lambert, pendant que la grande armée combattrait Wellington à Waterloo, l'empereur sortit à pied de son bivouac, au milieu de la nuit, accompagné seulement du maréchal de son palais, Bertrand, officier qui avait remplacé Duroc dans sa confiance et dans son cœur. Il parcourut la ligne de ses grand'gardes. La forêt de Soignes devant lui paraissait, à travers les arbres, incendiée par la multitude des feux de nuit de l'armée anglaise. Il n'eut plus de doute sur la présence de toutes les forces de Wellington pour le lendemain.

Depuis la lisière de la forêt jusqu'aux hameaux de Braisne-la-Leud, de la Belle-Alliance, à la Haie-Sainte, tout était feux et bivouacs. Le plus profond silence régnait sur les deux armées et entre elles. L'empereur s'avança jusqu'à l'abri d'un épais taillis qui servait d'enceinte et de palissade naturelle au château d'Hougoumont, avant-poste fortifié de l'armée anglaise. Il était alors deux heures et demie du matin. Il entendit de là, en prêtant l'oreille au moindre bruit, le pas d'une colonne ennemie en marche dans les ténèbres. Il crut un moment que Wellington profitait de la nuit pour lever son camp, et que cette colonne était son arrière-garde remontant de la plaine vers la forêt, pour échapper, avant le jour, à la poursuite des Français. La pluie, qui tombait à torrents, couvrit le bruit de ces pas dans l'ombre. L'empereur ne comprit rien, ni à ce bruit, ni à ce silence. Quelques officiers, envoyés par lui plus avant en reconnaissance, revenaient lui dire que rien ne remuait dans l'armée anglaise. A quatre heures, ses coureurs lui amenèrent un paysan qui avait servi de guide à une brigade de Wellington allant prendre son poste à l'extrême gauche. Deux déserteurs belges, qui venaient de quitter leur régiment, répétèrent que rien n'indiquait dans l'armée ennemie l'intention d'une retraite.

XXVI

Napoléon, dans ses commentaires qu'il ébaucha plus tard sur ses campagnes, assure que son cœur fut saisi d'une grande joie en apprenant que lord Wellington l'attendait, et qu'en tenant la bataille il crut avec certitude tenir enfin la victoire. Il revint, parlant avec une jalousie dénigrante sur la prétendue impéritie du général anglais osant affronter l'armée de Napoléon sur les bords d'une vaste forêt qui, en cas de revers, n'offrait qu'une seule route à sa retraite. On peut croire à la sincérité de la joie de Napoléon, qui n'avait à combattre que l'armée isolée de Wellington, au lieu des Anglais et des Prussiens réunis qu'il pouvait avoir à affronter plus loin sous Bruxelles; c'était un dernier bonheur que la rapidité et l'audace du général anglais lui offrait. Mais, dans la situation de Wellington, le choix du champ de bataille à Waterloo était une marque de plus de ce génie à la fois résolu, fort et prudent, qui caractérise toutes les campagnes de ce général, depuis les Indes, l'Espagne, jusqu'à la Belgique.

Comme principal général de la coalition, Wellington avait deux nécessités à combiner dans sa tactique : ne pas reculer, de peur de découvrir et de livrer Bruxelles, et combattre enfin le plus grand général de l'armée la plus aguerrie des temps modernes. En se portant sur les derniers plateaux de la forêt de Soignes, comme aux Thermopyles de la Belgique, il accomplissait ce premier devoir. En combattant aux bords d'une forêt fortifiée sur toutes ses approches et par sa propre impénétrabilité, il se donnait à la fois tous les gages de victoire, si la victoire était possible contre Napoléon, et tous les gages de retraite, si la défaite était inévitable. Il pouvait disputer, d'arbre en arbre, l'immense espace boisé inaccessible aux masses de l'artillerie et à la cavalerie de l'empereur. Aucune route que celle de Bruxelles, qu'il occupait, ne pouvait permettre aux Français vainqueurs de le tourner et de l'envelopper, de faire ses corps prisonniers en cas de déroute. La formidable artillerie dont il était armé, en défendant de positions en positions cette route unique, devait donner à son armée, même vaincue, le temps de se replier, de se recomposer, et de se rejoindre aux Prussiens, à l'issue opposée de la forêt. Waterloo était donc un admirable champ de bataille, à la fois offensif et défensif, pour un général qui ne jouait jamais sa fortune sur un seul coup de dé. L'événement le démontre ; il est à regretter que Napoléon ne l'ait pas reconnu lui-même avec plus de désintéressement de gloire, et qu'il ait obstinément consacré son intelligence à prouver que son vainqueur était indigne de se mesurer avec lui. Ce sont des petitesses de la gloire. Les protestations ne changent pas les événements, et ravalent les personnages historiques. Il faut regarder sa fortune en face, aussi bien quand elle est sévère que quand elle est complaisante. Le génie doit justice au génie même dans un adversaire ; ce dénigrement n'est pas du patriotisme, il n'a ni grandi l'un, ni dégradé l'autre.

XXVII

Les troupes de Napoléon étaient bivouaquées dans la boue, l'artillerie et la cavalerie ne pouvaient manœuvrer dans les terres, tant elles étaient détrempées. Le jour commençait à poindre, les nuées se déchiraient un peu au souffle du matin sur la forêt. Quelques rares rayons de soleil brillaient sur les broussailles et sur les moissons, dernier soleil de tant de milliers d'hommes sacrifiés avant la fin du jour, non à une cause de l'humanité, mais à la cause et à l'ambition d'un seul!

Un officier de Grouchy, parti de Gembloux, et non de Wavres, à deux heures du soir, remit à l'empereur une dépêche de ce maréchal. Grouchy lui disait : « Je poursuis les Prussiens. Ils se retirent devant moi par trois routes : l'une qui semble en conduire une partie sur l'armée de Wellington, par Wavres ; la seconde sur Perwès, au cœur de la Belgique ; la troisième sur Namur, à droite. Ils ont perdu vingt mille hommes. Blücher est blessé au bras ; malgré sa blessure, il commande encore. » Ces nouvelles rassurent l'empereur. Il n'avait plus à craindre, d'après ces informations, qu'un seul corps de l'armée prussienne, inclinant vers sa droite, du côté de Wavres. Mais Grouchy, qu'il croyait en vue de ce corps, lui en répondait.

Il reprit sa sécurité, et attendit, aux rayons d'un soleil d'été, sur un mamelon, en avant de Planchenoit, que le sol raffermi sous les chevaux et sous les roues permît à son artillerie et à sa cavalerie de manœuvrer. Il était huit heures ; les généraux, accourant successivement autour de lui, annonçaient partout l'écoulement des eaux et la consolidation du sol. Quelques-uns seulement semblaient craindre que ce retard forcé de l'attaque, par l'intempérie de la nuit et des jours précédents, ne permît à l'armée anglaise de leur échapper. Le maréchal Ney vint recevoir ses dernières instructions. « L'armée ennemie est supérieure à la nôtre de plus d'un tiers, dit avec sérénité Napoléon à ses lieutenants ; nous n'avons pas moins quatre-vingt-dix chances contre dix de vaincre aujourd'hui. — Sans doute, s'écria Ney, si Wellington est assez simple pour nous attendre ; mais déjà son armée est en pleine retraite, et je viens annoncer à Votre Majesté que ses colonnes disparaissent une à une dans la forêt. — Vous avez mal vu, répliqua Napoléon avec l'assurance du génie, qui voit mieux par l'intelligence que l'homme ordinaire ne voit par les yeux ; vous avez mal vu ; il n'est plus temps pour Wellington d'ordonner la retraite, le jour est trop avancé; nous sommes trop près, il s'exposerait à une perte certaine. Il a jeté les dés ; les dés désormais sont à nous. » A ces mots de bon augure, lancés au cœur de ses lieutenants pour leur donner cette confiance qui est la moitié de la victoire, il demanda son cheval de bataille, galopa de position en position, revint à son point d'observation, réfléchit un moment sur les dispositions que le terrain et les obstacles élevés par l'ennemi lui inspiraient, et dicta son ordre de bataille au maréchal Soult. Ses officiers d'ordonnance en faisaient rapidement des copies, et ses aides de camp les emportaient aux chefs des différents corps.

XXVIII

Peu d'instants après, l'armée entière sous les armes, divisée en onze colonnes, déboucha des gorges et des hauteurs qui entouraient Planchenoit, et se déploya en face de la forêt de Soignes. La disposition des coteaux étayés par lesquels elle se déversait tout entière la faisait apparaître à l'œil anglais plus nombreuse encore qu'elle ne l'était. On pouvait supposer de plus que les gorges et les hauteurs dérobaient encore des réserves au regard de l'ennemi.

Napoléon l'avait disposée en six triangles, dont les collines de Jemmapes étaient la base, et dont les bras obliques menaçaient au loin les escarpements de la forêt de Soignes ; disposition de génie qui donnait de la solidité au centre et de la mobilité aux sommets, qui permettait de plus, à chaque branche de ces triangles, de toucher en s'élargissant la branche du triangle voisin, et de former ainsi une ligne crénelée mais continue devant l'ennemi. Une profonde méditation avait inspiré ce plan à Napoléon devant des forces supérieures.

A peine l'armée avait-elle occupé les différents postes assignés au son des musiques militaires, que Napoléon s'élançant avec son état-major au sommet de tous ces triangles de baïonnettes, de sabres et d'artillerie, les parcourut, au pas, remontant et descendant au trot de son cheval et aux cris de : « Vive l'empereur ! » du sommet à la base et de la base au sommet, comme pour imprimer dans le regard et l'âme de chacun de ces quatre-vingt mille combattants l'empreinte et la cause vivante du général pour lequel ils allaient vaincre ou mourir. Sa vue allait être pour les uns le prix de leur mort, pour les autres l'excitation à la victoire ! Un seul cœur battait entre ces hommes et lui. Dans un pareil moment, une même âme dans la même cause ! Quand on va tout risquer pour un seul homme on vit ou l'on meurt en lui. L'armée c'était Napoléon !

Elle ne fut jamais autant lui. L'Europe le répudiait ; elle l'adoptait avec idolâtrie, elle se faisait volontairement le grand martyr de sa gloire. Il dut se sentir plus qu'un homme, plus qu'un souverain à une pareille heure, car ses sujets ne saluaient en lui que la puissance, l'Europe son génie, mais son armée saluait le passé, le présent, l'avenir, la victoire ou la défaite, le trône ou la mort avec son chef. Elle était résolue à tout, même au sacrifice d'elle-même, pour lui rendre son empire ou pour illustrer sa dernière chute. Complices à Grenoble, prétoriens à Paris, victimes à Waterloo, un tel sentiment dans les lieutenants et dans les officiers de Napoléon n'avait rien que de conforme aux habitudes et aux vices même de l'humanité. Sa cause était leur cause, son crime leur crime, sa puissance leur puissance, sa gloire leur gloire. Mais le dévouement de ces quatre-vingt mille soldats était plus vertueux, car il était plus désintéressé. Qui saurait leur nom? Qui leur payerait les gouttes de leur sang? Cette plaine ne conserverait pas même leurs ossements. Avoir inspiré un tel dévouement était la grandeur de Napoléon, l'éprouver jusqu'à la folie était la grandeur de son armée. Cette grandeur, ce dévouement, ce désintéressement de son propre sang, ce sacrifice d'elle-même, non à la patrie, mais à un homme, l'absolvait ce jour-là de sa faute. A travers son sang, qu'elle allait répandre, on ne voyait plus sa défection à la France, on ne voyait que son expiation et son martyre.

Les soldats semblaient le comprendre. Il y avait dans les acclamations l'accent lugubre des funérailles, dans les physionomies la pâleur et l'empreinte d'une tragique résolution, dans les regards la tristesse d'un adieu. Ce n'était plus, comme dans les premières batailles d'Italie, d'Égypte ou d'Allemagne, la gaieté française du courage; c'était la gravité romaine des soldats de César la veille de Pharsale. Une telle armée bien commandée pouvait tout faire contre dix armées, aussi bien vaincre que bien mourir!

XXIX

L'empereur, au bruit de ces acclamations qui retentissaient jusqu'à l'armée anglaise, galopa, après cette revue, suivi des escadrons de sa garde impériale, vers le mamelon central et élevé qu'il avait choisi de l'œil, la veille, pour observation pendant la bataille. C'était un mamelon à pentes douces de tous les côtés, qui se rattachait au hameau de Planchenoit comme une presqu'île prolongée dans la plaine, un peu en avant des ailes de l'armée, semblable à un de ces *tumuli* romains où les consuls et les empereurs établissaient dans leurs campements le prétoire de l'armée. La ferme de Gros-Caillou, où l'empereur avait dormi quelques instants au commencement de la dernière nuit, était à quelques pas sur sa gauche, la ferme de la Belle-Alliance à quelques pas sur sa droite. Cette colline porte le nom de Vessemonde. La grande route de Charleroi à Bruxelles suit les ondulations de la crête de ces hauteurs, puis, descendant dans le ravin qui séparait les deux armées, remonte aux hameaux du Mont-Saint-Jean et de Waterloo, avant de gravir les derniers escarpements au-dessus desquels elle va se perdre dans les ombres de la forêts de Soignes, camp principal de Wellington. A peu de distance de la ferme de la Belle-Alliance, cette route de Charleroi à Bruxelles, principale artère de notre armée, était coupée au fond du ravin par une grande route transversale profondément encaissée, allant de Wavres à la forêt de Nivelles, route sinueuse souvent dérobée par les inflexions du sol, sous des rideaux d'arbres, et dans des cours d'eau qu'on appelle les défilés de Saint-Lambert. C'est par ces défilés, qui pouvaient cacher le mystère de la bataille, en versant à propos des renforts ou des ennemis, que l'empereur avait assigné rendez-vous à la division demandée à Grouchy. De la colline de Vessemonde il embrassait d'un regard toute la vaste scène sur laquelle le premier coup de canon allait appeler deux cent mille hommes.

Souffrant depuis quelques jours d'un échauffement, suite des insomnies et des agitations de son âme, qui lui rendait la selle de son cheval pénible et douloureuse, il en descendit aussitôt qu'il eut choisi le tertre d'où il voulait combattre de l'œil et de la pensée. Il fit étendre une épaisse litière de paille sur le sol détrempé et rendu fangeux par les dernières averses, pour s'y établir avec ses cartes, ses lunettes, ses états de troupes, son chef d'état-major, Soult, et ses officiers. Une maison isolée à quelques pas de là, appelée la Maison-d'Écosse, fournit la paille, les bancs, la table à ce dernier bivouac de jour.

Avant de démasquer à l'ennemi son plan de bataille par un premier mouvement commandé à ses troupes, il regarda longtemps de nouveau l'assiette de l'armée de Wellington.

XXX

Ce général, entouré du prince d'Orange, des officiers du duc de Brunswick, tué l'avant-veille à la tête de son corps d'Allemands, des lieutenants généraux anglais sir Thomas Picton, sir George Cooke, Byng, Maitland, Macdonald, lord Seltown, Woodford, et d'un grand nombre d'officiers généraux volontaires de toute nation, empressés de combattre dans une journée si mémorable sous le général le plus consommé de la coalition, observait de son côté le déploiement des onze colonnes de l'empereur sur les versants de la Belle-Alliance, et achevait ses dispositions de défense en vue des attaques que lui faisaient présumer l'aspect des lieux et la nature des troupes dans la pensée de l'empereur. Deux armées sous deux grands généraux, dans une telle expectative et dans une telle alternative, sont deux athlètes qui se mesurent longtemps de l'œil et qui cherchent mutuellement à se tromper du geste, avant de se rapprocher et de s'étreindre à mort. Le général Vincent, ambassadeur d'Autriche à Paris, militaire de l'école de l'archiduc Charles; Pozzo di Borgo, aide de camp d'Alexandre, ennemi personnel de Napoléon, habile comme compatriote à le deviner ou à le comprendre ; un grand nombre d'autres diplomates ou princes étrangers, s'honoraient de servir d'aides de camp à Wellington. Il leur donnait, de moments en moments, des ordres pour aller rectifier ses ailes, avancer ou replier ses postes avancés. On les voyait, du tertre où était l'empereur, courir d'Hougoumont à Waterloo, à la Haie-Sainte, et revenir au galop sur la terrasse ombragée de la forêt où le général en chef se préparait à l'assaut de ces positions.

XXXI

Lord Wellington, dont les réserves étaient à peine visibles sur les plateaux de la forêt de Soignes, occupait, avec sa principale armée, une longue terrasse bordant le bois, naturellement fortifiée par une pente abrupte qui séparait cette terrasse de la grande route creuse de Charleroi. Il faisait front ainsi au village de Waterloo, composé d'une trentaine de fermes et de chaumières voilées par des haies élevées et par les rideaux de grands ormes qui bordent en Flandre les champs cultivés et les pâturages rapprochés des habitations. Il occupait à la fois et surveillait en même temps d'en haut ce village, centre de son champ de bataille. Les gardes anglaises, corps d'élite placé sous les ordres de sir George Cooke, formaient une division de son armée. Ses troupes avaient pour communiquer entre elles l'avantage de la route solide de Charleroi à Nivelles, qui passait sous la terrasse de Soignes et qui desservait, en les liant entre elles, ses principales positions. Sa droite, composée du 1er régiment des gardes commandé par le général Maitland, et avancée vers l'empereur, se couvrait du ravin de Braisne. Sa gauche était formée du *Coldstream* et du 3e régiment des gardes placés sous les ordres du général Byng, et s'élevait sur une hauteur qui dominait Ter-la-Haie. Au front de son centre droit, l'antique masure, reste du château d'Hougoumont, avec ses jardins entourés de fossés, ses murs crénelés, ses cours palissadées, ses haies, ses arbres et ses eaux croupissantes, lui donnait un appui à la fois menaçant et inexpugnable contre les impétuosités des charges françaises. La ferme de la Haie-Sainte prêtait, en avant du centre de sa gauche, la même solidité à cette aile avancée de son armée. Il espérait de plus communiquer au besoin par l'extrémité de cette aile gauche et par le village reculé d'Ohain avec les troupes que Blücher pouvait diriger, au bruit de son canon, sur l'aile droite de Napoléon.

Telle était la disposition savante et forte du général anglais à dix heures du matin, le 18 juin. On y reconnaissait le génie sensé et réfléchi de l'homme de guerre qui, ayant eu, pendant sept ans, à combattre en Espagne, à forces inégales, contre les masses et les audaces des armées de l'empereur, avait toujours mis la nature de moitié avec lui contre l'impétuosité et le nombre des hommes, et fortifié son champ de bataille à l'image des Romains. Sûr de ses troupes, qui elles-mêmes étaient sûres de la prudence de leur général, sa guerre, presque partout défensive, opposait des écueils de fer et de feu aux bataillons découverts qui lui étaient opposés. Il n'enfonçait pas, mais il usait son ennemi dans d'impuissantes attaques brisées par la force de ses retranchements, jusqu'à ce que cet ennemi, lassé et décimé, se refluât pour ainsi dire sur lui-même et lui livrât de lassitude le champ de bataille et la poursuite. Guerre humaine et économe du sang de sa propre armée qu'elle épargne, guerre où la patience est le génie du général et où l'impassibilité est l'héroïsme de l'armée. Mais il fallait pour une pareille tactique une armée telle que l'armée anglaise, formée, ménagée, habituée depuis seize ans par Wellington, une armée dont chaque général s'était identifié par une longue confiance avec son chef, dont chaque bataillon était un mur réparant avec sang-froid ses brèches sous le boulet, et dont chaque soldat était un citoyen des camps portant la cause de la Grande-Bretagne dans son âme.

Ainsi était l'armée de Wellington. Elle ne comptait que trente-sept mille hommes de troupes anglaises, mais elle imprimait son exemple et sa solidité au reste des auxiliaires moins consommés dont elle se composait.

Un *tumulus* pyramidal de terre recouvert de gazon et couronné du lion de Belgique s'élève maintenant sur l'emplacement qu'occupait à cette heure lord Wellington et l'état-major de la coalition. L'âme de Waterloo fut là !

XXXII

Napoléon, contre son usage, semblait hésiter longtemps et laisser perdre les heures de la matinée où le soldat, reposé par la nuit, fortifié par la nourriture, animé par l'espérance qui luit dans le soleil, est plus impétueux qu'à la fin du jour. Il donnait dans sa pensée du temps à la division auxiliaire de Grouchy, qu'il avait appelée la veille par l'officier expédié de Planchenoit à Wavres. Aucune réponse n'arrivait à Wavres. Il écrivit une seconde dépêche à Grouchy pendant que l'armée se déployait sur ses deux flancs. « J'ai reçu vos rapports de Gembloux hier ; vous ne me parlez que de deux colonnes prussiennes ; mes rapports me parlent d'une troisième se dirigeant sur Wavres. Je vais attaquer l'armée anglaise à Waterloo sur les bords de la forêt de Soignes. Négligez les colonnes prussiennes qui s'enfoncent sur votre droite ; suivez celle qui se dirige sur

Wavres, rapprochez-vous de moi, et instruisez-moi de chacun de vos pas. » Un officier suivi de quelques cavaliers partit pour porter cet ordre à Grouchy, au hasard de sa direction, à travers les terres.

A peine cet officier avait-il disparu que l'empereur commanda l'attaque. Les tirailleurs, comme un rideau destiné à couvrir le mouvement de l'armée du nuage de la fumée de leur feu, se répandaient par groupes dans la plaine. Le général Reille s'élança avec ses divisions à l'attaque du château d'Hougoumont, centre avancé de la gauche anglaise. L'enceinte d'Hougoumont était défendue par un détachement d'infanterie légère, sous les ordres du colonel Macdonald et de lord Seltown. Macdonald prit rapidement toutes les mesures de défense que sa position lui permettait ; mais l'assaut des Français fut si impétueux que Wellington, à la vue des fortes colonnes qui assaillaient Hougoumont, y porta ses meilleures troupes. Il détacha de la division de Byng le *Coldstream*, 2e régiment des gardes, commandé par le colonel Woodford, pour l'envoyer au secours de Macdonald. Woodford prit le commandement général des forces qui défendaient Hougoumont au moment même où les Français allaient y pénétrer, et refoula l'attaque. L'empereur s'attendait à ce mouvement de son adversaire. L'attaque de Reille sur Hougoumont n'était qu'une feinte. Elle avait pour objet de porter l'attention et les forces des Anglais sur leur gauche, afin d'affaiblir leur centre, de l'enlever et de séparer l'armée en deux, rejetant la gauche sur Grouchy, pendant que Reille et d'Erlon, qui commandaient entre Rossomme et Hougoumont, écraseraient la droite. Le Mont-Saint-Jean, plateau élevé et central de l'armée anglaise, était au fond l'unique but de l'empereur. De la distance où il était placé, il ne pouvait mesurer avec précision la hauteur et l'escarpement des pentes qui grandissaient au sommet de ce plateau, forteresse naturelle de Wellington. L'épaisseur des moissons qui couvraient les terres, les arbres, les haies, l'éloignement qui aplanit tout à l'œil, lui faisaient illusion sur les niveaux du terrain. A droite et à gauche, des pentes plus accessibles et plus douces auraient conduit ses colonnes à l'assaut du camp des Anglais. Mais tout le trompait, même l'horizon, dans ce jour fatal. Les uniformes rouges des bataillons et des escadrons de Wellington en bataille sur ces pentes du Mont-Saint-Jean répandaient d'avance sur ces collines une couleur de sang, présage du sang qui allait inonder quelques heures après les escarpements.

XXXIII

Le feu inégal et éparpillé des tirailleurs des deux armées croissait à mesure qu'ils se rapprochaient et s'engageaient en plus grand nombre. Ce n'était que la provocation mutuelle qui anime et qui entraîne les combattants, le canon ne tonnait pas encore. A onze heures il éclate sur la gauche, au moment où les divisions de Reille abandonnaient le château d'Hougoumont. Quatre cents pièces d'artillerie, en ligne des deux côtés du bassin de Waterloo, semblent répondre simultanément à ce signal. Le bruit tonnant de ces batteries fend et écarte les nuages jusquelà sur les hauteurs : un soleil d'été brille un moment dans un ciel pur; mais bientôt l'immense fumée des décharges, s'étendant d'Hougoumont aux défilés de Saint-Lambert, rampe sur les pentes et couvre la vallée, comme un brouillard entrecoupé des lueurs de cent mille éclairs. Quatre-vingts pièces de canon en batterie devant Hougoumont répondent aux batteries anglaises placées derrière, et au-dessus de ce château que foudroyaient les colonnes d'attaque de Guilleminot, chef de l'état-major, et de Jérôme Bonaparte, naguère roi sans renommée, ce jour-là intrépide soldat. Malgré le feu meurtrier de la brigade anglaise, qui défend arbre à arbre le bois dont ce château est couvert, Jérôme Bonaparte, Guilleminot et Reille emportent ce bois, jonché de cadavres. Mais, parvenus aux murs, aux fossés, aux haies, qui servent d'enceinte à cette forteresse, les colonnes françaises tombent, reculent, hésitent, avancent, reculent encore sous la mitraille de quarante pièces d'artillerie et sous les balles des bataillons embusqués dans les cours, dans les jardins et derrière les murs. Reille renforce ses colonnes, à proportion de la résistance désespérée qu'il éprouve. Wellington se porte au galop avec ses aides de camp sur l'extrémité du plateau qui domine Hougoumont, inspire de sa présence et du geste l'intrépidité de ses lieutenants; il y fait descendre le général Byng avec la dernière brigade de la garde anglaise. Un combat terrible, long, acharné, à chances diverses, s'engage sous les murs et dans les vergers d'Hougoumont. Sept fois les Français pénètrent par la brèche jusque dans les cours, sept fois ils en sont refoulés à la baïonnette par les grenadiers des gardes. Enfin les obus, plus meurtriers que les hommes, mettent le feu aux fermes, aux bâtiments rustiques, aux moissons, aux charpentes. Les fortes murailles du château résistent au feu. Mais la réverbération de l'incendie et la fumée qui l'enveloppe en rendent l'occupation intolérable. Nul n'espère en sortir vivant. Les officiers et les soldats blessés déposés dans les granges y périssent étouffés. La chapelle seule échappe aux flammes. A ce signe qui leur semble une protection divine, les troupes reprennent courage et jurent de résister jusqu'à la mort. Nul n'est vaincu, nul n'est victorieux, excepté le feu qui dévore tout. Les Anglais, inébranlables sur les étages de terrain qui dominent l'édifice, ne reculent que de la portée de la flamme, et ne restent séparés des Français que par l'incendie. Deux mille cinq cents hommes des deux armées trouvent la mort et le tombeau sous ces cendres.

Un officier de Reille vient annoncer cette résistance à l'empereur. Il porte les yeux sur une carte d'Hougoumont, déployée devant lui; il indique du doigt l'emplacement d'une batterie, à côté du château, à huit obusiers. « Là, dit-il avec indifférence, qu'on se loge dans les murs, et que tout cela finisse. »

XXXIV

L'empereur avait écouté et regardé d'en haut cette mêlée, sans paraître s'étonner beaucoup de son résultat. Sa vraie pensée n'était pas là. Elle était, comme nous l'avons dit, au Mont-Saint-Jean, centre de Wellington et cœur de la lutte. Il appelle Ney, jusque-là inactif. « Voici, lui dit-il, monsieur le maréchal, un jour et une affaire dignes de vous; je vous donne le commandement du centre; c'est à vous à gagner la bataille. » Puis, lui montrant du geste le Mont-Saint-Jean, il lui ordonne de gravir et d'emporter ce centre de l'armée. Ney, retrouvant toute sa confiance et toute l'énergie de ses plus grands jours, part au galop pour aller former ses colonnes, et pour escalader la position indiquée, au premier signe de l'empereur.

Les troupes françaises s'élancent et entourent de toutes parts l'enceinte du château. La cavalerie dans l'élan de sa charge arrive sur un terrain élevé qui domine les derrières d'Hougoumont. Le cheval du général Cubières est tué sous lui. Le général lui-même ne doit la vie qu'au commandant anglais Woodford. Le général sir George Cooke, qui commande toute la division anglaise, a le bras emporté dans le dernier assaut de la garde impériale. A ce péril, Wellington lance le mot suprême : *Up guards!* (Levez les gardes!) qui électrise l'armée anglaise et rallie autour de lui tout ce qui a survécu à ce carnage. Woodford maintient sa position à Hougoumont depuis midi jusqu'à huit heures du soir.

Cependant l'incendie d'Hougoumont n'avait pas amorti le combat de ce côté. Reille et son corps, après avoir attaqué, avaient à se maintenir et à se défendre à leur tour. Les régiments écossais, délogés du château et fortifiés maintenant par deux brigades fraîches, couvertes par les batteries de Wellington, menaçaient d'enfoncer nos bataillons et de dérober notre centre. Cinq cents bouches à feu, se rapprochant à chaque décharge, labouraient de leurs boulets et de leurs obus la terre, les arbres, les moissons et les combattants. Chaque pli de terrain, chaque étage des deux versants assaillis tour à tour, occupés un moment, foudroyés l'instant d'après, devenait la scène d'un nouveau carnage. Les chevaux renversés, les caissons éclatés sous les obus, les cadavres mutilés des cavaliers et des fantassins, jonchaient le sol, inondaient les sillons de sang, sur une étendue d'une lieue carrée, sans que ni le feu, ni le fer, ni la mort de tant de braves pût faire reculer d'un pied les deux armées. Les cadavres des Anglais, des Écossais et des Français, tombés à leur poste, et gardant leurs rangs après le trépas, occupaient encore les positions vides de combattants.

La Haie-Sainte, emportée par les Français, ne leur livre que des cadavres et des murailles calcinées. D'Erlon et ses divisions, plus rapprochés de Napoléon sur sa gauche, s'engagent insensiblement, entraînés par le danger des corps de Reille. Son artillerie couvre de feu les mamelons en face de lui ; mais ses boulets se perdent dans les collines dont Wellington a le soin de couvrir ses régiments, pendant que l'artillerie anglaise, plongeant sur les colonnes françaises obligées de se découvrir pour l'aborder, emportent des files entières de d'Erlon.

XXXV

A ce moment, Ney, qui vient d'arriver à son poste en face du Mont-Saint-Jean, attend un dernier ordre de l'empereur. Le général Drouot accourt de Rossomme, et le tire enfin de son impatience. « Allez dire à l'empereur, s'écrie Ney en congédiant Drouot, que je vais répondre à tout ce qu'il attend de moi, et que le Mont-Saint-Jean va donner son nom à une des plus immortelles victoires de l'armée. »

Drouot revient vers l'empereur et le trouve préoccupé d'une autre pensée. Sa longue-vue braquée sur les défilés lointains de Saint-Lambert et vers les plateaux nus qui dominaient ces défilés en arrière et à droite, il croyait apercevoir un point noir à l'horizon, incertain si ce point était mobile ou fixe, et si c'était une forêt, un nuage ou un corps de troupes en position. Se tournant vers le maréchal Soult, son chef d'état-major général, il lui remet la lunette, le prie de regarder, et lui demande ce qu'il conjecture et ce qu'il voit. « C'est un corps de sept à huit mille hommes, répond le maréchal ; probablement le détachement que Votre Majesté a demandé à Grouchy. » Mais ce corps était si immobile et si confus à l'œil, que les nombreux officiers d'état-major de l'empereur, en regardant tour à tour vers le même point, affirmaient, les uns que c'était une forêt, les autres un de ces brouillards que la répercussion de l'air par les décharges de l'artillerie roulait au loin sur les collines. Dans l'incertitude, l'empereur donna l'ordre au général Subervie, dont les escadrons étaient les plus rapprochés de Saint-Lambert, de se détacher de l'aile droite et de se porter avec trois mille chevaux sur les plateaux de Saint-Lambert, en observation, prêt à combattre le corps mystérieux, s'il était prussien, prêt à le précéder et à le guider à Waterloo s'il était français.

A peine Subervie et Domont avaient-ils porté leurs cavaliers au point et à la distance assignés par l'empereur, qu'un prisonnier prussien surpris par une patrouille de cavalerie entre Wavres et Saint-Lambert était amené devant l'empereur, et déclarait que le corps d'armée aperçu dans ce lointain était l'avant-garde d'une armée de trente mille hommes, que le général prussien Bulow, lieutenant de Blücher, conduisait à l'armée de Wellington. Le prisonnier déclara en même temps que Blücher et le reste de l'armée prussienne avaient couché la nuit dernière à Wavres, et qu'ils n'avaient vu ni en avant ni en arrière l'armée de Grouchy.

XXXVI

L'empereur, ému et cherchant en vain à s'expliquer cette présence d'un corps prussien sur sa droite, et cette disparition complète de Grouchy, écrivit à l'instant une troisième dépêche à ce maréchal. « La bataille en ce moment est engagée sur la ligne de Waterloo. Manœuvrez rapidement dans ma direction, tombez sur les troupes qui cherchent à inquiéter ma droite. On m'annonce à l'instant que Bulow doit attaquer mon flanc. Nous croyons apercevoir ce corps sur les hauteurs de Saint-Lambert. Ne perdez pas un moment pour me joindre et pour écraser Bulow. »

L'officier porteur de cet ordre partit au hasard dans la direction où il présumait se rencontrer avec l'armée de Grouchy. Domont et Subervie, à peine arrivés sur les hauteurs de Saint-Lambert, envoyèrent avertir l'empereur que le corps entrevu était en effet un corps prussien, et qu'ils lançaient des détachements sur leurs ailes à la recherche de Grouchy. L'empereur, en recevant coup sur coup ces communications, ne se rendait pas compte du silence et du vide qu'il entendait et qu'il voyait du côté de Wavres, où le canon de Grouchy aurait dû retentir sur les derrières de Bulow. Inquiet, quoique encore confiant dans la manœuvre de Grouchy, que chaque minute pouvait révéler, il se résolut cependant à découvrir un peu sa ligne de bataille à droite, pour faire face aux éventualités dont l'approche de Bulow le menaçait du côté de Saint-Lambert. Il envoya ordre au comte de Lobau, un de ses lieutenants de confiance, de quitter la position qu'il occupait en face de la gauche des Anglais, et de se porter avec dix mille hommes près des gorges de Saint-Lambert, dans une position qui lui permît au besoin de résister à trente mille. Lobau obéit, enlevant ainsi dix mille combattants à la lutte engagée, et perdu pour la victoire dans un poste intermédiaire d'observation, où il ne pouvait ni combattre ni manœuvrer contre Wellington.

Cette prudence douloureuse et peut-être excessive de l'empereur, dans un moment où le temps et la vitesse pouvaient compenser le nombre, affaiblit son armée, déjà diminuée du corps de Grouchy, de treize mille soldats et d'excellents généraux. La ligne de bataille ne comptait plus que soixante mille hommes contre quatre-vingt-dix mille. Néanmoins il ne se troubla point de cette infériorité accrue par un excès de prévoyance; mais se tournant, après ces ordres donnés, vers le maréchal Soult qui tenait la plume, et continuant dans son langage géométrique le calcul de probabilités des chances de victoire ou de défaite qu'il avait énumérées le matin avant la bataille : « Nous avions, dit-il à Soult, ce matin quatre-vingt-dix chances sur cent pour nous, l'arrivée de Bulow nous en retranche trente; il nous en reste soixante contre quarante. Si Grouchy répare la faute qu'il a faite hier en s'arrêtant à

Gembloux, et s'il envoie son détachement avec promptitude, la victoire n'en sera que plus décisive, car le corps de Bulow sera entièrement perdu ! »

Admirable sang-froid d'un génie mathématique de la guerre qui, à force de manier les masses sur la carte et sur le sol, réduisait la victoire ou la défaite à un mécanisme de nombres et de manœuvres, indépendamment des hasards que se réserve la Providence, et du moral des combattants qui double ou dédouble les armées par le sentiment. Il ne comptait pas assez dans son calcul la résolution que Wellington avait communiquée à ses Anglais et à ses Écossais de vaincre ou de tomber à leur poste sur les escarpements où il les avait cloués.

XXXVII

Pendant ces péripéties du quartier général, Ney, qui les ignorait, formait le centre de l'armée en trois colonnes, descendait au pas de charge à leur tête les pentes de la Belle-Alliance pour s'élancer d'en bas à l'assaut du Mont-Saint-Jean. Les généraux Durutte, Donzelot, Marcognet, commandaient sous lui, chacun, une de ces colonnes. Durutte divergeait vers la gauche des Anglais ; Donzelot, annonçant son approche par le feu de trente pièces de canon, vers leur droite, pour gravir au delà d'Hougoumont les collines de la forêt de Soignes ; Marcognet commandait la colonne du centre. Ney vole de l'une à l'autre là où croît le danger. Les trois chocs sont irrésistibles. Durutte enlève tous les hameaux fortifiés entre Mont-Saint-Jean et l'extrême droite. Marcognet enfonce les deux brigades des généraux Perponcher et Picton. Picton tombe frappé à mort dans les bras de ses soldats. Les Belges se replient en déroute; la première ligne des Anglais se disperse et remonte vers les plateaux. Donzelot refoule également de la Haie-Sainte les bataillons de Byng sur les plateaux supérieurs d'Hougoumont. Des cris de victoire s'élèvent et se répondent des trois colonnes françaises. Ils retentissent dans les intervalles du feu qui monte et qui s'approche jusque dans les bagages de l'armée anglaise et de l'armée belge, qui croient la bataille perdue. Les blessés qu'on rapporte du champ de bataille, les boulets du général Marcognet qui labourent les arbres de la forêt et qui sillonnent la route de Bruxelles, ébranlent ces groupes de non-combattants, embarras et nécessité des camps. Ils fuient et tracent un courant de panique bientôt grossi par les équipages sur le chemin de Bruxelles. L'empereur aperçoit cet ébranlement et croit y voir le symptôme de la déroute. Ney, plus rapproché, appelle l'artillerie de réserve restée à la Belle-Alliance, pour achever cette déroute commencée. L'artillerie descend au galop la pente de la Belle-Alliance sur la droite et en arrière de Ney; mais les terrains, défoncés par l'inondation de la veille, engloutissent les roues jusqu'aux essieux. Tous les efforts des hommes et des chevaux pour arracher les affûts à la fange sont inutiles. Ney, en attendant ses pièces, poursuit sa course vers le Mont-Saint-Jean en combattant toujours; il touche aux derniers mamelons, il se croit vainqueur.

XXXVIII

Wellington, à cheval au milieu de son état-major sous un grand arbre, but cent fois atteint de nos boulets, voit le désastre de notre artillerie abandonnée à elle-même dans le bas-fond. Il galope vers deux de ses régiments de dragons en bataille sur le bord de l'escarpement. Il fait enlever les gourmettes des brides des chevaux, afin que l'animal, emporté à la fois par la descente et par la masse sans que la main du cavalier puisse même involontairement le retenir, se précipite d'un élan et d'un poids irrésistibles sur la cavalerie française, manœuvre désespérée digne des Numides contre les Romains, et que la taille et l'impétuosité du cheval britannique rendaient plus désespérée encore. Il fait distribuer de l'eau-de-vie aux cavaliers pour enivrer l'homme de feu pendant que le clairon enivre le cheval, et il les lance lui-même, ventre à terre, sur les pentes du Mont-Saint-Jean.

Ces deux régiments, précipités comme une avalanche sur les carrés d'infanterie française étagés derrière le maréchal Ney, les traversèrent avec la force d'un bloc arraché à sa base, arrivèrent jusqu'à nos batteries embourbées au fond de la vallée, sabrèrent les artilleurs sur leurs pièces, coupèrent les traits des attelages, renversèrent les affûts, et éteignirent pour le reste du jour le feu de cette artillerie. Le colonel Chandon mourut de leurs mains sur ses pièces. Le maréchal Ney, témoin d'en haut de ce désastre de son artillerie et du ravage des deux régiments anglais dans ses carrés, lança contre eux les régiments de cuirassiers du général Milhaut. Les cuirassiers chargèrent avec moins de fougue, mais avec un même courage et des chevaux plus souples, les dragons emportés par des chevaux de trop grande taille que le frein ne gouvernait pas assez dans leur course. La moitié des dragons périt dans ces charges; le reste, décimé et mutilé, fut ramené par les cuirassiers sur les hauteurs. L'artillerie fut vengée, mais le coup était porté.

XXXIX

Ney cependant avançait lentement, mais toujours avec ses colonnes d'attaque. En touchant aux retranchements palissadés, il fait charger les Hanovriens qui les couvraient par les cuirassiers de Milhaut et par sa cavalerie légère. Cette masse de cavalerie enfonce les Hanovriens et tue le général Omptéda qui les commande. Le major général anglais Ponsonby, envoyé pour remplacer les Hanovriens avec trois régiments de dragons, est tué à son tour de sept coups de lance sous son cheval renversé. Ney franchit sous une voûte de feu, d'obus et de boulets les derniers escarpements qui bordent les plateaux du Mont-Saint-Jean. Au pied de ces talus, comme au pied des murs d'une forteresse, Français, Anglais, officiers, soldats, hommes et chevaux, les uns cherchant à gravir, les autres à précipiter, tous à frapper, se mêlent sous les boulets des deux cents pièces de canon de l'artillerie de Wellington, se déchargent leur fusil dans la poitrine, se sabrent, se percent, s'entre-déchirent, se faisant des cadavres d'hommes et de chevaux renversés, les uns un rempart, les autres des degrés sanglants pour défendre ou pour escalader les talus. Ney, qui voit, à travers la fumée, les premiers uniformes français border le plateau, court à sa victoire. Il fait dire à l'empereur qu'un dernier effort de la réserve va lui donner le champ de bataille, et que les Anglais ébranlés font filer déjà leurs équipages sur Bruxelles.

« Je les tiens donc, » s'écria l'empereur. Son visage, son geste, sa voix, triomphent au milieu de son état-major soulagé du poids d'une si longue anxiété. Il remonte à cheval, il court aux généraux de sa garde, il leur donne l'ordre de former leurs colonnes et de voler au secours de Ney. Pendant qu'il galope, çà et là, dans la vallée, de corps en corps, pour animer ses réserves impatientes, un boulet des batteries anglaises emporte, à côté de lui, le général d'artillerie Devaux. Il le voit tomber avec douleur. Mais le feu de l'action ne lui laisse pas le temps de déplorer une perte; il remonte à son poste et redescend de nouveau de son cheval pour observer l'exécution des ordres donnés à ses réserves, et les derniers triomphes de Ney.

L'enivrement de la victoire éclate enfin dans ses traits; il se promène, les bras croisés sur sa poitrine, en long et en large sur les cartes de la bataille déroulées à ses pieds, les yeux fixés sur la fumée immobile du Mont-Saint-Jean qui n'avance ni ne recule, malgré le tonnerre incessant qui sort de ce nuage. Derrière ce nuage, il semble contempler d'avance le sort de la journée et celui de l'Europe déjà visible pour lui seul. Le maréchal Soult, figure de bronze, guerrier dont le sang-froid ne se déride ni ne s'assombrit jamais au gré des enthousiasmes ou des découragements de la guerre, suit en boitant l'empereur, reçoit ses impressions par demi-mots, transmet ses ordres, partage et soutient sa confiance. Tous les rideaux, depuis la Haie-Sainte jusqu'au Mont-Saint-Jean, sont balayés des corps ennemis. L'armée française couvre partout de ses colonnes, de ses carrés, de ses réserves déjà formées, les rampes visibles à l'œil de la forêt de Soignes. Le canon anglais se ralentit et semble attester, par ces longues intermittences, des batteries successivement éteintes par le sabre des cuirassiers de Ney. Rossomme, dont presque tous les officiers sont en mission pour porter des ordres suprêmes aux réserves et à la garde, présente l'aspect d'un bivouac plein de loisir et de sécurité après les fatigues d'une victoire, dont le général n'a plus qu'à faire poursuivre et achever les résultats.

Derrière l'armée anglaise, de l'autre côté de la forêt, tout au contraire annonce l'ébranlement et le commencement d'une défaite. Le chemin de Bruxelles et les lisières des champs dont il est bordé sont couverts de blessés qui se traînent, en répandant leur sang sur la route, ou qu'on transporte aux ambulances dans les chaumières voisines. Une longue colonne de paysans consternés, de femmes, d'enfants, de vieillards, chassant devant eux leurs troupeaux, ou emportant leurs hardes et leurs meubles sur des chariots; des soldats, des officiers, des généraux frappés par les balles, des chevaux expirants sur les bords des fossés, des domestiques d'armée se hâtant pour sauver les équipages de leurs maîtres, ne forment sur un espace de quatre lieues qu'une colonne de fuite du champ de bataille aux portes de la capitale. Le canon, qui gronde depuis onze heures de la matinée en se rapprochant et en se multipliant, ébranle l'air et les cœurs dans les rues de Bruxelles.

La ville entière est sortie des maisons et s'interroge sur les places publiques. Le bruit d'une victoire de Napoléon, qui livre la Belgique à ses armes, et qui va faire une troisième fois de ses riches campagnes l'arène sanglante et déchirée de l'Europe, se répand de bouche en bouche. Le peuple est consterné, les princes, la noblesse, les riches démeublent leurs hôtels, et fuient avec leurs familles sur les routes d'Anvers.

XL

Tel était, à six heures après midi, l'aspect si divers des deux causes derrière les deux armées.

Au milieu, Wellington, resserré et presque forcé sur son dernier champ de bataille, entre la lisière de la forêt et les gradins du Mont-Saint-Jean, escaladés à demi par Ney, et bientôt emportés par la terrible garde de Napoléon ; ses corps déjà décimés ; des milliers de morts laissés derrière eux sur les versants de la Haie-Sainte, d'Hougoumont, de Waterloo ; onze de ses généraux morts à ses pieds, et, parmi eux, son ami et son bras droit, le général Picton ; enfin, huit de ses aides de camp, sur dix-sept, tués ou blessés autour de lui ; Blücher vaincu et égaré loin de lui dans les plaines de Namur ; Bulow, qu'il avait attendu tout le jour, invisible aux officiers qu'il envoyait d'heure en heure observer l'horizon du côté de Wavres.

Mais la fortune de Wellington, entièrement évanouie dans tout ce qui l'entourait, était tout en lui-même et dans l'immuable volonté de périr ou de vaincre qu'il avait su communiquer à son armée. Ayant déjà fatigué ou tué sept chevaux sous lui, Wellington, remonté sur le huitième, courait de brigade en brigade imprimer d'un mot l'ordre, le mouvement, l'impulsion, la confiance, l'intrépidité, le mépris de la mort, le devoir, héroïsme froid, mais invincible des peuples libres, et revenait à l'instant reprendre son poste de combat sous le chêne élevé de Waterloo, afin que ses officiers ne s'égarassent jamais à le chercher, quand une face nouvelle du combat voulait une décision ou un secours. C'est là qu'il restait en butte aux boulets qui pleuvaient sur les branches de l'arbre immobile, n'attendant plus la victoire, mais la nuit. Car la nuit, maintenant sa seule espérance, pouvait seule aussi lui ramener les Prussiens à travers les ténèbres et les défilés de Saint-Lambert.

Mais la nuit ne venait pas, et les colonnes de la garde s'ébranlaient déjà pour escalader la terrasse du Mont-Saint-Jean sous les regards de Wellington, et on n'apercevait pas les Prussiens.

XLI

Par un étrange et peut-être fatal hasard des combats, car cette vue paralysa son âme, dissémina ses forces, et retint son bras qui allait frapper le dernier coup, et qui avait le temps de le frapper, ce fut l'empereur qui les aperçut le premier, bien loin et en bien petit nombre encore, derrière les hauteurs des collines de Saint-Lambert. Voici ce qui s'était passé, à l'insu de Napoléon et de Wellington, pendant ces obscurités, à l'armée de Blücher et à l'armée de Grouchy.

Grouchy, comme nous l'avons dit, ayant perdu de vue, par sa lenteur involontaire, Blücher à Gembloux, n'avait plus su le lendemain où le poursuivre. Cette hésitation avait donné à Blücher le temps de se réorganiser à Wavres, et d'avertir lord Wellington qu'il allait se rapprocher de lui vers Bruxelles, et diriger d'abord de ce côté les trente mille hommes intacts de Bulow. Il fut convenu en conséquence que celui des deux généraux alliés qui serait le premier attaqué par l'empereur accepterait la bataille et résisterait, sans reculer d'un pas, en attendant l'autre, qui viendrait, pendant le combat, attaquer en flanc l'armée de Napoléon.

Cette convention était le secret de la résolution obstinée de Wellington à combattre jusqu'à extinction de feu ou de vie sur le revers étroit de la forêt. Blücher, averti la nuit du 18 par les dépêches du général anglais, marchait depuis la pointe du jour, pour arriver sur la ligne de Waterloo, à travers l'immense distance qui l'en séparait la veille. Wellington le présumait sans le savoir. L'incertitude des positions occupées par l'empereur empêchait Blücher et Bulow de communiquer par des courriers avec ce général ; tout était conjecture et obscurité entre eux. Cependant Blücher était déjà à quatre lieues du champ de bataille, précédé par les premiers corps de Bulow, marchant avec précaution et s'arrêtant souvent au bruit du canon de Waterloo, dont il cherchait à deviner la direction, et à ne pas dépasser la ligne, de peur d'être coupé par l'aile droite de Napoléon. Cette armée se traînait lentement, plus qu'elle ne marchait, dans des gorges profondes, inondées, étroites, fangeuses, qui se creusent dans la marne entre les hauts mamelons des gorges de la Chapelle.

C'était là que l'empereur avait ordonné, par trois messagers adressés la veille et dans la nuit à Grouchy, de poster d'abord un détachement de sept mille hommes puis de se rapprocher tout entier lui-même pour entrer en communication et en ligne avec lui. La fatalité, la distance, l'incertitude de la direction inconnue à suivre pour rencontrer Grouchy, l'imprudence du major général de confier à des officiers isolés des ordres si importants, avaient égaré ces dépêches. Le maréchal Grouchy n'avait aucune nouvelle de l'empereur; il errait de son côté, exécutant l'ordre qu'il avait reçu de suivre Blücher, cherchant les Prussiens, ne les trouvant pas, craignant également de manquer à l'empereur s'il s'éloignait trop vers Namur, et de laisser les Prussiens se recomposer et échapper à leur défaite s'il les abandonnait trop vite pour se rapprocher de Napoléon. Situation complexe et fatale, dont l'ignorance a fait une trahison ou une impéritie, et qui n'était que l'exécution littérale des ordres de Napoléon, le tâtonnement forcé d'un général trop détaché de son centre, craignant également de suivre trop ou de trop violer un ordre imprudent.

XLII

Il est bien vrai que les généraux de Grouchy, entre autres Excelmans, soldat aventureux et consommé, précédant Grouchy sur les pas des Prussiens, lui avaient fait dire que Blücher et Bulow inclinaient vers Wavres pour faire leur jonction avec les Anglais. Il est vrai aussi que les autres généraux, lieutenants de ce maréchal, Gérard, Rumigny, et des colonels de l'armée, faisant halte le 18 à midi au village de Walain, entre Wavres et Gembloux, avaient entendu le canon de Waterloo du haut d'un kiosque du jardin de leur hôte et s'étaient écriés en calculant l'immensité du retentissement : « C'est le canon de Wagram! » Le maréchal avait été averti par eux; il était venu écouter les détonations croissantes. L'hôte, interrogé par lui, avait indiqué la forêt de Soignes comme le foyer de ces détonations. Le général Gérard, dont le sang bouillait d'impatience, avait dit au maréchal : « Marchons au canon! » Le général Valazé, accourant au même bruit avec un guide du pays, s'était écrié en montrant la direction du Mont-Saint-Jean : « Voilà la bataille, c'est là qu'est la bataille! » Le guide avait confirmé l'exclamation des généraux, et dit au maréchal qu'il se chargeait d'y conduire l'armée en trois heures. Le fougueux colonel Briqueville, comme Excelmans, comme Gérard, comme Valazé, avait dit ! « Courons au bruit! marchons au canon! »

Les dragons eux-mêmes, groupés autour de leurs officiers, demandaient à marcher à ce bruit qui appelle l'homme de guerre, et montraient du geste de légers nuages cendrés à l'horizon s'élevant lentement dans le ciel sur les collines, affirmant que c'étaient les légères nuées de la poudre blanchies par le soleil et roulées par le vent. Grouchy, ne s'entendant point appeler par l'empereur, et craignant de faillir en abandonnant l'ennemi vers Wavres, avait contenu son impatience de poursuivre sa route dans une situation parallèle à Napoléon, au lieu de marcher à lui. Excelmans seul, entraîné par le véritable instinct de la guerre, s'avança avec ses dragons jusqu'à la Dyle et voulut faire traverser la rivière à ses dragons. Mais, rappelé par un ordre du maréchal, il dut renoncer à son audace et étouffer son pressentiment. Ce pressentiment aurait sauvé Napoléon; l'obéissance passive de Grouchy le perdit. Quelques heures après, le général Berthesène, du corps de Vandamme, approchant de Wavres, aperçut des hauteurs le feu vers Waterloo et des colonnes prussiennes se dirigeant sur ce feu. Il fit avertir Grouchy. « Dites au général, répondit le général en chef, qu'il soit tranquille; nous sommes sur la bonne route; nous avons des nouvelles de l'empereur; c'est sur Wavres qu'il nous ordonne de marcher. »

Ce n'est qu'à ce moment, vers quatre heures du soir, que le maréchal reçut en effet le second ordre de l'empereur, égaré neuf heures en route par l'officier qui le portait. Il aurait pu interpréter, par la longueur de la bataille et par l'intensité du canon, le besoin probable qu'éprouvait Napoléon de son aile droite, et se rapprocher plus directement que par Wavres. Il n'en fit rien; l'événement lui a donné tort. Il fit attaquer Wavres par Vandamme; c'était encore un temps inutilement perdu. Quand le général Girard, de la division de Vandamme, reçut l'ordre d'emporter le village défendu par une faible arrière-garde fortifiée derrière des murs, il se tourna vers un de ses aides de camp, M. de Rumigny, et lui dit avec amertume : « Quand un homme de cœur est le témoin impuissant de tout ce qui se passe ici depuis ce matin, quand il reçoit des ordres pareils à celui-ci, et que le devoir le force d'y obéir, il ne lui reste qu'à se faire tuer. » Un quart d'heure après il tombait sous les murs de Wavres d'une balle dans la poitrine, et, reçu dans les bras de ses soldats, il allait languir dans une lente agonie, en déplorant, non son sang, mais l'inutilité de ce sang versé pour l'armée et la patrie. La trahison était loin de l'âme de Grouchy, général intrépide et consommé, engagé plus que tout autre dans la cause de Napoléon par sa lutte contre le duc d'Angoulême dans le Midi, et par la récompense qu'il en avait reçue de l'empereur dans la dignité de maréchal de France. Sa faute fut de ne pas désobéir à l'empereur, en obéissant à l'ordre plus impératif de l'inspiration et du canon. L'empereur lui-même avait évidemment commis une faute plus grave, en se séparant par une trop longue distance d'une aile si nécessaire à son armée, en présence de deux armées dont chacune pouvait se mesurer avec la sienne. Il avait trop présumé de la défaite des Prussiens la veille, trop présumé de sa victoire sur les Anglais le matin. Mépriser son ennemi est le gage du succès au commencement des luttes de peuples à peuples; c'est le piége du vainqueur après les longues campagnes, où l'on a soi-même enseigné la guerre à ses rivaux.

XLIII

Au moment où les réserves s'élançaient pour soutenir Ney, l'empereur, qui ne demandait plus qu'une heure à sa fortune, et qui croyait la tenir, entend, dans les intermittences de la canonnade du Mont-Saint-Jean, des décharges lointaines du côté de Saint-Lambert. Il ne s'en trouble pas, et détache à peine ses regards du point d'attaque où Ney, foudroyé, attendait ses renforts près de l'atteindre au pied de la terrasse. Il croyait que ces décharges n'étaient que la rencontre fortuite, sur son extrême droite, entre la division de Grouchy et les avant-gardes de Blücher. Il ne doutait plus d'avoir le temps d'achever une victoire avant d'en commencer une autre. La fumée se rapprochait, le bruit grandissait, et des officiers accourant ventre à terre vers son quartier général le détrompèrent malgré lui. La division de Grouchy n'existait que dans sa pensée; elle n'avait point reçu l'ordre; aucun renseignement n'arrivait de l'armée de ce maréchal; les plaines et les coteaux en avant de Wavres étaient vides et silencieux. « Grouchy! Grouchy! s'écriait à chaque instant Napoléon. Où est-il? Que fait-il? Envoyez des officiers au-devant de lui; pressez sa marche; il doit être à portée de nous, sous les collines de la Chapelle ou vers la Dyle. »

On ne lui répondait qu'en lui montrant les longues colonnes noires des Prussiens et leurs drapeaux qu'il se refusait à reconnaître, bien que l'aigle noire fût visible aux yeux de son état-major. Déjà ces colonnes, fortes de trente mille hommes au moins, débouchaient et descendaient des gorges de Saint-Lambert, refoulant devant elles nos trois mille hommes de cavalerie légère, et marchant au pas de charge contre les troupes du comte Lobau, qui couvraient la droite de Planchenoit. L'empereur, à cette vue, rappelle l'ordre d'attaque générale qu'il avait déjà donné au général. Il abandonne Ney à lui-même avec la gauche, le centre et la réserve déjà engagés. Il garde Lobau pour couvrir son champ de bataille contre les Prussiens toujours grossissants. Il n'en peut plus douter, Grouchy a été devancé. Bulow et bientôt Blücher, qu'on aperçoit dans le lointain, arrivent en masse au milieu du drame, et vont le dénouer par l'anéantissement de Lobau, si Grouchy n'arrive pas aussi promptement qu'eux sur leurs pas. Mais il se flatte encore que ce général a suivi ou côtoyé l'armée prussienne, et chaque coup de canon qu'il entend derrière Planchenoit lui retentit au cœur, comme la voix de son aile droite.

Cependant Lobau, placé entre Planchenoit et Bulow, combat avec une intrépide assurance l'armée prussienne, et l'arrête près d'une heure sous les murs de l'église et dans le cimetière de Planchenoit; mais pendant que le sixième corps se dévouait avec Lobau pour arrêter ce débordement d'une armée nouvelle, les Prussiens affluaient toujours et se rejetaient avec une formidable artillerie sur les pentes plus avancées, à Planchenoit, vers notre centre, foudroyaient, de là, la maison d'école et l'observatoire même d'où l'empereur gouvernait de l'œil la lutte des trois armées. Les boulets planaient sur sa tête et frappaient les arbres et les murs autour de son quartier général. Arraché par l'urgence du péril à l'attention qu'il portait à l'assaut de Ney, Napoléon fait suspendre le mouvement déjà commencé vers le Mont-Saint-Jean par sa jeune garde, et la dirige au pas de course vers le comte Lobau pour le soutenir. Ney, impatient, se retourne, et voit ses renforts prendre une autre direction. Il s'arrête, il réfléchit, il hésite, il voit que la victoire ou la défaite de l'armée est désormais à lui seul. Il puise dans l'extrémité même de la circonstance l'inépuisable courage qu'il a dans le sang pour tout sauver en précipitant tout. Il envoie ordre sur ordre de courir à lui à toutes les réserves qu'il aperçoit en position sur sa gauche ou derrière ses colonnes ; la charge bat sur tous les points, et un courant de toutes les troupes se précipite vers le Mont-Saint-Jean.

XLIV

L'armée anglaise respirait à peine entre deux assauts, et Wellington, immobile sur son cheval blessé, regardait avec un intrépide découragement de la victoire cet élan de l'armée française vers lui seul, quand le canon de Bulow, retentissant tout à coup sous les collines de Planchenoit, qui lui dérobaient encore les Prussiens, lui amenait enfin un secours si longtemps et si énergiquement attendu : « En avant ! mes amis ! s'écria-t-il en agitant son épée aux yeux de ses troupes, nous avons assez résisté de pied ferme, à nous maintenant d'attaquer ! » A sa voix, une colonne anglaise se forme et, se précipitant sur la gauche des colonnes de Ney, court assaillir la Haie-Sainte, pour fondre ensuite sur l'espace intermédiaire entre l'empereur et Ney. La Haie-Sainte, crénelée et défendue par notre infanterie, foudroie la colonne. Ney pousse les lanciers et les chasseurs de son corps d'armée sur ses flancs. Ils balayent les régiments anglais remontant mutilés devant eux ; ils les poursuivent le sabre à la main, et, franchissant sur leurs pas les dernières rampes du plateau, moins inaccessibles à gauche, ils se reforment après les avoir franchies. Ils chargent les batteries d'artillerie anglaise établies sur le bord du plateau, tuent les canonniers sur leurs pièces, dépassent les batteries éteintes, et vont sabrer les carrés d'infanterie de réserve anglaise jusque dans le camp où ils se croyaient à l'abri derrière leurs feux. Ney lui-même s'élance à la tête des cuirassiers au secours de sa cavalerie, dont il entend les cris de victoire sur le plateau. Il s'y maintient un moment l'épée à la main, comme un soldat monté le premier à l'assaut, plus que comme un chef. Les Anglais interdits n'osent l'aborder pour l'en précipiter de nouveau. Il espère un moment que sa témérité, sa promptitude, son élan, son succès, décideront l'empereur à lui prêter sa garde et à oublier les Prussiens. Mais l'empereur, qui embrasse l'ensemble et qui prévoit qu'une victoire inachevée de son lieutenant sera suivie d'une retraite nécessaire et d'une déception de l'héroïsme de ses troupes, murmure contre la témérité de Ney. Le maréchal Soult entre dans les pensées de l'empereur. « Il nous compromet comme à *Sierra*; il nous engage au delà de nos moyens; il nous entraîne d'un seul côté, tandis que nous avons à faire face à tous. — Voilà un mouvement prématuré qui pourra nous coûter cher, » dit Napoléon. Il admire et condamne à la fois l'intrépidité de son général.

XLV

Pendant ce court dialogue au quartier général, Ney, trop avancé, recule en effet sous le choc de toute la cavalerie de Wellington, qui précipite le maréchal et ses colonnes au bas de l'escarpement et jusque derrière la seconde ligne. Napoléon le voit, craint que ce reflux ne rompe son centre, ordonne à Kellermann, à Milhaut et à Guyot de réunir toutes leurs divisions de cuirassiers aux lanciers, aux dragons, aux chasseurs, aux grenadiers à cheval de la garde, et de soutenir Ney qui fléchit. Cette masse immense de grosse cavalerie, la plus aguerrie et la plus redoutable de l'Europe, dernier coup de foudre de toutes nos grandes batailles, au nombre de dix mille chevaux, fond au galop sur la cavalerie anglaise déployée pour l'attendre. Mais Wellington n'avait pas attendu le choc ; à l'approche de nos escadrons accourant aux cris de : « Vive l'empereur ! » les régiments anglais forment deux masses, se replient à gauche et à droite et démasquent soixante bouches à feu en bataille, vomissant la mitraille sur les cavaliers de la garde. Les premiers rangs jonchent le plateau de cadavres d'hommes et de chevaux mutilés ou morts ; les seconds le franchissent, éteignent une seconde fois les canons anglais, fondent sur les carrés de Wellington, citadelles vivantes placées par lui à distance pour se couvrir les unes les autres. Ils essuient le feu roulant de ces carrés, pénètrent jusqu'aux dernières réserves de Wellington, les chargent sans les démolir, reviennent se reformer après la charge pour reprendre leur élan sur d'autres carrés, les ouvrent quelquefois sous le poitrail sanglant de leurs chevaux, plus souvent roulent à leurs pieds sous leurs baïonnettes. Après chaque charge, le carré anglais se déploie en éventail pour donner plus de surface à son feu, et se reforme en bloc de feu pour recevoir plus solidement un autre choc. La brigade du major général de Wellington résiste ainsi à onze charges, en rétrécissant à chaque charge son carré. Quelques régiments anglais et écossais sont réduits de deux tiers et ne s'ébranlent pas, résolus à se laisser tuer jusqu'au dernier peloton plutôt que de céder la place et la victoire. Une division écossaise de quatre mille hommes ne compte plus que quatre cents combattants. Elle fait demander du renfort au général en chef. « Qu'elle meure, mais qu'elle reste, répond lord Wellington, il n'y a que la nuit ou Blücher qui puisse nous en donner, des renforts! » La division se résigne et obéit.

Wellington, le prince d'Orange, lord Hill, Pozzo di Borgo, Alava, général espagnol volontaire, volent tour à tour d'un régiment à l'autre pour les animer, se renferment un moment au centre du carré, reçoivent la charge, s'ouvrent un passage après le feu, courent à un autre, portant partout la résolution et l'exemple. « Tenez ferme, ferme, tenez jusqu'au dernier, mes enfants, répète Wellington de carré en carré ; si nous abandonnons le champ de bataille, que dira-t-on de nous dans la Grande-Bretagne! » C'était le mot d'ordre de Nelson à Trafalgar, l'œil de l'Angleterre sur chacun de ses soldats.

Il se désespérait cependant en voyant tomber ainsi ses intrépides compagnons de guerre. « Grand Dieu, disait-il en regardant le soleil lent à disparaître et Blücher lent à arriver, faudra-t-il donc voir tailler en pièces tant de braves gens! » Jamais les Français n'avaient été si acharnés à la victoire, jamais les Anglais si inébranlables à la défaite ; on sentait que c'était la proie du monde qu'ils se disputaient pour la dernière fois. Le monde moderne n'avait jamais vu une si terrible étreinte de deux nations corps à corps sur un aussi étroit espace. Tout était sang, cadavres, chevaux, affûts, canons, armes brisées sous les pieds! Ney, oubliant qu'il était général et abandonnant chaque régiment à son instinct, combattait lui-même, son chapeau de général élevé dans la main gauche, son épée brisée dans la droite, son cheval tué sous lui à ses pieds.

Le général Lesourd, atteint de six coups de sabre, descend de son cheval pendant que ses dragons se rallient pour une nouvelle charge, se fait couper le bras et étancher le sang, remonte à cheval et charge avec eux. Des deux côtés on ne respire plus que pour tuer ; frapper et être frappé, c'est vivre ! Chefs, soldats, animaux même, semblent avoir dit adieu à l'existence, et ne chercher, comme dans un cirque mortel, qu'à tomber avec plus de gloire et à tomber sur le cadavre de l'ennemi.

Le prince d'Orange, digne ce jour-là de Wellington et du trône qu'il disputait les armes à la main, est cerné dans un petit groupe de combattants par tout un escadron de cuirassiers français les sabres levés et déjà tendus pour l'atteindre. Le 7ᵉ bataillon belge voit son danger, fond sur les cuirassiers à la baïonnette, les rompt, les traverse, et délivre son prince héréditaire. Le prince arrache de sa poitrine sa décoration, la jette au hasard au milieu du bataillon et s'écrie : « A tous, mes enfants ! Vous avez tous conquis la gloire et mon trône ! » Un cri de : « Vive le prince d'Orange ! Vive le roi de nos enfants ! » s'élève du bataillon libérateur.

XLVI

Mais les dix mille cuirassiers français parcouraient et ravageaient toujours ce champ de bataille détrempé d'eau et de sang, et pétri comme une argile rouge sous les pieds de vingt mille chevaux des deux camps. Wellington, un moment hors de la mêlée et revenu à son poste sous le chêne, n'a plus à ses côtés que trois aides de camp sur dix-sept, étendus blessés ou mourants. Sa lunette à l'œil, il contemple quelques instants ce tourbillon de charges, il voit que les balles de ses carrés s'émoussent contre les cuirasses de nos cavaliers. Il fait passer de rang en rang à ses intrépides Écossais l'ordre de se laisser aborder sans tirer, de percer le poitrail des chevaux de la pointe des baïonnettes, de se glisser jusque sous les pieds des animaux, et de les éventrer avec le glaive court et large de ces enfants du Nord. Les Écossais obéissent et chargent eux-mêmes à pied nos régiments à cheval. Trois heures entières avait duré cette mêlée, emportant douze à quinze milliers d'hommes des deux nations, sans emporter un sillon du sol sous leurs pieds. Les blessés et les morts jonchaient la boue, les survivants comblaient les vides en se resserrant à la voix éteinte des officiers. Ney, remonté sur le cheval d'un de ses cavaliers, était emporté et rapporté, par le flux et reflux de la mêlée, tantôt jusqu'aux réserves anglaises, tantôt jusqu'aux bords du plateau ; le moindre renfort de troupes fraîches lui donnait la victoire et la route de Bruxelles. Déjà une de ses batteries la balayait de loin et lançait des boulets au milieu de la colonne de fuyards. Mais rien n'ébranlait ces brigades, renouvelant sans cesse avec l'imperturbable flegme du Nord la manœuvre qui les déployait et les refermait à l'approche de ses escadrons.

XLVII

Napoléon lui-même, soit qu'il crût en ce moment la victoire acquise au maréchal, et que la certitude de vaincre lui donnât l'impartialité nécessaire pour louer un ennemi, soit que l'homme de métier l'emportât chez lui sur l'homme de la lutte, admirait d'en haut, à travers la fumée, la beauté sinistre de ce spectacle, la solidité, les évolutions, la précision des feux et des manœuvres des Anglais. « Quelles braves troupes ! disait-il avec l'accent d'un généreux enthousiasme et d'une mâle pitié au maréchal Soult, debout, à côté de lui, sur le tertre d'où ces deux guerriers contemplaient le Mont-Saint-Jean. Quelles braves troupes ! et comme elles travaillent avec constance et vigueur. Les Anglais se battent bien, il faut en convenir ; nous les avons formés. Ils sont dignes de nous ; mais ils ne tarderont pas à fuir ! » — « La cavalerie française nous entourait, comme si c'eût été la nôtre, » écrivait Wellington lui-même, quelques jours après, dans ses récits de la bataille. Mais, malgré la bravoure téméraire de Ney, de Kellermann, de Guyot, de Milhaut, de Lesourd, qui commandaient cette cavalerie, aucune âme d'ensemble ne gouvernait ces charges disséminées, et ne donnait à ces régiments épais la masse, le poids, la persistance et l'irrésistible courant d'hommes et de chevaux par lesquels un grand homme de cheval rendait autrefois cette cavalerie réunie l'arbitre de la fin des journées de guerre. Murat manquait à ces escadrons ; son coup d'œil, et son âme, et son sabre manquaient à l'empereur.

Il était en ce moment à Toulon, obscur, caché, repentant, pleurant sa faute, implorant vainement le champ de bataille pour se laver dans le sang, et se rongeant le cœur de ce que ses régiments allaient charger et mourir sans lui ! Tous les hommes de guerre conviennent que l'absence de Murat fut la fortune de Wellington dans ces dernières charges de cavalerie du Mont-Saint-Jean. Napoléon lui-même, quoique aigri et mécontent de ce roi des déroutes, ne put s'empêcher de répéter à plusieurs reprises : « Ah ! si Murat était là ! »

XLVIII

L'absence de ce héros, l'invincible solidité des Anglais, la stoïque constance des Écossais, l'éparpillement successif de nos charges frappant partout, ne perçant nulle part, la lassitude des hommes et des chevaux de courir et de lutter trois heures dans des terres défoncées et glissantes, qui consumaient les forces des animaux sous un soleil d'été, dont l'ardeur était doublée par la flamme des décharges et par l'haleine des hommes et des chevaux ; enfin les batteries de réserve de Wellington, reconquises par ses artilleurs après le reflux de nos escadrons, et vomissant sur nous la mitraille, avaient enfin séparé les combattants et rejeté de nouveau Ney et son armée sur les bords du plateau qu'il avait vainement gravi.

Napoléon, à cet aspect, cesse d'hésiter ; le danger de Ney l'entraîne lui-même ; il appelle à lui le général Petit, avec les chasseurs à pied de sa garde, et lui confie le soin de couvrir sa droite vers Planchenoit, et, tranquillisé un instant sur ce point, il fait former une colonne d'attaque des grenadiers à pied de sa garde, colonne invincible qu'il lance au secours de sa cavalerie pour l'affermir sur le plateau contre les charges renouvelées de Wellington.

Les six mille grenadiers s'élancent aux cris de : « Vive l'empereur ! » l'arme au bras. Wellington les contemple avec une terreur qui tient au prestige de ce corps immortalisé sur tant de champs de bataille. Il sent qu'il faut agir sur de pareils soldats, non comme avec des hommes, mais comme avec un élément. Il les attend à la bouche d'une batterie de quarante pièces de canon, dont les artilleurs ont la mèche à la main. Ils montent, ils approchent, la batterie éclate aussitôt que la fumée du bronze s'élève, et laisse le regard plonger sur les pentes. Les Anglais voient la noire colonne flotter un moment; mais ce flottement se consolide, la colonne serrée s'avance aussi muette, aussi compacte, l'arme toujours au bras, sans tirer, sans se hâter, sans se ralentir. A une seconde décharge, même oscillation, même raffermissement, même silence; on voit seulement l'immense bataillon se presser sur lui-même, comme un immense reptile qui se concentre sous ses écailles, quand sa tête a été touchée par le fer. A la troisième décharge, les Anglais, penchés sur le bord du ravin, regardent encore. La colonne est réduite à un bloc immobile d'hommes, décimés par ces trois mitrailles : deux des bataillons sont couchés sur la rampe, à côté de leurs fusils encore chargés; les deux autres hésitent, délibèrent, et reculent enfin devant cet écueil de feu, pour aller chercher un autre accès sur ces inabordables hauteurs. Mais Wellington, couvrant toute son armée de deux cents pièces de canon, les attend partout derrière le même rempart de bronze.

XLIX

Napoléon pâlit, doute enfin de la victoire, sent trop tard la nécessité de vaincre entièrement quelque part, s'il ne veut pas être vaincu un moment après partout. « Mon cheval ! » s'écrie-t-il en jetant un dernier regard sur les Prussiens contenus passivement par d'Erlon. On lui amène son cheval, cheval persan, d'une blancheur de cygne, qu'il aimait à monter au feu, à cause de son éclat qui le faisait reconnaître de loin par ses troupes, et de son sang-froid qui le tenait immobile aux détonations des obus. Je l'ai vu survivre de longues années après son maître, toujours fier, superbe et doux, et redressant la tête au nom de Waterloo, comme s'il se souvenait de sa gloire.

Napoléon le monte ; il part au galop, entouré du groupe de ses officiers, et suivi à distance par les escadrons d'escorte de sa garde à cheval. Il se dirige vers sa gauche, où son frère Jérôme, Guilleminot et le général Reille étaient massés autour de la Haie-Sainte et du château d'Hougoumont. Déjà Ney commençait à plier et à redescendre avec confusion des plateaux devant l'artillerie et la cavalerie ralliées de Wellington. Il était temps.

L'empereur passe devant le front de tout ce qui lui reste de bataillons et d'escadrons au centre et à gauche de la plaine. Il les anime ; il leur montre de la main la fumée du Mont-Saint-Jean. Une nouvelle armée tout entière, reste de son artillerie, de sa cavalerie, de sa garde, se forme à la voix de ses lieutenants. Quand elle est formée, il s'élance lui-même, l'épée à la main, aux premiers rangs de la colonne de tête de sa garde, et du geste écartant à gauche et à droite les généraux qui veulent le couvrir : « Tout le monde en arrière ! » s'écrie-t-il ; et il marche le premier à l'assaut des pentes les plus escarpées et les plus foudroyantes des plateaux. Un silence morne l'environne ; on sent qu'il va chercher son sort. On croit que, s'il ne lui donne pas le triomphe, il lui demandera du moins la mort. Ses traits, toujours calmes, paraissent néanmoins concentrer dans leur immobilité et dans leur silence cette gravité qui est la seule ardeur permise au commandement. Tout le monde se tait derrière lui ; on le laisse à ses pensées ; on sent qu'il se mesure avec le destin. Il marche ainsi quelques moments sous la portée des deux cents pièces de canon de l'armée anglaise, qui ne tirait pas encore de peur de perdre leur feu ; puis, se retournant vers son armée et se rangeant un peu sur la gauche, dans le pli d'un mamelon du terrain qui le couvre contre les boulets : « En avant ! en avant ! » s'écrie-t-il en animant de l'œil, de la voix, du geste ses bataillons, à mesure qu'ils passent devant lui. « Vive l'empereur ! » répétèrent tour à tour, avec le geste de l'enthousiasme désespéré, les généraux, les officiers, les soldats, lancés au pas de course et à découvert sous le feu tonnant des batteries !

Ney, le visage noirci de poudre, les habits souillés et déchirés par le combat, l'éclair de la joie et de la victoire dans le regard, accourt au-devant de la garde, et, la ralliant sous son épée à ses troupes raffermies, il dirige lui-même cette attaque générale à l'assaut de l'armée anglaise. Les deux cents bouches à feu de Wellington, les trois cents pièces de canon de l'armée française, qui leur répondent des promontoires les plus élevés de la Belle-Alliance, couvrent d'une voûte de boulets l'armée de Ney et de Napoléon, pendant qu'elle aborde les plateaux sous ce feu. Un officier accourt annoncer à l'empereur que les Belges et les Allemands, qui forment la gauche de Wellington vers Saint-Lambert, se replient en désordre vers le mont Saint-Jean, suivis d'une colonne de fumée.

« C'est Grouchy! c'est Grouchy! s'écrie l'empereur. Enfin, le voilà! nous sommes vainqueurs! Courez, dit-il à Labédoyère qui était à cheval à côté de lui, courez annoncer au maréchal et aux troupes cette joie qui raffermira leur courage. » Labédoyère court, de bataillon en bataillon, jusqu'au maréchal, en semant partout la nouvelle de l'approche de Grouchy. « Vive l'empereur, répondent partout les soldats. La victoire est à nous. » Et ils gravissent avec une ardeur nouvelle les étages de feu.

La joie de l'empereur fut courte et trompeuse, jeu de la fortune qui lui montrait jusqu'à la dernière heure le mirage de la victoire, pour lui rendre la défaite plus amère et plus complète. Ce n'était pas Grouchy, c'était Blücher lui-même qui débouchait enfin des défilés de Saint-Lambert. Grouchy avait vainement cherché à l'occuper par une attaque sur son arrière-garde du côté de Wavres. Le vieux guerrier, plus téméraire que Grouchy, et par cette témérité même, génie des circonstances extrêmes, plus heureux, avait entendu le canon de Waterloo. Il s'était dit : « Ma place est où combat Napoléon; la victoire ou la défaite ne seront qu'où il sera vainqueur ou défait; marchons-y sans nous inquiéter d'un combat partiel avec son lieutenant. » Et il avait marché sur les pas de Bulow. La nuit tombait, les

Allemands et les Belges, portés vers Papelotte par Wellington, avaient encore les uniformes français de 1813 : l'avant-garde de Blücher, se trompant à ces couleurs, avait tiré par confusion sur cette aile perdue de Wellington, croyant foudroyer des Français. Ces troupes surprises se replient sous ce feu. C'était la cause de l'erreur et de la joie de Napoléon. Elle allait se changer en désespoir.

L

Cependant la confiance communiquée au maréchal par la voix de Labédoyère imprime un invincible élan à l'assaut de cette troisième et dernière armée. L'artillerie et les lignes déployées de l'infanterie anglaise plongent en vain leur feu sur les colonnes et sur les carrés de l'armée ; nos régiments, quoique décimés, se précipitent sous les canons et les baïonnettes. La mitraille les attend et les déchire en approchant ; le cheval de Ney, les flancs traversés par un boulet, s'affaisse une seconde fois sous son cavalier. Le maréchal se relève, met l'épée à la main, marche au combat au milieu de ses fantassins. Le général de la garde impériale Michel est tué, le général Friant est blessé. Les deux armées, séparées par des cadavres, s'abordent de nouveau corps à corps ; la mêlée, sous la fumée des décharges, est si épaisse, si confuse, si acharnée, que la voix et le coup d'œil des généraux ne peuvent plus ni discerner ni gouverner les mouvements. La mort pleut autour de Wellington. Ses derniers compagnons de la journée, Vincent, Alava, Hill, croient tout perdu ; lui seul espère encore. « Quels ordres donnez-vous? lui demande son chef d'état-major d'une voix indécise et qui semble conseiller la prévoyance d'une retraite. — Aucun, répond le général. — Mais vous pouvez être tué, et il faut laisser votre pensée à celui qui aura à vous remplacer. — Ma pensée, répliqua le général, je n'en ai pas d'autre que de tenir ferme ici jusqu'au dernier homme. »

Pendant que Wellington faisait ainsi le testament de sa pensée sur le champ de carnage, le général Friant se relevait blessé du combat, s'approchait à cheval de l'empereur toujours posté à l'abri du ravin, et lui disait que tout triomphait sur les plateaux, et que l'arrivée de la vieille garde allait tout finir. Cette vieille garde, formée en colonnes flanquées de bataillons carrés à droite et à gauche, avec une brigade en arrière-garde, venait à l'instant de se former, et montait lentement les collines suivie de son artillerie pour porter le dernier coup de la journée. Ces vieux soldats, sûrs d'eux-mêmes comme de leur général, calmes, graves, recueillis, farouches de visage, silencieux comme la discipline, débouchaient successivement devant le pli de terrain où leur empereur était abrité avec son frère Jérôme, son aide de camp Drouot, Bernard, Labédoyère, Bertrand, son grand maréchal du palais, et les principaux officiers de sa cour militaire. Napoléon les flattait d'un geste et d'un sourire. Ils y répondaient en élevant en l'air leurs bonnets à poil et en brandissant leurs armes au cri de : « Vive l'empereur ! »

Ils s'étonnaient pourtant que, dans l'extrémité d'un pareil combat, Napoléon fût si loin du champ de bataille, à l'abri de cette mort que tant de milliers d'hommes affrontaient pour lui. Ils s'attendaient à le voir déboucher au galop du ravin, et se jeter comme dans les grands jours au milieu d'eux. Les blessés par centaines arrosant les collines de leur sang passaient, en redescendant, devant lui. Le choc des bataillons s'entendait par-dessus sa tête. Jérôme son frère, rougissant de sa propre sûreté pendant que tant de vies se donnaient pour la sienne, murmurait à demi-voix contre cette immobilité de l'empereur. « Qu'attend-il, disait-il à Labédoyère, pour se découvrir? Aura-t-il jamais une plus belle scène pour vaincre ou mourir? » Bientôt envoyé lui-même par l'empereur à la tête d'une colonne, Jérôme courut au feu et à la mort avec l'intrépidité dévouée d'un simple grenadier. Napoléon, qui ne croyait rien perdu encore, ne voulait pas, avec raison, jouer à la fin d'une victoire la France, l'empire et lui-même contre un boulet. D'autres disent que son esprit et son corps, affaissés par les soucis et par le malaise, le tinrent à la fin du jour dans un affaissement et dans une insensibilité qui semblaient attendre passivement son propre sort des événements plus que l'assurer par son énergie. Mais ses soldats faisaient des efforts surnaturels pour arracher ce sort de la journée au destin.

La vieille garde, en vain ébréchée par l'artillerie anglaise, abordait le sommet du Mont-Saint-Jean. Tout pliait devant elle. Le prince d'Orange, en ralliant ses troupes, reçoit une balle qui lui traverse l'épaule. Les carrés anglais le reçoivent dans leurs flancs et se rouvrent comme le matin pour livrer passage à la mitraille cachée dans leur épaisseur. La garde recule à son tour, des pelotons entiers écharpés s'en détachent et passent devant l'abri de l'empereur. Quelques cris de désespoir et de trahison se font entendre dans le groupe découragé. Napoléon ne peut résister à ce spectacle, il pousse trois fois son cheval en avant pour aller lui-même soutenir ou lancer de nouveau sa vieille garde. Trois fois Bertrand et Drouot, ses amis, se jettent à la bride de son cheval et le repoussent à l'abri des boulets. « Qu'allez-vous faire, Sire? lui disent ces braves officiers. Songez que le salut de la France et de l'armée est en vous seul. Si vous périssez ici, tout périt! » L'empereur céda et reprit son poste immobile, d'où il ne pouvait ni voir ni être vu jusqu'à la fin de la mêlée.

Il venait d'apprendre et feignait d'ignorer l'arrivée de Blücher sur son flanc droit. Il voulait, avec raison, laisser à l'armée engagée sur les plateaux le temps de vaincre là-haut avant de la retourner contre un autre ennemi. Mais les généraux qui combattaient avec un si stérile acharnement sur les plateaux venaient d'apprendre presque aussitôt que lui l'arrivée des Prussiens. Le bruit s'en répandait parmi des soldats déjà fatigués de neuf heures de lutte, rebutés par une résistance qu'ils n'avaient rencontrée nulle part dans leurs anciennes guerres. Absents de leur empereur, voyant tomber le jour, et n'apercevant pour prix de leur victoire sur les Anglais que de nouvelles armées à traverser ou à vaincre derrière eux dans la nuit, ils attendaient à tout instant le rappel de Napoléon; ils sentaient l'ardeur des Anglais redoubler avec la certitude d'être bientôt renforcés par les Prussiens. Les réserves de cavalerie de la garde royale anglaise, jusque-là conservées comme une dernière ressource par Wellington, chargèrent avec l'énergie et la vigueur d'une armée qui a retrempé ses forces dans le repos et dans l'espérance. Wellington lui-même montait un huitième cheval, mettait le sabre à la main et chargeait comme un soldat au milieu de ses plus indomptables cavaliers. Onze de ses généraux sur vingt-deux qui commandaient le matin sous lui étaient morts et couchés sous leur manteau au bord de la route de Bruxelles. Les nôtres se regardaient, s'interrogeaient d'un regard inquiet, se disant en se tournant du côté où ils avaient laissé l'empereur : « Mais qu'attend-il ? que veut donc cet homme ! Son génie s'est-il éclipsé en lui ? Sa tête s'est-elle perdue ? » Quand une armée en est là, il n'y a plus que la personne, la voix, l'héroïsme de son chef qui puisse lui rendre sa confiance. Le murmure dans le feu est le présage de la défaite. Napoléon ne parut pas.

LI

Wellington reparut à la tête du 42ᵉ et du 95ᵉ régiment de sa cavalerie, et fondant sur le flanc des chasseurs de la garde impériale, il les enfonce et les poursuit le sabre dans les reins. Cette charge irrésistible de deux régiments frais sur une troupe qui se rompt et se disperse, est le signal d'un ébranlement général sur notre front. L'armée anglaise pousse trois *hurrah*, s'avance en cinq colonnes, avec son artillerie dans les intervalles, sur l'armée de Ney, qui redescend en lambeaux des hauteurs pour reprendre ses premières positions. En même temps la cavalerie anglaise en une seule masse est précipitée par Wellington sur notre ligne à peine reformée. Deux brigades la traversent et vont écraser sous leur poids la cavalerie française encore intacte sur la gauche pour surveiller les Prussiens. Blücher, s'avançant en tumulte, replie de position en position l'armée de d'Erlon jusque vers Waterloo ; il menace de couper la retraite à la garde impériale et à Ney. L'instinct de la défaite saisit l'armée, un cri de : « Sauve qui peut ! » jeté par des hommes démoralisés fait croire aux soldats qu'ils sont trahis. Ils se débandent et se précipitent en masses confuses pour regagner le campement du matin. La voix des officiers, les reproches des généraux, la vue même de leur empereur devant qui ils passent en courant, ne peuvent les retenir. Les collines du Mont-Saint-Jean sont couvertes de leurs débris.

Napoléon voit revenir en lambeaux cette armée, son seul espoir quelques heures auparavant. « Tout est perdu ! » s'écrie-t-il. Il contemple un moment ce désastre, pâlit, balbutie, verse des larmes, les premières qu'il ait versées sur un champ de bataille, presse enfin les flancs de son cheval, et s'élance lui-même pour tenter de rallier ses soldats. Leur courant, sourd à sa voix, l'entraîne lui-même. Le canon de Wellington couvre ses paroles. Les boulets du Mont-Saint-Jean, la cavalerie de Wellington, les canons de Blücher, qui portent déjà jusque sur la route, précipitent ces vagues d'hommes comme un torrent ; la nuit tombe et le dérobe aux regards et aux reproches de ses soldats.

Bientôt les Prussiens gravissent jusque sur la hauteur de Planchenoit que l'armée avait le matin derrière elle. A cette vue, les corps encore intacts, qui se sentent coupés, abandonnent leurs drapeaux pour chercher leur salut personnel dans la fuite. Personne ne commande, personne n'obéit. Le major général lui-même, abandonné de l'armée, l'abandonne au hasard de sa fuite. La route de la

Sambre allait être interceptée par Blücher, tous le voyaient; l'instinct du salut individuel, ce seul sens des armées qui, en perdant leur cohésion, semblent avoir tout perdu, chassait tout le monde pêle-mêle vers ce fleuve.

Quelques corps de la garde impériale tentaient seuls, çà et là, une résistance courte et désespérée. Le canon des Prussiens brisait leurs derniers carrés dans la plaine; la cavalerie de Wellington, fondant sur leurs pas des hauteurs, sabrait sous leurs yeux les bandes éparses. Des régiments entiers jetaient leurs armes et leurs havre-sacs, les canonniers coupaient les traits de leurs chevaux, et laissaient leurs pièces dans les ravins, les soldats des équipages abandonnaient leurs voitures ou s'en servaient pour fuir, à travers champs, vers Charleroi. Un seul régiment de la vieille garde, le 1er, commandé par le général Cambronne, un des commandants des grenadiers de la garde de l'empereur à l'île d'Elbe, couvrait encore cette fuite d'une intrépide arrière-garde contre la cavalerie anglaise. Ses feux de file tenaient à distance deux armées lassées de tenir après la victoire. Les Prussiens et les Anglais pressaient de trois côtés ces deux bataillons, admirant et plaignant leur inutile sacrifice. Ils suspendent le feu de leur artillerie légère et les charges de leurs escadrons sur ce bloc de héros. Ils envoient des parlementaires au général Cambronne pour lui proposer de déposer les armes. Le général, déjà frappé de six coups de sabre dans la retraite, répond par une de ces trivialités sublimes de sens, cyniques d'expression, que le soldat comprend, et que les historiens traduisent plus tard en phrase de parade; puériles légendes quand l'héroïsme est dans l'acte et non dans le mot. Le général Cambronne et son régiment refusent toute capitulation et toute pitié de l'ennemi. Ils laissent démolir ces derniers carrés solides par le canon. Ils ralentissaient ainsi un moment la poursuite, et donnaient le temps à l'empereur lui-même de se faire jour à travers la foule vers la tête de l'armée.

LII

La nuit tombante le dérobait, lui et son état-major, aux regards des Anglais et des Prussiens si près de lui. En arrivant sur la route encombrée, à la hauteur de ces derniers carrés de sa garde, Napoléon est tenté de s'ensevelir avec Cambronne dans ce dernier sillon du champ de bataille. Il tourne la bride de son cheval vers cette poignée de braves, suivi de Soult, de Flahaut, de Labédoyère, de Bertrand, de Drouot, de Gourgaud, qui l'ont rejoint et qui lui ouvrent le sabre à la main un difficile passage à travers la déroute. Le carré se déploie devant lui, il le salue encore d'un triste et dernier cri de : « Vive l'empereur ! » Sublime adieu de l'armée répondant en face de la mort à l'adieu de Fontainebleau.

Morne et silencieux, l'empereur semble résigné et attendre là le boulet qu'il avait vainement prédit à Arcis-sur-Aube, et qui pouvait seul absoudre et illustrer sa dernière faute contre sa patrie. La masse épaisse des fuyards, débouchant de toutes les collines et de toutes les gorges de Waterloo vers ce bas-fond, et interposée à ce confluent entre la cavalerie anglaise et la garde, embarrassait l'ennemi. Les régiments de grosse cavalerie de Wellington ne pouvaient la traverser; ils refoulaient pesamment devant eux ces masses désarmées, comme un troupeau qui se laisse écraser par le pied des chevaux faute d'espace pour se répandre.

L'empereur aperçoit devant lui quelques pièces d'artilrie française abandonnées et renversées sur le bord de la route. « Relevez et faites tirer ces pièces, » dit-il à Gourgaud. Et Gourgaud obéit, aidé par les grenadiers de la garde. Il place quelques canons en batterie et fait feu sur la cavalerie anglaise. Ce furent les derniers boulets de la bataille. Un de ces boulets emporte la cuisse du général Uxbridge, qui commandait ces régiments et qui avait échappé jusque-là à toute blessure, au milieu d'un carnage de douze heures. Il tomba le douzième des généraux anglais frappés dans la journée. Sa chute et son sang consternent et suspendent un moment la poursuite. Sa cavalerie, brûlant de le venger, se ranime à la charge.

L'empereur ordonne de reformer le carré et pousse son cheval pour se jeter dans les rangs. Soult avec plus de sang-froid saisit la bride et retient le cheval. « Ah ! Sire, l'ennemi n'est-il pas déjà assez heureux? » Bertrand, Drouot, Flahaut, Labédoyère, conjurent Napoléon de ne pas livrer dans sa personne l'armée et la France à la mort ou à la captivité. Il cède et renonce à la mort du héros pour les hasards d'une destinée tranchée avec ses derniers bataillons. La tombe était là, avait dit Jérôme. Vivre, pour lui, ce n'était plus que déchoir. Les hommes qui meurent à leur sommet, même au sommet de leurs revers, laissent une pitié qui double leur gloire. Il avait montré trois fois qu'il n'était pas de ces hommes, à Moscou, à Fontainebleau, à Waterloo. Il s'obstina à vivre et à espérer quand la gloire était de désespérer. Sainte-Hélène l'attendait avec ses petitesses et ses langueurs pour le punir de s'être trompé de mort.

Cambronne tomba avec tous les soldats de son régiment sous la mitraille et sous le sabre de l'ennemi, pour donner quelques minutes de plus à la fuite de Napoléon et l'immortalité à la garde impériale. La cavalerie ne passa que sur des cadavres ou sur des blessés. Les paysans le lendemain ne relevèrent que des corps mutilés de ce champ de mort. Ce furent les Thermopyles de la garde.

LIII

La lune, funeste à ceux qui fuyaient, se leva pour éclairer la poursuite ; les deux armées anglaise et prussienne se confondirent au confluent où Cambronne seul retardait leur jonction, au pied des hauteurs de la Belle-Alliance. Wellington et Blücher, l'un vainqueur épuisé par treize heures de sang et de feu, l'autre brûlant d'achever la victoire à laquelle il n'avait concouru que de loin, se rencontrèrent sur la place même où Napoléon avait couché la dernière nuit et planté sa tente, sur le plateau de Rossomme. Les deux généraux descendirent de cheval et s'embrassèrent, en se renvoyant modestement l'un à l'autre la gloire de la journée. Elle reste à Wellington, qui avait tout affronté, tout supporté et tout accompli dans cette rude journée. Blücher n'avait fait que paraître, et encore avait-il paru tard. Mais sa présence rendait toute retraite de Napoléon impossible. Wellington avait la victoire, Blücher la déroute. Il s'en chargea. « Mes braves soldats, lui dit le généralissime anglais, sont épuisés de sang, de forces et de fatigues. Ils combattent depuis treize heures. Je voudrais les épargner, ce sont mes enfants; ils ont fait des miracles ! » Blücher, à ce mot, prenant les mains du général, et les serrant dans les siennes en les arrosant de larmes d'admiration, lui répond de la nuit et prend la responsabilité de la poursuite. Il convoque tous ses chefs de corps, et leur ordonne de lancer jusqu'au dernier homme et au dernier cheval de son armée contre la France. « Enfants ! s'écrie-t-il en remontant à cheval et en faisant défiler devant lui ses régiments, que cette nuit achève l'ennemi, pour que le soleil, en se levant demain, ne nous montre plus que la route libre vers Paris ! »

Wellington redescend des plateaux, va arrêter son armée, et lui fait pousser trois acclamations de victoire avant de faire halte. Quinze mille morts, dix mille prisonniers, cent pièces de canon, étaient déjà la part de Wellington à Waterloo. Blücher allait compléter le reste. Napoléon, qui ne savait pas vaincre à demi, ne savait non plus rien sauver de la défaite. On pleure en décrivant de tels désastres; mais l'histoire qui ment ne fait qu'ajouter la honte au revers. La France n'a pas besoin de mensonge dans sa gloire. Un homme avait tout perdu. L'armée, coupée par son imprudence, fuyait dans les ténèbres en se demandant s'il était mort ou prisonnier.

LIV

Sous le canon des Prussiens et sous le sabre de la cavalerie légère de Blücher, un immense courant de soldats débandés, de généraux sans corps, d'officiers sans troupes, de chevaux sans cavaliers, de bagages, d'équipages, de caissons défoncés, entraînait tout, et s'entraînait lui-même sur la route et à travers les campagnes qui séparent par deux lieues de collines et de plaines Waterloo de Jemmapes.

Napoléon, dérobé aux regards par la nuit, suivait lui-même ce torrent et s'efforçait de le devancer. Reconnu de temps en temps à la blancheur de son cheval, et la couleur grise de son manteau, et à l'éclat des uniformes de sa faible escorte de généraux, les soldats se disaient à voix basse : « C'est lui ! voilà l'empereur ! il n'est pas mort ! » Et ils respectaient par leur silence le deuil de son âme et l'humiliation de son revers.

Un paysan belge qui servait de guide à Napoléon et à son état-major engouffra à la fois toute l'armée sur ses traces dans l'étroit défilé d'un seul pont pour traverser la Dyle, tandis que plusieurs autres passages très-rapprochés auraient fait franchir la rivière à toute l'armée. Les Prussiens, qui la serraient de près, la foudroyèrent sur ce pont, et s'emparèrent de soixante pièces de canon qui tentaient de la défendre. Le général français Duhesme y tomba, à l'arrière-garde, sous le sabre d'un hussard de Brunswick.

« Notre duc est mort hier en combattant contre toi, dit

le hussard à Duhesme en lui perçant la poitrine de la pointe de son arme, ton sang pour le sien ! »

L'empereur eut peine à franchir lui-même ce pont avec sa suite; tous ses équipages et sa voiture, qui contenait son épée et son chapeau de commandant, tombent dans les mains du général Ziethen, et deviennent les trophées de Blücher. Plusieurs officiers et des soldats préférèrent la mort la captivité, et se fusillèrent entre eux pour échapper dans la mort volontaire à la honte de la déroute. Neuf fois, pendant cette nuit, les restes de l'armée tentèrent de résister et d'établir leurs bivouacs sur des points faciles à défendre, neuf fois les Prusssiens, animés par Blücher, fondirent sur ces retranchements, et dispersèrent ces masses sans chefs et presque sans armes. Le général Pelet et quelques autres généraux couvraient seuls, avec quelques centaines de braves grenadiers, la route contre les charges de la cavalerie. La nuit ne fut ni assez profonde ni assez longue pour soustraire nos malheureux soldats à la mort. De cent vingt mille hommes qui avaient passé la Sambre quatre jours auparavant, quarante mille à peine la repassèrent avant le jour.

Napoléon, dégagé enfin après le pont de Jemmapes de la foule qui ralentissait sa course, traversa, sans être reconnu, Charleroi, encombré déjà de fuyards et de blessés. Il ne s'arrêta qu'à une lieue de cette ville, au delà d'un pont sur la Sambre. Il descendit de cheval, et prit pour la première fois depuis le matin quelque nourriture. Pendant qu'il réparait ses forces épuisées, il délibéra un moment avec ses officiers sur le parti qu'il lui restait à prendre. Rester à l'armée, en recueillir les débris, rappeler Grouchy, faire lever derrière lui le Nord et Paris, évoquer le patriotisme jusqu'au désespoir, résister partout, se replier lentement sur sa capitale, en y concentrant des moyens de défense qui disputeraient le cœur du territoire ou qui arracheraient un traité à la coalition : tel était le parti conseillé par l'héroïsme du soldat, et conseillé énergiquement par Flahaut et Labédoyère. Abandonner son armée à son sort, précéder à Paris le bruit de sa défaite, surprendre l'Assemblée des représentants, étonner et devancer les factions promptes à naître, dissoudre la chambre, saisir une nouvelle dictature, disputer l'empire en livrant le sol, s'occuper de son règne et non des frontières : tel était l'instinct qui le précipitait vers Paris, comme après Moscou, comme après Leipzig, comme après Soissons et Reims en 1814. Aucune considération, aucune prédiction de ses jeunes officiers ne purent prévaloir dans ce rapide conseil sur sa nature. Il vit le trône au lieu de voir le salut de l'indépendance nationale et de son armée. Les Prussiens, déjà en vue de l'autre côté du pont, étaient à peine un moment contenus par les généraux Petit et Pelet, de Morvan, à la tête de deux bataillons de différentes armes, couvrant la personne de leur empereur. Il monta, comme à Arcis-sur-Aube, dans une calèche de poste délabrée, caché par des rideaux de cuir aux regards des soldats qui couvraient la route et des paysans qui contemplaient la déroute, au bruit du canon de Blücher qui forçait le pont de la Sambre et qui profanait la frontière. Les chevaux, moins rapides que sa pensée, l'emportèrent au galop vers Paris par Philippeville.

LV

Telle fut la bataille de Waterloo, perdue non par l'armée, qui ne fut jamais plus infatigable, plus dévouée et plus intrépide, mais par quatre fautes : la lenteur de Ney l'avant-veille à occuper les Quatre-Bras ; l'indécision de Grouchy à marcher au canon de la bataille en négligeant Wavres; la trop grande distance laissée par Napoléon entre son armée et son aile droite, commandée par Grouchy; enfin, et surtout, la perte de sept heures de jour par Napoléon, le matin de la bataille, en face de Wellington, heures qui donnaient aux Prussiens le temps d'arriver sur le champ de bataille, et à l'armée française un second ennemi sur ses flancs avant d'avoir vaincu le premier. De ces quatre fautes, deux appartiennent aux lieutenants de l'empereur, deux à lui-même, aucune à ses troupes. On ne reconnaît son génie et sa résolution, ni quand il se sépare d'un tiers de son armée par un espace immense et inconnu sur sa droite, sans communication même verbale avec cette aile, ni quand il hésite jusqu'à onze heures du matin à monter à l'assaut du Mont-Saint-Jean, et à dérober à Wellington l'espoir d'être rallié par les Prussiens déjà en vue à l'horizon, mais encore à trois heures du champ de bataille. Il laisse Ney, à moitié vainqueur sur le revers du Mont-Saint-Jean, attendre trois heures la masse de l'armée et la garde impériale, au lieu de profiter de la brèche ouverte par le maréchal dans l'armée anglaise, d'y précipiter son centre et sa réserve, et de balayer Wellington, résistant à peine, avant que Blücher soit en mesure de prévenir la déroute des Anglais. Enfin on ne reconnaît pas son impulsion décisive au coup de feu des batailles, dans son immobilité de dix heures au plateau de Rossomme et dans son inertie impassible sous le pli du ravin du Mont-Saint-Jean, pendant que son armée s'immolait tout entière en montant à la brèche ouverte par Ney, et qu'elle n'attendait que la présence et l'exemple de son empereur pour s'élever au-dessus d'elle-même et du destin. Une seule de ces fautes suffisait pour perdre une armée ordinaire; toutes réunies perdirent l'armée française. Ajoutons, pour être juste, que Wellington et son armée égalèrent par l'intrépidité les premiers généraux et les premiers soldats de la France. Le général anglais eut le vrai génie des luttes désespérées, la résolution de ne pas être vaincu. Ses troupes eurent le vrai génie de la défensive, l'obéissance passive jusqu'à la mort. Les Écossais couvrirent, sans reculer d'un pas, la place où on leur avait dit de mourir.

Pourquoi ces défaillances du génie militaire de Napoléon le jour où son destin se tranche par cette épée qui avait vaincu le monde? Pourquoi n'est-il plus l'homme de Marengo et d'Austerlitz? C'est qu'on tire avec tremblement son dernier sort de l'urne du destin, c'est qu'il sentait derrière lui une patrie violée, trois mois auparavant, par son ambition de régner, patrie à laquelle il devait en réparation la victoire et devant laquelle il tremblait de reparaître vaincu. C'est qu'il était adossé à un abîme et que son âme, partagée entre son rôle de général et son rôle de souverain, lui fit manquer à la fois l'un et l'autre.

C'était écrit, a-t-il dit plus tard en revenant avec amertume sur cette chute. Oui, c'était écrit dans sa faute! Oui, la chute était écrite dans le précipice qu'il avait creusé lui-même en soulevant l'armée contre le pays, et en n'ayant à jouer contre l'Europe et contre la France à la fois que cette armée unique qu'il tremblait de perdre, et qu'il perdit pour n'avoir pas osé la risquer sur les pas de Ney. Il ne combattit jamais pendant toute cette journée qu'avec le quart, le tiers, la moitié de ses forces, attendant, suspendant, lançant et retenant à la fois ses colonnes, envoyant une à une ses ailes, ses avant-gardes, son centre, sa cavalerie, ses réserves, sa garde impériale enfin, comme autant de vagues isolées, se ruer, se briser, s'user, se fondre contre l'écueil de feu du Mont-Saint-Jean, que ses forces réunies auraient submergé, sans aucun doute, avant l'arrivée de Blücher, s'il avait commencé la bataille avec le jour et donné à son attaque le poids de son armée entière, l'éclair de son coup d'œil et l'impulsion de sa présence. Il fut vaincu sans pouvoir s'expliquer à lui-même sa défaite et en la rejetant sur la trahison. Il ne fut trahi que par son génie. Vingt mille cadavres de ses généraux, de ses officiers et de ses soldats attestent la fidélité jusqu'à la mort. Ces braves ne manquèrent point à l'homme, l'homme leur manqua. Waterloo ne reste pas dans l'histoire comme une défaillance de l'armée française, mais comme une défaillance de son chef. L'armée ne fut pas vaincue, mais sacrifiée. Aussi, à l'inverse des journées historiques qui élèvent ou diminuent un peuple, la défaite de Waterloo compte dans la gloire de la patrie autant qu'un triomphe. L'Europe n'en redouta pas moins des soldats qui savaient ainsi mourir et une armée qui s'ensevelissait dans son sang. Pour le monde ce fut une terreur de notre nom; pour la France ce fut un deuil, non une humiliation; pour Napoléon seul ce fut une bataille follement aventurée, mollement conduite, une mêlée livrée à elle-même, une fortune cherchée à tâtons dans un déluge de sang, une renommée éclipsée, une gloire éteinte, une patrie livrée, un empire perdu. Voilà Waterloo! La postérité n'en demandera pas compte à la France, mais à Napoléon.

LVI

Après cette défaite, rien ne restait indécis dans les événements; la victoire avait prononcé. La guerre commençait et finissait dans une seule journée; car, derrière Napoléon, il n'y avait plus d'armée, et derrière les débris de cette armée fuyant vers la France, il n'y avait plus de peuple. Ce n'était pas le peuple qui avait rappelé Napoléon et qui avait fait de sa cause sa cause; c'était Napoléon qui avait embauché l'armée avec le prestige de sa gloire et qui en avait fait l'enjeu de sa seconde fortune. Cette armée détruite, la nation affligée, dévastée, affaissée, mais immobile, restait, pour ainsi dire, à la fois spectatrice du désastre et la proie du vainqueur. La guerre était finie avec la cause de l'homme dans l'intérêt de qui elle avait été intentée. La nation n'avait plus qu'à en subir les désastres et à expier, innocente, la faiblesse qu'elle avait eue de céder à la violence des prétoriens de l'île d'Elbe, et de se laisser jouer, elle, ses lois, sa paix, sa charte et son gouvernement contre l'ambition et la gloire de Napoléon.

Aussi jetterons-nous à peine les yeux sur les impuissantes

résistances dont les faibles détachements de Suchet, de Lecourbe, de Rapp, de Grouchy lui-même, essayèrent à peine de ralentir le débordement d'un million d'hommes que la Sambre, le Rhin, les Alpes versaient de nouveau sur le Nord, les Vosges, l'Alsace, le Jura, Lyon, la Bourgogne et les plaines de Paris. Le sort de la France était décidé, celui des Bourbons n'était pas douteux, celui de Napoléon seul était incertain encore. Il fuyait la nuit vers sa capitale, versant des larmes, regrettant de vivre, aspirant encore à régner, assourdi du bruit des canons de Waterloo, étourdi de sa chute, y croyant à peine, roulant dans son cœur et dans son esprit toutes les péripéties, toutes les vicissitudes, toutes les humiliations, tous les découragements, toutes les espérances, toutes les défaillances et tous les retours de sa fortune et de ses pensées.

LIVRE VINGT-SIXIÈME

Halte de Napoléon à Philippeville. — Dépêches au conseil des ministres. — Lettre à son frère Joseph. — Il quitte Philippeville et s'arrête à Rocroy. — Délibération de l'état-major de l'empereur à Rocroy. — Arrivée de Napoléon à Laon. — Bulletin de la bataille de Waterloo. — Disposition des esprits à Paris. — Impression de Paris à la nouvelle de la défaite. — Arrivée de Napoléon à Paris. — 20 juin, Napoléon à l'Élysée. — Entrevue de Napoléon avec Caulaincourt et avec ses frères. — Conseil des ministres. — 21 juin. — Intrigues de Fouché. — Attitude de La Fayette. — Son discours à la chambre des représentants. — Adoption de ses propositions par la chambre. — Résistance de l'empereur. — La chambre nomme une commission chargée de la protéger. — Proposition de Sébastiani. — Appréhensions de la chambre. — Concours du peuple autour de l'Élysée. — Napoléon et Lucien. — Irrésolution de l'empereur. — Message de l'empereur aux chambres. — Séances des deux chambres. — Conseils de Lucien à Napoléon. — Abattement de Napoléon. — Intervention de Benjamin Constant entre les chambres et Napoléon. — Son entrevue avec l'empereur à l'Élysée.

I

Napoléon s'arrêta quelques instants à Philippeville pour donner, de là, des ordres de ralliement aux lieutenants qu'il avait laissés derrière lui, au hasard de la déroute et de la poursuite. Il fut rejoint dans cette courte halte par Maret, son secrétaire d'État, et par les secrétaires de son cabinet échappés avec peine du champ de bataille. Ses voitures, ses portefeuilles, ses vêtements impériaux étaient tombés aux mains de Blücher. Il ne put retenir ses larmes en revoyant Maret, le vieux témoin de sa prospérité, aujourd'hui de sa détresse. Son antique impassibilité de visage était brisée par la rapidité et par la masse des revers. Le souverain avait disparu, l'homme se montrait et ne rougissait point de se montrer inégal à l'excès de son infortune. Cet attendrissement sur lui-même ne le dégradait pas aux yeux de Maret, de Bertrand, de ses affidés intimes. La nature, en éclatant, se fait respecter jusque dans ses faiblesses. Il y avait plus de grandeur dans cet aveu de sa condition humaine que dans l'affectation hypocrite de stoïcisme dont il s'était si longtemps décoré, et qui, en endurcissant le visage, ne masquait pas le cœur, déconcertait l'intérêt et repoussait la pitié. C'étaient les larmes d'Achille.

II

Il s'enferma un moment avec le même secrétaire qui était venu, quatre mois auparavant, le provoquer à l'île d'Elbe à la conquête de l'empire et lui promettre l'enthousiasme de la France et la victoire sur l'Europe. Ces deux hommes n'osaient s'avouer l'un à l'autre leur repentir. Ils s'obstinaient à la lutte, quoique abattus et désarmés. Napoléon dicta rapidement deux dépêches à son confident. La première était adressée à son conseil des ministres à Paris, sorte de bulletin plein de réticences, de demi-aveux, de confusion volontaire dans les faits et dans les résultats de la journée qui accusaient un revers, sans confesser encore un désespoir. Les termes de ce récit étaient calculés pour provoquer l'énergie de ses ministres dans les mesures extrêmes destinées à réparer cette ruine, en intimidant toutefois encore Fouché, La Fayette, Manuel, les républicains ou les royalistes de la chambre par l'apparence d'une armée qui n'existait plus, et par la continuation d'une campagne désormais impossible.

La seconde, toute confidentielle à son frère Joseph, déchirait le voile, avouait le désastre, épanchait le désespoir dans le sein de la confidence de famille, faisait appel à ce dévouement domestique et fraternel que l'homme déchu retrouve au moment suprême dans ses proches, liés à sa grandeur ou à sa ruine par un intérêt commun autant que par le cœur. Napoléon avait assez grandi ses frères dans sa prospérité pour avoir le droit de les coïntéresser à ses désastres. Il y avait de la sincérité et de la tendresse dans cette lettre : le malheur amollit l'accent. En finissant, Napoléon cependant essayait, de bonne foi ou avec artifice, de se faire illusion à lui-même pour rendre le courage de cette illusion à son frère :

« Tout n'est peut-être pas perdu, lui disait-il ; je suppose qu'en ralliant mes forces il me restera cent cinquante mille hommes. Les fédérés m'en fourniront cent mille, mes dépôts cinquante mille ; j'aurai donc trois cent mille soldats à opposer immédiatement à l'ennemi. J'attellerai l'artillerie avec les chevaux de luxe, je lèverai cent mille conscrits, je les armerai avec les fusils des royalistes et des lâches, je ferai lever en masse le Dauphiné, le Lyonnais, la Bourgogne, la Lorraine, la Champagne ; mais il faut qu'on m'aide et qu'on ne m'étourdisse pas! Je vais à Laon, j'y trouverai sans doute des forces. Je n'ai pas entendu parler de Grouchy; s'il n'est pas pris, je puis avoir en trois jours cinquante mille combattants sous la main; avec cela j'occuperai l'ennemi, je donnerai à Paris et à la France le temps de faire leur devoir. Tout peut se réparer encore!... Écrivez-moi l'impression que cet horrible désastre aura produit dans la chambre. Je crois que les députés se pénétreront de leur devoir dans cette grave circonstance et qu'ils se réuniront à moi pour sauver la France!... Préparez-les à me seconder dignement!... »

Puis, saisissant la plume de la main de son secrétaire, il ajouta de sa main au bas de cette lettre : « Du courage et de la fermeté!

» NAPOLÉON. »

III

Cette lettre était l'artifice suprême du désespoir qui prodigue l'illusion pour soutenir quelques heures de plus la défaillance d'un parti, ou elle était le délire de l'illusion qui se caresse elle-même de ses derniers songes pour se dérober l'abîme ouvert des réalités. Il parlait de trois cent mille hommes réunis en quelques jours à Paris, de cent cinquante mille hommes de son armée, de cent mille fédérés, de cent mille jeunes soldats, d'une artillerie équipée et attelée avec les chevaux de luxe, et il n'avait pas même un bataillon pour couvrir sa halte à Charleroi. Il ignorait si Grouchy existait encore, si Ney était mort, prisonnier ou fugitif sur les plateaux de Waterloo ; si Suchet et Lecourbe n'étaient pas déjà submergés avec leur poignée de volontaires et de vétérans par les Autrichiens et les Russes. Les cent mille fédérés dont il n'avait pas osé armer un seul homme n'étaient qu'une multitude ondoyante dans les faubourgs d'une capitale, attachée aux pavés, puissante pour l'émeute et pour les vociférations, inhabile à se discipliner et à combattre en campagne. Ce Paris et cette France, ces provinces levées en masse, ne lui avaient donné en 1814, dans sa lutte désespérée, que quelques centaines d'hommes groupés en corps francs dans les montagnes, et à son retour de l'île d'Elbe que quelques chants patriotiques et quelques cris d'encouragement à l'expulsion des Bourbons. La chambre des députés le faisait trembler, même avant la bataille, par son attitude ; que serait-ce après la défaite ? Ses propres ministres le marchandaient et le vendaient encore puissant ; qu'allaient-ils faire, vaincu ? Il ne leur restait qu'à le livrer. Ces mesures extrêmes de levée en masse de la patrie eussent-elles été possibles dans la disposition des esprits et dans la désaffection générale des cœurs, il fallait des mois et des mois pour les réaliser. Lui, grand administrateur d'armée, le savait mieux que personne. Il n'avait pas trois jours. Qu'espérait-il donc ? Rien. Il trompait ou il délirait. Le canon de Waterloo avait emporté son grand sens des choses et des hommes. Tendant les mains de tous côtés pour trouver un soutien dans sa chute, il ne trouvait plus rien que des vertiges, et il s'efforçait de les faire accepter aux autres pour des réalités, quand déjà il n'y croyait plus lui-même. Il ne parut plus vivre à partir de ce jour-là qu'avec les fantômes de son imagination. Le monde palpable lui avait échappé.

IV

Satisfait d'avoir lancé sa pensée et ses illusions en avant de lui à Paris, il se jeta, pour la première fois depuis la nuit du 17, sur un lit d'hôtellerie et s'endormit. Pendant son court sommeil, une voiture du maréchal Soult, enlevée au pillage, entra dans Philippeville déjà assaillie de près par les Prussiens. On l'éveilla, il se hâta de sortir de la ville avec une faible escorte de deux cents soldats et cavaliers de toutes armes, entrés isolément à la suite de la bataille dans cette place forte, et réunis à la voix de quelques officiers pour protéger le départ de leur empereur. Le maréchal Bertrand monta avec lui dans la voiture du maréchal Soult. Deux autres calèches de poste suivaient celle de l'empereur, portant à sa suite son reste de cour et d'état-major : Maret, Drouet, Dejean, Corbineau, Flahaut, Labédoyère, M. de Canisy, son écuyer, M. de Bissi, son aide de camp.

Le cortége presque funèbre s'arrêta à Rocroy pour faire rafraîchir les chevaux et pour prendre quelque nourriture. Ces courtisans et ces officiers, le visage pâli d'émotion, les yeux rougis par les insomnies et les larmes, les habits souillés par la poussière, par la poudre et par le sang, se présentaient mutuellement à eux-mêmes l'image sinistre du désastre qu'ils avaient provoqué en insurgeant l'armée contre leur patrie. Ils s'entretinrent, à quelques pas de l'empereur, du parti qu'il avait à prendre dans cette extrémité pour réparer ou pour dompter le destin. « Il faut, s'écriait Labédoyère, plus responsable que tout autre des calamités de la situation, il faut que l'empereur, sans s'arrêter un moment, surprenne Paris et l'Assemblée par sa présence, qui fera tout plier sous sa résolution. Il faut qu'il se jette en arrivant au sein de la représentation nationale, qu'il avoue l'immensité du désastre, qu'il offre, comme Philippe-Auguste, de mourir en soldat, en laissant la couronne au plus digne ! Les deux chambres, entraînées par son ascendant, feront avec lui des prodiges de patriotisme et d'énergie pour sauver l'empire ! — Les chambres, répondait le secrétaire intime de Napoléon qui avait écrit sous sa dictée les dépêches, elles l'offriront en sacrifice à l'Europe pour se sauver elles-mêmes; vous ne connaissez ni les hommes ni le temps. — Eh bien, si les chambres s'isolent de l'empereur, tout est perdu, répliquait Labédoyère irrité : le huitième jour l'ennemi sera devant Paris ; le neuvième, les Bourbons rentreront dans la capitale. Alors que deviendront la liberté et tous ceux qui ont embrassé la cause nationale? Quant à moi, mon sort est écrit, je serai fusillé le premier. » La mémoire de sa faute lui prédisait son supplice.

M. de Flahaut, formé à l'école de M. de Talleyrand, esprit froid et lucide, malgré son ardeur de jeunesse, ne se faisait aucune des illusions de Labédoyère. Il osait contredire les illusions mêmes de l'empereur et déconseiller l'entrée à Paris. Il devinait les hommes et pressentait les faiblesses, prélude des outrages. « Si l'empereur entre à Paris, disait M. de Flahaut, il est perdu. Il n'a qu'un seul moyen de se sauver et de sauver la France, c'est de traiter avec les alliés et de s'avouer sa défaite. Mais qui sait même, ajoutait-il, s'il lui reste une ombre d'armée, base de toute négociation, et si, à l'heure où nous parlons, la plupart de ses généraux n'ont pas envoyé déjà, comme en 1814, leur soumission aux Bourbons? » Ce jeune homme connaissait bien l'intrépidité des chefs militaires devant le canon, leur défaillance devant le succès : hommes de métier admirables, hommes d'opinion inconstants comme la fortune, toujours au vainqueur, à la disgrâce jamais.

La majorité soutenait l'avis de M. de Flahaut. L'opinion, disait-on, n'a pas pardonné à l'empereur d'avoir abandonné son armée en Égypte, en Espagne, à Moscou, où la France du moins n'était pas livrée par son absence; que sera-ce après Waterloo, où lui seul pouvait tenter de couvrir de son corps la nation jouée et perdue par lui?

L'approche d'un corps de cavalerie prussienne qui s'approchait de Rocroy interrompit cet entretien et celui de l'empereur avec Maret. On le pressa de repartir; il arriva à Laon encore indécis. Quelques gardes nationaux et quelques paysans l'accueillirent aux portes de la ville par des cris de : « Vive l'empereur ! » contraste douloureux pour lui et pour ses compagnons de suite entre l'enthousiasme et la défaite. On ignorait encore sur la route l'excès de nos revers. Il apprit à Laon que son frère Jérôme, le maréchal Soult et quelques généraux avaient rallié trois mille hommes des débris de la grande armée. « Je reste à Laon, dit Napoléon, la gendarmerie et la garde nationale vont battre la campagne et rallier les douze mille hommes. Je me mettrai à leur tête, j'attendrai Grouchy, et je donnerai le temps à Paris de se reconnaître et de se lever! » D'autres conseils le dissuadèrent. Il flottait au gré de chaque vent, il n'était plus lui. « Eh bien, leur dit-il, puisque vous le croyez plus sage, j'irai à Paris : mais j'y vais à regret; ma vraie place est ici, je pourrais y souffler mes pensées à Paris, et mes frères feraient le reste. »

Avant de partir, il se retira dans un appartement écarté avec Maret et Fleury, son secrétaire, et dicta pour la France le bulletin public et officiel de la bataille. C'était un second bulletin de Moscou, un cri de désespoir éclatant sur la France pour lui rendre l'énergie du désespoir. Il appela ses officiers pour en entendre la lecture et le rectifier s'il avait omis une circonstance. « J'aurais pu, leur dit-il avant de le lire, rejeter les malheurs de cette journée sur le maréchal Ney, je ne l'ai pas fait; le mal est consommé, il ne faut pas se plaindre. » Ce bulletin, tout sincère qu'il était, dérobait cependant aux Parisiens l'aveu de la surprise et du pillage des équipages et des voitures de l'empereur lui-même. M. de Flahaut insista pour que le bulletin ne déguisât rien, même cette dépouille personnelle laissée à l'ennemi. « Quand vous traverserez Paris, dit-il à Napoléon, on verra bien que vos équipages ont été pris, on vous accusera de dissimuler des pertes plus importantes. Il ne faut rien dire, ou il faut dire tout. » Le bulletin rectifié partit. L'empereur le suivit de près à Paris.

V

Paris, depuis le départ de Napoléon, était resté dans une attente qui suspendait tout mouvement politique dans les esprits et même dans les chambres. On sentait que le sort de la nation, de la liberté, de l'empereur, des Bourbons, allait se prononcer sur un champ de bataille. On n'anticipait sur l'événement que par la pensée. Les chambres flottaient dans des séances insignifiantes et dans des discussions préliminaires sans portée, entre les velléités de souveraineté représentative et les habitudes de servilité contractées par le Corps législatif de l'ancien empire. M. Roy, homme considérable dans Paris par ses lumières, sa modération ferme et son opulence, accusa le ministre des affaires étrangères, Caulaincourt, de n'avoir pas soumis à la chambre des représentants le rapport et la déclaration de guerre du gouvernement de l'empereur aux puissances. Il déclara la guerre illégale et attentatoire aux droits de la nation. Boulay de la Meurthe, un des hommes de la Révolution les plus obstinément dévoués à Napoléon, s'indigna de cette audace et pallia l'acte de Caulaincourt. Fouché commençant à manœuvrer avec l'opinion des représentants, qu'il voulait s'attacher personnellement par des complaisances et par le sentiment de sa supériorité, leur fit lire un rapport alarmant sur l'état des partis à l'intérieur. Ce rapport assombrissait les esprits, et semblait destiné par l'astucieux ministre à contre-balancer, dans l'opinion de la France, l'enthousiasme qu'une première victoire attendue du camp de l'empereur pouvait exciter parmi les partisans de sa cause.

Fouché y montrait la guerre civile, à peine contenue, prête à éclater de toutes parts en France, même sur les pas de l'empereur triomphant. Rien n'était vrai dans ce tableau de la France. La nation était mécontente, inquiète, désaffectionnée, nullement conspiratrice. Mais dans les moments où l'esprit public flotte entre toutes les craintes, les fantômes produisent l'effet des réalités. Fouché avait besoin d'une terreur des imaginations pour intimider à la fois l'empereur par le pays, et le pays par l'empereur. Tout respirait la perfidie cachée sous l'apparence du zèle dans les termes du ministre de la police. L'annonce d'une victoire de la grande armée pouvait à peine contre-balancer l'impression sinistre que ces manœuvres avaient semée dans les chambres et dans Paris.

VI

Telle était la disposition générale des esprits le 18 juin. Chacun croyait marcher sur un sol miné sous ses pas. On prêtait l'oreille aux moindres rumeurs, on grossissait le plus léger bruit, on s'attendait à tout, comme dans ces moments de pressentiment sinistre et silencieux qui précèdent les grandes catastrophes de la nature. On s'abordait en s'interrogeant dans les rues, on aspirait les nouvelles du Nord, quand un murmure, d'abord vague et indécis, bientôt naissant et courant avec la rapidité de la pensée sur les boulevards, dans les lieux publics, à la Bourse, aux portes et dans les salles des deux chambres, répandit d'abord la nouvelle, puis les détails d'une grande victoire remportée le 16 juin par l'empereur sur les Prussiens à Ligny. Bientôt les salves du canon des Invalides, répondant alors par une étrange coïncidence d'heure aux quatre cents pièces de canon qui foudroyaient en ce moment l'armée française à Waterloo, confirmèrent à l'oreille du peuple le premier triomphe de nos armes. On s'émut, on se félicita, on ressentit ce noble orgueil d'une nation militaire qui apprend que son nom a grandi dans l'histoire, et en face des autres nations, par une victoire de plus. Mais cette joie même avait quelque chose de triste et de défiant sur la physionomie du peuple. Chacun sentait que cette guerre d'une seule armée contre l'Europe entière, inépuisable en forces et en ressentiments, n'était pas de celles qui se jugent en un seul jour et sur un seul champ de bataille. Les bonapartistes cherchaient en vain à faire partager l'ivresse dont ils feignaient d'être animés en exaltant l'étoile de Napoléon. Les royalistes restaient incrédules, la bourgeoisie morne, les chambres inquiètes, le peuple froid, la joie officielle. Les rapports communiqués au public par le gouvernement le 19 et le 20 étaient vagues, incomplets, sans accent de victoire décisive. On savait que la grande armée avait dû se trouver le lendemain en face des Anglais. On s'attendait à de nouveaux chocs et à une longue campagne.

VII

Un bruit étrange parcourut la ville, au lever du jour, le 21. Tout était perdu ! il n'y avait plus de grande armée. Un seul jour avait tout dévoré. La France était ouverte à deux cent mille Prussiens, Anglais, Allemands, Hollandais, Belges, marchant vers Paris, sur les cadavres de quarante mille de nos braves soldats immolés sur les plateaux de Waterloo. Le reste était coupé, dispersé, fugitif. L'empereur, fugitif lui-même, était arrivé pendant les ténèbres de la nuit à Paris. Il était descendu au palais de l'Élysée. Il y avait caché sa défaite et son désespoir, comme s'il se condamnait lui-même à ne plus rentrer dans ces Tuileries, palais de sa puissance et de sa gloire, dont ce coup de foudre venait de le dégrader.

Un immense gémissement parcourut la ville à mesure que les citoyens sortirent de leurs demeures pour s'assurer de la réalité du désastre. On se parlait bas, on s'efforçait de douter encore ; à huit heures tout était confirmé. Le deuil, la terreur, la pitié, la joie secrète de quelques-uns mal déguisée sous la feinte douleur des paroles, l'attente surtout de ce qui allait survenir, étaient peints sur tous les visages. On se précipitait vers les jardins publics et vers les quartiers voisins de l'Élysée pour voir entrer ou sortir les ministres, les courtisans consternés, pour écouter toutes les rumeurs qui sortaient de ce mystérieux palais. Des grenadiers de la garde impériale et des vétérans en gardaient les portes.

VIII

En quittant Philippeville, l'empereur, voyageant sur une route indirecte et avec une intermittence calculée de rapidité et de lenteur, avait fait coïncider son arrivée à Paris avec les ténèbres de la nuit. Ses frères, avertis par un courrier, lui avaient fait préparer les appartements de l'Élysée.

L'Élysée, maison presque royale cachée à l'extrémité de la ville, au fond d'un jardin sous les arbres des Champs-Élysées, auxquels il emprunte son nom, avait appartenu à madame de Pompadour, cette reine des vices élégants, des arts et des voluptés de Louis XV. Après la mort de la favorite, ce prince avait racheté cet hôtel. Il avait été consacré, depuis cette époque, à l'hospitalité des princes et des souverains étrangers qui venaient visiter Paris et la cour. Murat l'avait habité après son mariage avec la seconde sœur de Napoléon consul. C'était une sorte d'hôtellerie royale, puis nationale, puis impériale, participant à la fois de la souveraineté et de la vie privée, une halte entre l'obscurité et le trône. Napoléon, en y descendant, semblait se reconnaître d'avance à demi déchu de l'empire, et dire par son séjour indécis à ses ennemis que, s'il n'abdiquait pas encore, il s'attendait déjà à la possibilité d'abdiquer. Il descendait d'un degré vers le détrônement forcé ou volontaire. Il y avait une extrême convenance de situation dans le choix de ce palais, symptôme de modestie et de douleur. Il désarmait ainsi la colère publique et semblait provoquer l'opinion à l'indulgence, même à la pitié.

La pitié, en effet, se serait attendrie en le voyant entrer furtivement dans ce dernier asile de sa puissance. A la lueur de quelques torches portées par un petit nombre de serviteurs, il se jeta de sa voiture sur le perron de l'Élysée dans les bras de Caulaincourt, qui l'attendait depuis la fin du jour sur le seuil.

Caulaincourt était le seul de ses ministres dont le regard ne le blessât pas dans un pareil moment, moins un ministre qu'un ami, déjà une fois témoin de son agonie de pouvoir à Fontainebleau, regard auquel il n'avait rien à cacher dans sa seconde chute, car il avait tout vu, tout plaint et tout adouci dans la première. Ce sont de tels hommes que l'amitié réserve aux orgueils tombés dans l'humiliation et aux prospérités déchues dans leurs fautes. Caulaincourt s'attendrit en revoyant si dissemblable à lui-même celui qu'il avait vu partir, six jours auparavant, maître encore en espoir de la France reconquise et de l'Europe intimidée.

Les longues veilles, les anxiétés de deux batailles, la fatigue de tant d'heures à cheval ou debout au milieu de son armée; le poids impossible à calculer du sentiment inattendu d'une défaite après une journée de victoire anticipée dans son esprit; le remords de ses propres fautes comme général dans une bataille décisive perdue par indécision et par temporisation; le spectacle de la déroute la plus sinistre à laquelle il eût jamais assisté, car celle de Moscou pouvait être imputée aux éléments, celle de Waterloo à lui-même; le contre-coup de cet événement sur la France et sur sa destinée; la joie de ses ennemis, le découragement de ses amis; l'audace accrue de ces hommes qui épiaient à Paris ses succès ou ses revers pour y mesurer comme toujours leur bassesse ou leur insolence; l'incertitude, ce double fardeau de l'esprit, qui l'avait tantôt retenu vers son armée, tantôt précipité vers Paris; son repentir d'un de ces partis aussitôt qu'il avait pris l'autre; la première humiliation d'un homme qui avait été une fois abattu, jamais dégradé; l'indécision de l'attitude que les chambres allaient prendre envers lui et de ce qu'il allait subir d'elles ou oser contre elles; l'ennemi qui s'avançait à marches forcées sur ses pas et qui ne laisserait pas même à ses anxiétés le temps du sang-froid et des conseils; la maladie enfin qui aggrave tout et qui enlevait en ce moment à son corps la force et le calme pour supporter les agitations de son esprit; toutes ces circonstances réunies avaient vieilli Napoléon de dix années en trois nuits.

Caulaincourt croyait voir non l'empereur, mais son ombre. Sa tête affaissée chancelait sur ses épaules, sa poitrine n'avait plus qu'une voix sépulcrale, il respirait péniblement. Il ne marchait qu'en se traînant sur le bras de son ministre. « J'étouffe là, dit-il à Caulaincourt en se jetant sur un divan et en portant la main sur son cœur... L'armée a fait des prodiges !... Une terreur panique l'a saisie... Tout a été perdu !... Ney s'est conduit comme un fou !... Il m'a fait massacrer ma cavalerie... Je n'en puis plus !... Un bain ! un lit ! Il me faut quelques heures de repos pour reprendre mon esprit et pour m'occuper des affaires ! »

IX

Pendant qu'on lui préparait le bain, délassement habituel de ses lassitudes et qui le suivait jusque dans ses bivouacs, il continuait à divaguer d'un sujet à l'autre, comme un homme qui parcourt en un clin d'œil tous les horizons à la fois de sa destinée. « Je rassemblerai demain les deux chambres en séance impériale. Je leur peindrai les désastres de l'armée, je leur demanderai les moyens de sauver la patrie !... Après cela je repartirai !... » Il semblait éprouver sur l'esprit de Caulaincourt les différentes idées qu'il parcourait. La physionomie de Caulaincourt était attristée de ces idées évidemment impraticables.

« Sire, lui répondit-il, vos désastres ont déjà transpiré, les chambres sont secrètement hostiles, les esprits se précipitent vers des résolutions menaçantes contre vous, vous ne trouverez pas dans les chambres les dispositions sur lesquelles vous comptez; j'ai déploré votre présence à Paris, l'armée était votre seul asile, votre seule force, votre seule sûreté peut-être !

» — L'armée, répliqua Napoléon, je n'ai plus d'armée, je n'ai plus qu'une bande de fuyards. Je retrouverai des hommes peut-être, mais comment les armer ? Je n'ai plus de fusils. Cependant avec de l'union tout peut se réparer. J'espère que les députés me seconderont, qu'ils sentiront la responsabilité qui va peser sur eux ! Vous les jugez mal, la majorité est française. Je n'ai contre moi que La Fayette, Lanjuinais, Flaugergues, quelques autres. Ils ne veulent pas de moi, je le sais... Je les gêne... Ils voudraient travailler pour eux-mêmes ! ma personne ici les contiendra !... »

Caulaincourt répondait par un geste d'incrédulité à ces divagations de l'espérance, quand Joseph et Lucien, les deux frères de l'empereur, avertis de son arrivée, accoururent et se jetèrent dans ses bras. Il leur répéta les mêmes aveux, les mêmes plaintes de l'armée, les mêmes découragements qu'il avait laissés déborder de son esprit devant Caulaincourt. Ils lui répondirent par la même incrédulité. Il entra dans son bain et s'y endormit plusieurs heures. Pendant ce sommeil, les ministres et les courtisans, éveillés par le bruit de son retour, accoururent, un à un, dans les antichambres de l'Élysée, et, se mêlant aux officiers et aux aides de camp, compagnons de guerre et de suite du maître, reçurent les sinistres impressions de la bataille, et communiquèrent les découragements et les murmures de Paris. Les mots de déchéance et d'abdication étaient échangés à demi-voix, même entre les amis jusque-là les plus obstinés de Napoléon. L'infortune introduit la sévère franchise jusque dans les palais. Napoléon paraissait perdu à tous, excepté à lui-même. L'ambition qui avait fait si longtemps sa force faisait maintenant sa faiblesse ; il se refusait à comprendre ce que les hommes les moins intelligents comprenaient. Il était fini.

X

A son réveil, il convoqua son conseil des ministres, et fit lire devant eux, par Maret, le récit de la bataille de Waterloo. Les visages étaient consternés. Fouché lui-même affectait de l'attendrissement sur le sort de l'empereur. « Nos malheurs sont grands, dit Napoléon après ce tableau de ses revers, je suis venu pour les réparer, pour imprimer un grand élan à la nation, à l'armée. Si la nation se lève, l'ennemi sera écrasé; si on me dispute les ressources, tout est perdu. L'ennemi est en France; j'ai besoin pour sauver la patrie d'un grand pouvoir, d'une dictature temporaire !... Dans l'intérêt de la patrie, je pourrais la prendre, mais il est plus national qu'elle me soit décernée par les chambres. »

Ces paroles faisaient un tel contraste avec les dispositions, les murmures, les sévérités de Paris, des chambres, de l'opinion, et avec la situation d'un homme qui, après avoir perdu une première fois l'empire et avoir enlevé sa dernière armée à la France, rentrait sans un seul débris dans sa capitale, entouré d'un million d'ennemis, que nul ne répondit à ces insinuations de dictature. On baissa la tête et on lui laissa lire l'impossibilité dans le silence.

Carnot, comme en 1793, parut songer à la patrie plus

qu'à la liberté; il ne parla pas de dictature, mais de mesures désespérées de salut public : levées en masse; état de siége de Paris; armement du peuple; lutte sous les murs; retraite derrière la Loire; soulèvement du sol sous les pas de l'ennemi. Fasciné par ses souvenirs, Carnot ne comprenait pas qu'un peuple qui combat pour lui-même, pour sa régénération et pour son indépendance, offre au patriotisme d'autres dévouements qu'un peuple épuisé de sang, rassasié de gloire, énervé de despotisme, qu'on veut armer pour une tyrannie dont il est las. Caulaincourt parla du concours nécessaire des chambres. Fouché, qui n'y croyait pas, le fit espérer. Decrès avoua rudement la désaffection et fit craindre la prompte insurrection des députés. Regnault de Saint-Jean d'Angély, jusque-là facile et complaisant aux idées de despotisme, parla avec son éloquence habituelle de la nécessité d'un grand sacrifice. « Que voulez-vous dire? répondit l'empereur, est-ce mon abdication qu'ils veulent? — Oui, Sire, répliqua Regnault de Saint-Jean d'Angély; j'oserai même ajouter, pour que Votre Majesté ne se fasse pas illusion par la faute de ses conseillers, que si l'abdication ne vient pas de vous, elle pourrait être demandée impérieusement par les chambres. »

Lucien, plein encore des souvenirs de son ancienne éloquence au 18 brumaire et de son nouveau zèle pour son frère, s'indigna des suppositions de Regnault de Saint-Jean d'Angély. « Je me suis déjà trouvé, dit-il avec un fier dédain de l'opinion des corps délibérants, dans des extrémités terribles, et j'ai toujours vu que plus les circonstances sont extrêmes, plus on doit déployer d'audace pour les dominer. Si les chambres refusent de secourir l'empereur, il sauvera, sans elles, la patrie; qu'il prenne seul la responsabilité de la France, et qu'il se proclame dictateur ! »

Carnot approuva toujours, sans se prononcer sur le titre dont le pouvoir extraordinaire se nommerait. L'empereur résuma alors avec force et avec une mâle éloquence d'homme d'État sa pensée, celle de ses conseillers, celle des circonstances. Il fit sur la carte de la France une campagne imaginaire qui refoulait l'étranger, reconquérait la gloire, violait la liberté pour assurer l'indépendance, sauvait la patrie. Les auditeurs émus oublièrent en l'écoutant que le dictateur n'avait plus de peuple, le prince plus de trône, l'orateur plus de tribune, le héros plus d'armée, que les factions étaient dans l'enceinte, l'ennemi aux portes de la patrie, que la nuit se consumait en magnifiques songes.

Déjà, en effet, le jour s'était levé, et l'urgence du péril précipitait les représentants vers la chambre.

XI

Fouché, avant de se rendre à l'Élysée, avait fait prévenir ses affidés : Manuel, avocat important, célèbre depuis, Jay, Flaugergues, Dupin, d'Argenson, La Fayette ; les uns, instruments des manœuvres du ministre ; les autres, ombrageux amis de la liberté, brûlant de ressaisir une popularité éclipsée sur les ruines d'un homme qu'ils avaient subi quinze ans et qu'ils méditaient de pousser de la main dans l'abîme, aussitôt que la gloire évanouie le livrerait à leur envie et à leur haine. « Tout est perdu, leur avait fait insinuer Fouché, l'empereur n'a plus d'armée ; songez à sauver la patrie et à veiller sur la liberté. »

Il ouvrit, dès ce moment, lui-même, des négociations secrètes avec lord Wellington, afin d'être tout à la fois l'inspirateur de la majorité antibonapartiste dans les chambres, le négociateur de la France avec l'homme que la victoire de Waterloo faisait l'arbitre des conditions de l'Europe, le surveillant de Napoléon à l'Élysée, le modérateur tout-puissant du conseil des ministres ; quadruple rôle ménagé par Fouché avec autant d'habileté qu'il avait été hardi à lui d'oser le prendre, et qui, après l'avoir rendu le machinateur du drame, le rendait maître du dénoûment quel qu'il fût.

Ce rôle de haute intrigue touchait en même temps à la tragédie par les périls personnels dont il était entouré. Fouché jouait ainsi seul, et sans autre force que sa nature, avec la vengeance de Napoléon, si Napoléon reprenait une heure de courage; avec la fureur du peuple, si le peuple venait le convaincre de trahison; avec les ressentiments des républicains de la chambre, si les républicains s'apercevaient qu'il les sacrifiait aux Bourbons; enfin avec l'ingratitude des royalistes eux-mêmes, si, après qu'il leur aurait rendu Paris et le trône, ils oubliaient le bienfait pour ne se souvenir que du régicide. Aucun homme politique des temps modernes, pas même Machiavel, Retz, Shaftesbury, Talleyrand, n'osa tendre, nouer et dénouer tant de fils sous ses mains, au risque de se prendre lui-même dans ses propres trames. Aucun n'eut au même degré l'intrépidité nécessaire pour jouer sa tête, affronter la haine, défier le soupçon, braver la mort dans les machinations toujours prêtes à s'écrouler sur lui. Il était soutenu, on doit le reconnaître, non pas seulement par cette joie de la supériorité qui fait qu'on rit de se jouer des choses et des hommes, mais aussi par le sentiment de rendre un immense service à sa patrie en l'arrachant par une capitulation plus humaine aux extrémités où le bonapartisme, qui en avait fait sa proie, voulait la contraindre à s'immoler corps et biens, sol et sang, pour Napoléon. Si le nom de grand homme d'État pouvait se passer de franchise, de probité et de vertu, il faudrait dans cette crise le reconnaître à Fouché.

XII

Les députés avertis s'étaient concertés avant de se rendre à la chambre. La Fayette se préparait à reprendre son rôle de 1789, interrompu par la république, par l'émigration, par l'empire, et par la longue solitude dans laquelle il s'était retiré; rôle incomplet, parce qu'il était perpétuellement ambigu, commençant tout, n'achevant rien; programme vivant, prélude éternel, esprit oscillant, souriant à la fois à la monarchie constitutionnelle et à la république, comme pour appeler des deux côtés la popularité qu'il aimait à accumuler, et dont il ne savait faire aucun usage décisif une fois qu'il l'avait conquise; aidant merveilleusement à renverser, embarrassant pour reconstruire, aristocrate pour les démocrates, démocrate pour les aristocrates, irréprochable comme une conscience, courageux comme une ambition, vague comme une espérance, indécis comme un passage entre deux temps, ne voulant ni rester à l'un ni passer à l'autre tout entier, génie des transitions qu'on appelait dès qu'il y avait un vide à faire et un règne à précipiter.

Il sentit que l'événement l'appelait, comme il l'avait senti en 89, en 91, comme il le sentit plus tard en 1830. Il accourut pour voir si l'événement ne se personnifiait pas, par hasard, dans son nom. Se poser, au nom de la patrie perdue et de la liberté menacée, en rivalité hardie avec un despote déjà à demi renversé, était une attitude qui devait tenter La Fayette. Il la prit avec promptitude et avec énergie; mais il commença à sonder les forces qui pouvaient rester à Napoléon et à embaucher les mécontentements, les découragements, les infidélités et les ingratitudes autour de lui. Il vit Carnot, il le trouva inflexible dans la résolution de sauver la patrie par l'empereur. L'illusion de Carnot n'était pas d'un homme d'État; on ne sauve pas une nation par l'homme qui vient de la violenter, de l'asservir, de la jouer dans son propre intérêt sur un champ de bataille et de la perdre. On l'achève ainsi; mais l'illusion de Carnot était du moins celle de la constance. Il vit Fouché, il le trouva plein d'encouragements pour la défection des chambres contre un vaincu qui ne pouvait qu'appeler les dernières animosités de l'Europe et les suprêmes calamités sur la patrie, sans avoir désormais la puissance de sauver ni son pays ni lui-même. La Fayette courut à la chambre, se prépara à faire retentir le tocsin de sa parole à l'oreille des républicains pour séparer leur cause de celle de Napoléon. Il s'y rencontra dans une prédisposition commune avec Lanjuinais et Dupont de l'Eure, moins ambitieux de renommée que de patriotisme; avec le jeune Dupin, débutant dans la vie politique par une vive parole et une audace mesurée sur les événements; avec

Manuel, porte-voix de Fouché, indécis longtemps entre le bonapartisme et l'orléanisme, une restauration révolutionnaire des Bourbons ou la république; avec Sébastiani, compatriote, pupille complice de Napoléon au 18 brumaire, favori des camps de Napoléon, puis mécontent, irrité, plein de murmures contre son ancien bienfaiteur et de caresses pour les Bourbons, tête forte et politique, du reste parlant peu, osant beaucoup, voyant juste, marchant droit devant lui, et ne reculant jamais; avec Jay, d'Argenson, Flaugergues; avec tous les vétérans de la révolution de 89, aspirant à retrouver l'occasion de la liberté perdue, et avec tous les jeunes hommes élevés sous le despotisme, impatients d'affranchir leur pays du sabre et leur âme de la servitude.

Ces hommes formaient, sinon la majorité, du moins la pensée de la chambre des représentants; les bonapartistes n'y étaient qu'en petit nombre. Le grand nombre se composait d'hommes nouveaux, inconnus auparavant, inconnus après dans les conseils de la nation, sans crédit dans l'opinion publique, qui avaient profité de l'occasion du 20 mars, pour briguer des candidatures populaires dans un accident politique dont les hommes sérieux s'étaient écartés. Ces hommes étaient mobiles et malléables à la parole, flexibles aux circonstances, sans appui sur eux-mêmes et sur le pays, aussi propres à soutenir le vainqueur qu'à déserter le vaincu. L'élection confuse, précipitée et populaire, d'où ils sortaient moitié napoléoniens, moitié révolutionnaires, les laissait libres de servir jusqu'à la démence Napoléon, ou de s'insurger jusqu'à la colère contre lui, sous l'apparence de l'esprit républicain. Une telle assemblée convenait éminemment aux vicissitudes de

la circonstance, à la main de Fouché, à la popularité de
La Fayette, propre à servir, propre surtout à fléchir à tous
les souffles de la guerre, de l'intrigue, de l'événement.

XIII

La Fayette, au moment du champ de mai, avait déjà
fait insinuer à Carnot et à Fouché de profiter de cette
réunion du peuple, de la garde nationale et de l'armée
au champ de Mars, pour soulever la ville contre l'empereur, et pour le précipiter de l'empire du haut du trône
élevé pour cette cérémonie. Carnot avait refusé par fidélité, Fouché par bon sens. L'occasion était plus sûre et
plus certaine à l'Élysée. C'était du haut de la tribune, en
affectant le courage de Brutus et en montrant du geste
l'empereur vaincu, menaçant l'assemblée de sa dictature,
qu'on pouvait précipiter Napoléon, dépouillé de sa gloire
et séparé de son armée.

La Fayette monta à la tribune. Toute la révolution semblait y remonter pour la première fois depuis 1789 avec
lui. Son nom était retentissant, sa figure imposante; l'imagination le devançait, les regards le suivaient. Grand,
noble, pâle, froid de visage, d'un regard voilé qui paraissait replier des mystères, d'un geste rare, contenu,
caressant, d'une voix faible et sans accent, plus accoutumé aux chuchotements de la confidence qu'aux explosions de l'âme, d'une élocution sobre, étudiée, élégante,
où l'on sentait la mémoire plus que l'inspiration; c'était
une figure historique détachée du fond du tableau d'un

autre siècle et réapparaissant en scène dans le siècle nouveau. Nul ne savait ce qu'il allait dire. Il pouvait également d'un mot rattacher à Napoléon ces révolutionnaires indécis, ou les arracher à sa ruine.

« Lorsque pour la première fois, dit-il, depuis tant d'années, j'élève une voix que les vieux amis de la liberté reconnaîtront encore, je me sens appelé à vous parler des dangers de la patrie que vous seuls à présent avez le pouvoir de sauver.

» Des bruits sinistres s'étaient répandus, ils sont malheureusement confirmés. Voici l'instant de nous rallier autour du vieux étendard tricolore, celui de la liberté, de l'égalité et de l'ordre public. C'est celui-là seul que nous avons à défendre contre les prétentions étrangères et contre les tentatives intérieures. Permettez à un vétéran de cette cause sacrée, qui fut toujours étranger à l'esprit de faction, de vous soumettre quelques résolutions préalables dont vous apercevrez, je l'espère, la nécessité. »

Un silence de réflexion et de contre-coup suivit dans toute l'Assemblée ces paroles. Tempérées d'accent, elles étaient mortelles d'intention pour Napoléon. Elles avaient été calculées avec le *sous-entendu*, cette perfidie de l'éloquence, pour signifier dans l'oreille des auditeurs et dans l'âme de la France ce qui ne devait pas encore être dit. Cet homme, *vétéran de la liberté*, qui se replaçait en scène, posait avec lui la Révolution contre le despotisme vaincu sur la tribune. Ce *vieux* drapeau tricolore se différenciait d'une seule épithète du drapeau tricolore impérial, prostitué à la gloire d'un seul homme, désigné suffisamment : les couleurs de la Révolution. Ces *tentatives intérieures* à prévenir indiquaient assez la dictature de Napoléon, sans la nommer. Le coup était porté, l'homme était frappé, l'empereur et l'empire étaient montrés dans l'ombre en ennemis publics à la représentation nationale, à l'Europe ; à la patrie, aux républicains, aux patriotes, aux royalistes même. Le patriotisme tout entier du pays séparait, avec La Fayette, son symbole de la cause de Napoléon. Que lui restait-il ? Des royalistes implacables, une famille impopulaire et un faible parti personnel vaincu.

La Fayette, heureux et applaudi plus encore des cœurs que des mains, semblait avoir couvé quinze ans cette minute dans son âme. Était-ce à lui pourtant de frapper le premier cette ruine de gloire, lui, délivré des chaînes d'Olmutz et rendu à la liberté, à la patrie, à la famille par l'intervention de Napoléon ? Il dut lui en coûter plus qu'à ceux qui ne devaient rien à Bonaparte que leur haine. Mais les idées n'ont pas de reconnaissance, le patriotisme n'a pas de faiblesse de cœur. La Fayette avait dû beaucoup à Louis XVI, il n'avait pas hésité à être son gardien aux Tuileries et à Varennes ; il devait quelque chose à Napoléon, il n'hésita pas à lui porter le premier coup. La nature et la politique ont-elles des lois différentes ? C'est au cœur des hommes de prononcer.

XIV

Après ce préambule, La Fayette lut les propositions suivantes :

« Article 1er. La chambre des représentants déclare que l'indépendance de la nation est menacée.

» Art. 2. La chambre se déclare en permanence. Toute tentative pour la dissoudre est un crime de haute trahison ; quiconque se rendra coupable de cette tentative sera traître à la patrie et sur-le-champ jugé comme tel.

» Art. 3. L'armée de Lille et les gardes nationales qui ont combattu et qui combattent encore pour défendre la liberté, l'indépendance et le territoire de la France ont bien mérité de la patrie.

» Art. 4. Le ministre de l'intérieur est invité à réunir l'état-major général, les commandants et majors de légions de la garde nationale parisienne, afin d'aviser au moyen de lui donner des armes et de porter au plus grand complet cette garde citoyenne dont le patriotisme et le zèle éprouvé depuis vingt-six ans offrent une sûre garantie à la liberté, aux propriétés, à la tranquilité de la capitale et à l'inviolabilité des représentants de la nation.

» Art. 5. Les ministres de la guerre, des relations extérieures, de la police et de l'intérieur, sont invités à se rendre sur-le-champ dans le sein de l'Assemblée. »

XV

L'Assemblée respira en écoutant ces paroles. Une main venait de soulever le poids d'incertitude qui pesait depuis vingt-quatre heures sur toutes les âmes. En applaudissant La Fayette et en votant ses propositions, elle échappait aux extrémités de la crise qu'elle ne voulait pas subir jusqu'à la mort, et elle y échappait en paraissant s'insurger contre la dictature et la tyrannie. Un héroïsme d'attitude couvrait une lâcheté de résolution. C'est toujours ainsi que les corps politiques marquent leur retraite ou leur défection. On peut attendre l'héroïsme d'un homme, jamais d'une assemblée. Un homme qui se désavoue porte à jamais sur son nom la flétrissure de sa faiblesse, un corps n'a pas de nom et rejette son honneur et sa responsabilité au temps. La Fayette fut l'idole de l'irrésolution publique.

Tout le monde mit sa responsabilité à l'abri sous son nom. On vota, avec la précipitation du péril, l'impression de ses propositions adoptées, afin que le peuple, ému des dangers de la liberté, oubliât les dangers de la patrie, et pensât à lui-même au lieu de penser à son armée et à son empereur. Le mot de dictature, synonyme de tyrannie en France depuis Danton, Robespierre, Vergniaud, qui l'avaient exercée tant de fois à la tribune, et qui en avaient fait l'accusation mortelle de tous, était resté dans l'imagination publique le crime sans nom.

XVI

Napoléon pendant ce vote continuait à entretenir son conseil des ministres et ses sectateurs de plans chimériques de levée en masse de la France et d'opérations militaires idéales. L'exaltation qu'il s'efforçait de créer autour de lui le gagnait lui-même; il s'enivrait, comme cela lui arrivait souvent, depuis ces dernières années, de ses propres paroles.

« Oui, répétait-il, la présence de l'ennemi sur le territoire rendra, je l'espère, aux représentants le sentiment de leurs devoirs. La nation ne les a pas envoyés pour me renverser, mais pour me soutenir !... Je ne les crains pas !... Quelque chose qu'ils fassent, je serai toujours l'idole de l'armée et du peuple ! Si je disais un mot la chambre serait immolée ! Ce n'est pas pour moi que je tremble, c'est pour la France... Si nous nous querellons entre nous, nous aurons le sort du Bas-Empire !... Le patriotisme de la nation, sa haine contre les Bourbons, son attachement à ma personne, nous offrent encore d'immenses ressources; notre cause n'est pas désespérée. »

Au moment où il extravasait ainsi son âme en vaines paroles et en heures perdues, Regnault de Saint-Jean d'Angély, à la fois représentant et conseiller de l'empereur, accourut troublé de la chambre, raconta l'audace de La Fayette, son discours, les applaudissements qui l'avaient ratifié, l'adoption de ces propositions qui revendiquaient le gouvernement à l'Assemblée, la déclaration de permanence de la chambre, déclaration de tout temps équivalente à la dictature du pouvoir législatif, évoquant l'autorité unique et suprême au nom du péril public; puis il déposa sur la table les propositions adoptées. L'empereur les lut, rougit, pâlit, contracta d'un pli d'amertume son front et ses lèvres, en affectant autant de mépris qu'il éprouvait de colère : « J'avais bien pensé, dit-il, qu'il fallait congédier ces gens-là avant mon départ; c'est fini ! ils vont perdre la France ! » rejetant ainsi sur la représentation nationale la perte de la patrie dont il voulait se décharger sur tout le monde, tant elle pesait d'avance sur sa mémoire. Puis levant soudainement la séance, et cédant comme à Fontainebleau au premier indice de soulèvement de l'opinion contre lui : « Je vois, ajouta-t-il à voix basse, mais assez haut cependant pour que ses paroles fussent entendues et rapportées à ses ennemis, afin de prévenir la pensée des dernières violences, je vois que Regnault ne m'avait pas trompé. Eh bien, s'il le faut, j'abdiquerai. »

Mais, comme s'il se repentait d'avoir ainsi aventuré son dernier mot dans l'oreille de Fouché et de ceux qui épiaient ses audaces ou ses défaillances, il revint sur ses paroles et ajouta : « Il faut cependant, avant de rien céder, voir ce que deviendra cette entreprise contre moi. Retournez à l'Assemblée, Regnault ; dites que je suis ici, que je délibère avec mes maréchaux ; que l'armée, après une victoire signalée, a livré une grande bataille, que tout allait bien ; que les Anglais étaient battus, que nous avions pris leurs drapeaux, lorsque la trahison a semé une terreur panique ; que mon armée se rallie, que j'ai donné des ordres pour arrêter la déroute, que je suis venu à Paris pour me concerter avec mon gouvernement et avec les chambres, que je m'occupe en ce moment des mesures de salut public que commandent les circonstances. »

Carnot partit en même temps pour le Luxembourg, chargé de tenir le même langage aux pairs de France, plus vendus, mais non moins ébranlés que les députés.

XVII

La chambre, sur la proposition de La Fayette, avait mandé dans son sein les ministres pour lui rendre compte directement de la situation. C'était déjà évoquer à elle le gouvernement et omettre l'empereur. Il s'indigna de cette prétention, il défendit à ses ministres d'obéir, il lutta pour une formalité de règne, comme il aurait lutté pour le règne lui-même. Il n'osa ni résister ni céder tout à fait ; mais, comme pour se masquer à lui-même sa condescendance forcée, il tourna la difficulté et chargea, de son propre mouvement, ses ministres d'un message en son nom pour l'Assemblée. Inquiet du découragement lisible sur le visage de Caulaincourt et de Davoust, se défiant de Fouché, redoutant des uns la faiblesse, des autres la trahison, il ne trouvait pas en lui-même l'élan, l'éloquence et le courage civil nécessaires pour braver les regards, les murmures, les soulèvements tumultueux d'une assemblée, pour la dominer par la grandeur d'âme, ou pour tomber avec la majesté du malheur devant elle. Il resta enfermé tout le jour dans les murs de l'Élysée ou dans les ombres de son jardin, et il chargea son frère Lucien de tenter pour lui cet ascendant de la parole qui avait une fois changé en victoire sa défaillance personnelle au 18 brumaire.

Lucien était admirablement indiqué par son habitude républicaine des grandes assemblées, par son éloquence révolutionnaire, par les gages qu'il avait donnés à la liberté, par l'intrépidité de son âme, à une pareille mission. L'austérité de son long exil volontaire, son abstention de toute complicité dans la tyrannie pendant la domination de sa famille, son patriotisme plus grand que son ambition, son retour à Paris au moment où l'adversité de Napoléon lui rappelait qu'il était de son sang, et où les dangers de la nation lui rappelaient qu'il était Français, enfin ce rôle dramatique, antique, attendrissant, de plaider à la fois pour une couronne qu'il avait dédaignée, pour un frère qui l'avait proscrit, pour une patrie qui allait périr, don-

naient à Lucien l'inspiration, la confiance et la passion de
la circonstance. Plutarque n'a pas de plus tragique rencontre d'événements, de situation, de parenté et de politique dans les annales des familles historiques. Lucien, qui
avait l'instinct de l'antiquité et du drame, le sentait. Il se
dévouait avec joie à la scène, aux tumultes et même aux poignards pour son frère. Ce jour l'élevait dans sa pensée au-dessus de tous ces rois de hasard, satellites de sa maison.

XVIII

Mais le jour se consumait dans ces mesquines contestations de l'empereur avec sa destinée, et dans ces chicanes
d'étiquette et d'attributions avec les chambres. On ne
mendie pas la dictature dans des heures si décisives, on
l'enlève à l'enthousiasme d'une assemblée par sa présence ;
on ne la saisit pas par la main de quelques soldats. Chaque
minute perdue par Napoléon en délibérations, en attente,
en repentir et en velléité d'oser, suivie aussitôt d'une résignation encore menaçante, était gagnée à l'Assemblée par
la hardiesse de ses ennemis, par l'impatience, l'aigreur, le
murmure de la masse mobile. A peine Regnault de Saint-Jean d'Angély avait-il quitté la salle, après avoir accepté
sa mission et promis une prompte communication des mesures méditées par l'empereur, qu'un représentant, Félix
Desportes, était monté à la tribune, et avait fait voter
d'acclamation la nomination d'une commission administrative de cinq membres chargés de protéger l'Assemblée.
C'était proclamer devant la nation qu'elle se croyait me-

nacée, et qu'elle appelait les citoyens dans le camp du peuple contre le conciliabule du dictateur. « Où sont ses ministres? disait le confident de Fouché, Jay. Pourquoi ne paraissent-ils pas? Qui les retient? S'ils résistent à l'ordre de l'Assemblée, que cette désobéissance retombe sur leur responsabilité ! »

C'était Fouché lui-même qui parlait ainsi par la voix de Jay. Enchaîné à l'Élysée, comme autrefois Pétion aux Tuileries, par son poste officiel et par la volonté de l'empereur, il avait glissé un billet écrit au crayon dans la main d'un de ses affidés, et il avait sollicité de Jay une motion impérative de la chambre qui le délivrât de sa captivité du conseil. D'autres proposaient d'arracher le commandement de la garde nationale à l'empereur et de le donner à La Fayette, au nom le plus significatif de détrônement et de déchéance.

On n'osa pas voter du premier coup cette mesure, elle fut ajournée plus que repoussée. On réitéra aux ministres l'injonction de paraître et de parler. La Fayette soufflait, pressait, acceptait tout. Quelques républicains, plus désintéressés ou plus timides, se prêtaient mal à ces impatiences, et croyaient utile de ne pas précipiter si vite et si bas l'empereur, pour laisser quelques jours un chef à l'armée, un négociateur, l'épée dans la main, à la patrie.

Le sage et temporisateur Dupont de l'Eure exprimait ses scrupules à La Fayette. « Je comprendrais votre précipitation, lui disait-il, si vous vous sentiez assez fort pour arrêter l'étranger d'une main, et pour contenir les royalistes à l'intérieur de l'autre. Que voulez-vous? qu'espérez-vous?

— Ne craignez rien, lui répondit La Fayette avec ce

sourire de quiétude, expression habituelle d'un homme qui voit plus loin que le danger présent et qui se complaît dans le mirage de sa foi ou de ses illusions, ne craignez rien, débarrassons-nous d'abord de cet homme, et tout s'arrangera de soi-même. »

La Fayette était assez exercé aux événements pour comprendre que l'homme le plus funeste à la liberté était celui qui l'avait détruite. Il était assez personnel pour croire que la France lui livrerait à lui-même la solution de la crise où elle expirait, que son nom inspirerait à la fois enthousiasme à la liberté, modération à l'étranger, intimidation aux Bourbons, et pourrait être l'arc-en-ciel d'une réconciliation européenne et constitutionnelle, dont il serait, comme en 89, l'arbitre ou le dictateur.

Sébastiani renouvela la proposition d'appeler tous les commandants de la garde nationale dans le sein de l'Assemblée. Ce complice du 18 brumaire affectait de craindre plus qu'un autre un renouvellement de cette journée sur la chambre. Il voulait racheter sa complicité passée par plus d'ombrage contre son ancien général, et par un zèle plus jaloux de la représentation nationale. Dans l'âme vindicative des Corses, l'injure efface mille bienfaits. L'empereur, par des dédains éclatants, avait fait d'un favori un ennemi dans Sébastiani. Sa proposition multiplia les alarmes sincères ou affectées de la chambre. La tribune restait vide, les députés se groupaient en colloques à demi-voix, comme les hommes qui se rapprochent à l'annonce des tempêtes. Chaque bruit de portes, chaque rumeur dans les portiques, chaque mouvement dans les tribunes faisait tressaillir. On s'attendait à une invasion tumultueuse des fédérés vociférant depuis l'aurore sous les murs du jardin de l'Élysée, ou à un assaut des troupes qui commençaient à rentrer par bandes irritées dans Paris.

La nuit approchait. Ni Napoléon ni la chambre n'osaient décider le sort par une résolution suprême. On livrait tout au temps, et le temps livrait tout à l'ennemi. Le peuple des faubourgs et les fédérés désarmés s'attroupaient confusément autour de l'Élysée, comme pour provoquer l'empereur à une énergie qui le relevât de son affaissement, ou pour assister à sa chute. Ce peuple sur qui sa tyrannie avait tant pesé, et qui avait tant maudit son nom en lui livrant sa révolution, sa liberté, ses impôts et son sang, semblait aujourd'hui ne se souvenir que de sa gloire. Le peuple est grand, et, par je ne sais quelle analogie de nature, il aime la grandeur jusque dans la tyrannie. Le peuple a plus de cœur que d'intelligence ; la multitude par cet organe est pathétique, elle s'intéresse avec émotion au drame personnifié dans un homme. Enfin le peuple est curieux, c'est la passion des foules. La vie est une scène dont elles aiment à contempler de près les dénoûments. On ne peut expliquer autrement les attroupements de ce peuple des faubourgs de Paris, autour de l'Élysée, pendant cette lente agonie de la puissance de l'âme et du génie de son empereur. Il lui semblait entendre et sentir à travers les murs de l'Élysée les angoisses et les palpitations du cœur de son héros. Les arbres des Champs-Élysées, les murs et les toits des maisons voisines, les grilles même de l'enceinte du palais, étaient couverts d'une foule attentive, morne, silencieuse, cherchant à entrevoir de loin les mouvements de l'intérieur des appartements par les fenêtres ouvertes, et poussant des cris de : « Vive l'empereur ! » chaque fois que Napoléon se montrait sur le seuil de ses salons, ou qu'il se promenait en réfléchissant ou en causant dans les longues allées de son jardin. Triste et magnanime adieu d'un peuple qui oublie son supplice en faveur de sa gloire, et qui pardonne à son héros d'avoir été son oppresseur !

Napoléon s'entretenait à l'écart avec Lucien, et donnait ses instructions secrètes à ce négociateur, à l'insu de ses ministres, dans l'allée du jardin, où ces deux frères marchaient à pas lents sous les yeux du peuple.

XIX

Lucien, reposé par quinze ans de retraite des affaires, d'obscurité et de fréquentation solitaire des anciens, par les études dont il remplissait sa vie à Rome, croyait retrouver dans les Français de 1815 la résolution et l'énergie des hommes de 1792. Il ignorait à quel degré d'affaissement et de défaillance la longue servitude, la corruption, la soif de jouir, la lassitude de lutter, l'indifférence du joug, la flexibilité à toutes les opinions, avaient dégradé les âmes et les caractères dans la partie politique de la nation. Il comptait encore sur les grands sentiments, sur les grands désespoirs, sur les grandes choses. Il tentait d'en ranimer l'inspiration et la confiance dans son frère. Il parcourait avec lui les dévouements, les dictatures, les abdications après le territoire reconquis, les trônes restitués comme d'indignes hochets, les libertés rendues, les républiques relevées, les nations sauvées, puis couronnées par la main de leur libérateur, les titres nouveaux inventés par la reconnaissance des peuples, les grandes ambitions de la vertu civique à la place des vulgaires ambitions de la puissance, l'âme d'un héros passant dans l'âme d'une nation, l'animant tout entière de son patriotisme, la levant en sursaut sous les pieds de l'ennemi, la conduisant à la victoire, et se livrant ensuite à son jugement, prête à accepter ou un nouveau couronnement ou une immortelle proscription. Mais pour tout cela une heure d'audace, une responsabilité suprême encourue sans regarder derrière soi, un crime contre des formalités légales, une révolte de l'héroïsme contre l'apathie et l'ingratitude d'une assemblée, une insurrection encouragée de l'armée et du peuple, une opposition à la tribune l'épée à la main, une mise hors la loi bravée, un coup de poignard, s'il le fallait, risqué en échange d'un second 18 brumaire! Voilà ce que Lucien conseillait.

Napoléon, au contraire, lassé de quinze ans d'action, énervé par une longue prospérité, habitué à de faciles obéissances, étonné des premiers murmures contre son autorité, assouvi de gloire, usé de forces, vieilli par l'empire, incrédule aux dévouements parce qu'il les avait remplacés par les cupidités, flatté si longtemps par les succès qu'il ne savait plus que céder aux revers, redoutant d'évoquer la liberté du sein de ce peuple, de peur qu'elle ne lui apparût sous les traits de la révolution et de la vengeance, cherchant en lui-même sa volonté et n'y trouvant plus que ses irrésolutions, répugnait à toute entreprise et à toute audace. Il la rêvait sans oser l'accomplir. Il aurait voulu qu'on lui rapportât de l'Assemblée son usurpation toute faite. Lui qui avait tant méprisé les lentes hésitations et les déchéances fatales de Louis XVI, descendant degré par degré les marches du trône jusqu'au supplice, il imitait l'apathie de ce malheureux prince en face de la révolution. Il délibérait au moment d'agir ; il osait en idées, il n'osait rien en mesures ; il consumait l'heure en conseils, il donnait des ordres et il les révoquait, il voulait et il se repentait d'avoir voulu, il parlait de force et il s'affaissait sous l'obstacle. Il menaçait avec mépris de sa popularité, de sa toute-puissance, de son armée, la représentation nationale impopulaire, désarmée et discoureuse, qu'il avait à deux pas de lui, et il tremblait devant cinq ou six tribuns obscurs, devant le fantôme de La Fayette évoquant le fantôme de la liberté.

XX

Le peuple, témoin de son abattement, ne comprenait rien à ces lenteurs et s'impatientait de la prolongation de ces conseils. L'instinct disait à la multitude que s'il y avait un salut pour la patrie, il était dans une résolution et dans un homme. Elle s'étonnait que cet homme lui manquât et se manquât ainsi à lui-même. Elle l'encourageait, elle le sommait, elle le pressait par ses vociférations. Elle lui demandait, à grands cris, des ordres, des chefs et des armes. Il semblait à la fois flatté et importuné de ces acclamations. Elles étaient pour lui une popularité et un reproche. Il y répondait de temps en temps avec distraction par un sourire de tristesse et par un geste d'apaisement. Ces bruits et ces visages l'empêchaient de méditer avec liberté, et le faisaient passer vingt fois dans l'heure de l'empire à l'abdication.

Lucien s'efforçait, au contraire, par ses signes d'intelligence aux fédérés groupés sous les murs, d'encourager ces démonstrations et de les faire tourner, dans l'âme abattue de son frère, au profit de ses énergiques conseils : « Voyez, lui disait-il, ce peuple accouru de ses faubourgs, foyer de patriotisme, sous l'impulsion d'un instinct désintéressé, parce qu'il voit en vous en ce moment le sol et l'indépendance ! Entendez ses cris ! on vous demande des armes ! on vous supplie de donner un chef à cette foule ! Il en est de même dans tout l'empire. Abandonnez-vous la France à l'étranger et le trône aux factions ? »

Rien ne triomphait des incertitudes de Napoléon, il baissait la tête sous la fatalité. Cet homme, qui avait tout osé avec la fortune favorable, sentait enfin que l'homme ne peut rien avec la fortune adverse. Il s'avouait le néant de la volonté humaine, quand cette volonté est à contre-sens des choses et du temps. Il se confessait vaincu, non par l'ennemi, mais par l'opinion.

« Suis-je donc plus qu'un homme, répondait-il avec amertume à Lucien, pour ramener à l'union et à l'accord avec moi cinq cents députés égarés ? » Puis couvrant même d'un scrupule tardif de vertu son inaction contre la chambre, qu'il menaçait une heure auparavant, et qu'il allait menacer une minute après : « Suis-je donc, ajouta-t-il, un misérable factieux pour allumer inutilement la guerre civile ? Non, jamais !... Que l'on essaye de ramener les chambres, je ne demande pas mieux !... je puis tout avec elles !... Je pourrais beaucoup sans elles dans mon intérêt, mais je ne pourrais sans elles sauver la patrie !... Allez vous-même vous y présenter, j'y consens !... Je vous défends toutefois en sortant d'ici de haranguer ce peuple qui me demande des armes. Je suis prêt à tout tenter pour la France, rien pour moi ! » Il oubliait qu'il avait tenté l'embauchement de l'armée à Grenoble pour reconquérir le trône, et Waterloo pour le conserver.

« Allez, reprit-il à Lucien et à ses ministres, partez, et parlez de l'intérêt de la France qui doit être chère à tous ses représentants ; à votre retour, je prendrai mon parti. »

Ils partirent et le laissèrent seul à ses irrésolutions. Il était évident qu'il composait avec la nécessité, mais déjà elle grondait avec plus de menaces contre lui dans la chambre. La temporisation, signe de sa faiblesse, encourageait les plus timides à l'abandonner, les plus hardis à le menacer à leur tour.

XXI

Les députés, entre eux, disaient maintenant à haute voix ce qu'ils murmuraient le matin à voix basse. La Fayette, Manuel, Roy, Dupin, Duchesne, Lacoste, parlaient de déchéance et d'arrestation. La présence de Lucien et des ministres rendit le silence aux entretiens et l'attitude de la délibération à l'Assemblée. Lucien demanda l'évacuation de la salle par le public des tribunes, pour donner à la délibération le secret nécessaire à la gravité des communications que le gouvernement allait faire au nom de l'empereur.

Les tribunes se vidèrent. La nuit tombait, la lueur sépulcrale des flambeaux éclairait seule la tribune. Sa figure tribunitienne rappelait les jours de la liberté ; son nom, l'usurpation du pouvoir à Saint-Cloud et les années du despotisme. Le dévouement tardif, mais ardent, qu'il avait montré à son frère depuis le 20 mars, le rendait suspect et menaçant pour la chambre. Après avoir vu longtemps en lui un Caton de la famille impériale, on s'étonnait de tant de complicité dans l'intérêt d'un second empire, on le croyait las de son stoïcisme et prêt à mériter son pardon de Napoléon par des services ambitieux. Le rôle de Lucien depuis le débarquement de Cannes justifiait ces soupçons. Le frère en lui avait absorbé le citoyen. Il poussait sa race aux trônes, comme si la perte des trônes par sa famille lui en avait enseigné le prix. Il était donc un organe mal choisi par Napoléon pour plaider sa cause devant une assemblée lasse des ambitions de cette tribu des trônes.

Toutefois l'Assemblée s'étonna de la modération et de la résignation du message que Lucien lut au nom de son frère. Napoléon, allant au-devant des vœux des deux chambres, les invitait à s'ouvrir à lui, pour préserver la France du sort de la Pologne ou du joug des Bourbons. Il leur proposait de nommer cinq commissaires qui s'entendraient en leur nom avec ses ministres sur les moyens de sauver la patrie et de traiter de la paix avec les puissances coalisées.

C'était la capitulation de la France après la défaite de l'empereur, mais avec l'espoir, sinon de sauver la puissance nationale et la gloire des armes, du moins de sauver les débris du trône impérial pour Napoléon. Ainsi la paix troublée par l'entreprise du 20 mars, le sang de trente mille soldats, les trésors, les armements, l'inviolabilité des frontières, la renommée de l'armée et de son chef, auraient été perdus, mais la dynastie de Napoléon aurait été sauvée pour la France, avec la perspective des haines que cette dynastie venait de raviver et perpétuerait contre la nation. Une telle proposition, réfléchie un seul moment par l'opinion publique, prévenue et irritée, portait en soi la naïveté d'une démence ou l'insolence d'une dérision. On pouvait l'imposer par un coup de force ; mais la faire prévaloir par la discussion, c'était rêver.

A mesure que Lucien avançait la lecture de ce message, les murmures montaient. Ils éclatèrent dès qu'il fut descendu de la tribune. Les âmes comprimées s'ouvrirent à l'indignation et à la colère. La chambre y répondit d'acclamation par le dédain et par le défi. Lucien et les ministres restèrent écrasés et ensevelis sous les apostrophes des députés de tous les bancs. « Eh quoi ! disait-on, l'auteur de nos désastres ne trouve d'autre inspiration dans son âme que de régner encore sur nos débris et sur les cadavres de nos enfants? Au lieu de s'immoler généreusement à la patrie anéantie à demi pour sa cause, il nous convie à l'immoler tout entière dans l'intérêt de sa race? Il n'a pas su vaincre! il n'a pas su mourir! il n'a su que fuir! Et c'est au nom de sa défaite, de sa faiblesse et de sa fuite qu'il nous demande de nous concerter avec lui, comme si, au lieu d'être les représentants souverains du peuple, nous n'étions que les complices subordonnés d'un factieux détrôné! » Jay, inspiré par l'œil de Fouché, s'élança à la tribune au milieu de ces imprécations, pour les résumer avec la convenance préméditée d'une résolution parlementaire. « Dussé-je, dit-il, éprouver le sort de ces généreux représentants de la Gironde protestant contre l'asservissement de la Convention et scellant de leur sang leur courage, je parlerai ; mais, avant de parler, je demande que les ministres ici présents parlent, et nous disent si, dans l'état présent, la patrie est en mesure de résister aux armées de l'Europe, et si la présence de Napoléon n'est pas un invincible obstacle aux négociations et à la paix. »

XXII

Une approbation presque unanime sur les bancs de l'Assemblée, un silence significatif et accusateur sur les bancs des ministres, suivirent cette apostrophe. Fouché hésitant, et comme affectant de confesser son embarras simulé par son attitude, monta à la tribune, et dit qu'il n'avait rien à ajouter aux rapports déjà communiqués à la chambre sur les extrémités du dehors et sur les dangers du dedans. C'était avouer l'orateur, et provoquer à l'insurrection des esprits par les alarmes que le silence grossissait encore.

Jay commenta éloquemment ce silence de Fouché, et montra dans le despotisme militaire la source de toutes les calamités de la patrie. Il accusa Napoléon d'être le seul obstacle à la réconciliation de la France avec l'Europe. Il demanda si une nation épuisée d'héroïsme et de sang par dix années de guerre attentatoire à toutes les nationalités du continent, et près de succomber elle-même, non faute de courage, mais faute de combattants sous le reflux des peuples, devait ensevelir avec elle et son sol, et son nom, et ses générations futures, dans la cause d'un homme à qui elle avait tout sacrifié, excepté son dernier souffle ? Puis apostrophant Lucien immobile et consterné sous ces paroles : « Et vous, prince, lui dit l'orateur, vous qui avez montré un noble caractère dans l'une et dans l'autre fortune, retournez vers votre frère ! Dites-lui que l'assemblée des représentants attend de lui une résolution qui lui fera plus d'honneur dans l'avenir que toutes ses victoires. Dites-lui qu'en abdiquant le pouvoir il peut sauver la France; dites-lui que sa destinée parle et le presse, que dans un jour, dans une heure peut-être, il ne sera plus temps... »

Il conclut en proposant à la chambre d'envoyer des commissaires à Napoléon, pour lui demander son abdication, et, dans le cas où il refuserait de la donner, de prononcer sa déchéance du trône. Louis XVI n'avait pas subi, avant sa défaite du 10 août, de telles sévérités du sort et de telles injonctions de l'Assemblée législative. C'était une représaille de l'Assemblée nationale, car Jay savait que, la veille de son départ pour Waterloo, l'empereur, ouvrant son âme à un de ses confidents indiscrets, s'était écrié : « Qu'ils prennent garde à eux ! Qu'ils se hâtent dans leur insolence, je ne puis les souffrir davantage. Partons ! Une victoire, et je les fais rentrer dans leur obséquiosité ordinaire ! Deux victoires, et je les chasse ! » Néanmoins il y avait de l'intrépidité dans le langage de l'orateur, car l'empereur, quoique ébranlé, vivait et régnait encore à quelques pas de la tribune, pendant qu'il lui lançait cette sommation. Napoléon en tombant pouvait se venger encore, et reconquérir par cette vengeance non le pouvoir de sauver son trône et la France, mais le pouvoir de frapper un ennemi.

XXIII

Lucien, témoin des applaudissements qui répondaient de toutes parts à l'insinuation d'abdication ou à la déclaration de déchéance, retrouve le courage dans le désespoir, et la confiance dans la vieille expérience de la mobilité des assemblées, qui les relève et les abat dans une même heure de la révolte à la prostration. Il s'élance à la tribune. Il invoque le nom sacré de la patrie, il la confond avec le nom de celui qui vient de la perdre, il reproche à la France son abandon et son ingratitude, aux Français de n'avoir pas fait assez pour la cause de son frère. Il atteste l'enthousiasme qui vient de le couronner une seconde fois, les serments du champ de mai; il évoque le patriotisme, et il montre le caractère national, dégradé par une lâche condescendance de la nation, faisant de Napoléon vaincu la rançon d'une capitulation ignominieuse. Les murmures et les apostrophes insultantes répondent seuls aux reproches de Lucien.

La Fayette les retourna en quelques mots terribles qui grondaient à voix basse depuis trois mois dans la conscience de l'opinion publique, et qui n'attendaient pour éclater qu'une heure opportune et une bouche populaire.

« Eh quoi! dit-il, c'est vous qui osez nous accuser de n'avoir pas fait assez pour votre frère? Avez-vous donc oublié tout ce que nous avons fait pour lui? Avez-vous oublié que les ossements de nos enfants, de nos frères, attestent partout notre fidélité, dans les sables de l'Afrique, sur les bords du Guadalquivir et du Tage, sur les rives de la Vistule et dans les déserts glacés de la Moscovie? Depuis plus de dix ans, trois millions de Français ont péri pour un homme! pour un homme qui veut encore lutter aujourd'hui avec notre sang contre l'Europe! — Oui, oui! s'écrient, avec la conscience vengeresse d'une nation sacrifiée, les représentants. — C'est assez! reprend La Fayette, c'est assez pour un homme! Maintenant notre devoir est de sauver notre patrie! »

Vingt orateurs se disputent la tribune pour appuyer l'imprécation de La Fayette. Les retours des assemblées sont sans pitié. La terreur d'un coup d'audace et de désespoir de Napoléon pressait les âmes. Tout ce que Lucien et les ministres purent obtenir des représentants, ce fut un peu de temps pour consulter la chambre des pairs et pour concerter les résolutions de ces deux corps. Ils espéraient mieux de ces sénateurs choisis par la main de Napoléon lui-même que des députés élus par le peuple.

Lucien et les ministres y coururent. Ils trouvèrent, en effet, dans cette assemblée non plus de confiance, mais plus de mesure et plus d'égards pour l'empereur. Cette première discussion y fut froide et digne. La vieille expérience de ces hommes rompus aux événements leur disait assez qu'il n'était plus nécessaire de précipiter violemment Napoléon, qu'il allait tomber de lui-même devant la force des choses, et qu'un vaincu assez hardi pour prendre dans sa défaite son titre au pouvoir suprême ne trouverait dans sa dictature d'un jour que l'échafaud du lendemain. Lucien accourut à l'Élysée rendre compte à son frère des dispositions des deux chambres.

Lucien n'avait pas été intimidé par la révolte des représentants. L'attitude de la chambre des pairs l'avait confirmé dans la résolution désespérée de braver la chambre des députés, de la dissoudre et de saisir la dictature. Il s'efforça de convaincre son frère que son seul salut était dans l'audace. « Dans ces extrémités, on peut ce qu'on ose, » lui dit-il. Mais Napoléon, qui aimait à entendre ces conseils de force, dernière adulation de sa toute-puissance, ajournait d'heure en heure leur exécution.

Il semblait attendre qu'un hasard extérieur se chargât de la responsabilité de l'événement, ou que l'heure passée en attente et en délibération ne lui laissât plus d'autre ressource que de se soumettre à son destin, excuse que la faiblesse se ménage à elle-même pour ne pas s'avouer son inertie. Cet homme, qui connaissait si bien le prix du temps et qui savait qu'en révolution, comme à la guerre, se laisser prévenir, c'est se laisser vaincre, ne se serait pas condamné deux jours et deux nuits à l'immobilité, s'il n'avait été résigné à l'abdication. Il sauvait les apparences avec ses frères, avec ses amis, avec lui-même. Tout indique dans ses lenteurs une résignation qui se couvre d'un reste de timide volonté. Il marchandait avec la fortune, il sauvait l'honneur, il se réservait de pouvoir dire un jour : « Si les chambres m'avaient compris et secondé, j'aurais sauvé mon trône et ma patrie, »

Mais il était au fond trop politique et trop soldat pour se faire les illusions qu'il voulait plus tard affecter devant ses adorateurs. Un million d'hommes, encouragés par trois ans de représailles de la victoire, franchissant en ce moment les frontières, un pays épuisé d'efforts, une armée dissoute, une capitale murmurante, une représentation nationale soulevée, un compétiteur au trône promettant derrière lui la liberté et la paix, les provinces de l'Est et du Nord conquises, celles de l'Ouest et du Midi prêtes à se lever pour la cause du roi, qu'aurait fait Napoléon de quelques heures d'empire? Une seconde capitulation pour sa famille et pour lui! Était-ce la peine de faire un 18 brumaire des faubourgs contre la ville et de quelques soldats débandés contre la nation? Il ne le disait pas à Lucien, mais il le sentait. Tout ce qu'il voulait, c'était le droit de se plaindre. Il commençait à l'Élysée cette longue conversation et cette éternelle récrimination contre les hommes du 20 mars et contre la France qu'il continua à Sainte-Hélène.

XXIV

Benjamin Constant, d'abord son accusateur, puis son complice et son conseiller au 20 mars, montra, dans ces deux dernières journées, la même fluctuation d'attitude et d'actes qu'il avait montrée quelques semaines auparavant. Ce courtisan alternatif de la popularité et de la faveur de cour avait un abîme à franchir derrière lui pour revenir sur ses pas et pour se faire pardonner son dévouement subit à Napoléon après son inconcevable défection. Waterloo était pour lui une défaite personnelle. Ne pouvant croire au premier moment à l'éclipse totale de cette étoile de l'empereur à laquelle il avait si témérairement attaché sa responsabilité d'homme politique et d'homme d'intelligence, il accourut un des premiers au palais pour donner des conseils de force. Il voulait pousser aux dernières extrémités

Napoléon, dont la chute allait le précipiter lui-même. Mais ce courtisan de date récente n'était pas un de ces hommes qui résistent longtemps aux évidences d'une situation et qui s'ensevelissent sous les ruines. Les récits réitérés de la déroute et de l'anéantissement complet de l'armée, la froideur, les murmures et bientôt le soulèvement presque unanime de l'opinion, la révolte des cœurs dans les chambres, l'âpreté de La Fayette, de Sébastiani, de leurs amis à presser l'abdication ou à imposer la déchéance, n'avaient pas tardé à ébranler Benjamin Constant lui-même, et à le faire passer en quelques heures de la dictature à la résignation. Il s'interposa comme négociateur officieux entre les chambres et Napoléon, pour montrer à celles-là du zèle et à celui-ci de l'attachement.

XXV

Il interrompit par sa présence dans le jardin de l'Élysée la conversation de Napoléon avec Lucien, et, prenant le langage opposé à celui qu'il avait tenu la veille, il sembla vouloir préparer Napoléon à un sacrifice commandé, disait-il, par sa gloire comme par son patriotisme. « Je vous entends, lui répondit l'empereur, on veut que j'abdique ! Mais a-t-on calculé les conséquences de mon abdication? N'est-ce pas autour de moi et autour de mon nom que se groupe l'armée? M'enlever à elle, n'est-ce pas la dissoudre? Si j'abdique, vous n'avez plus d'armée dans deux jours. Cette armée n'entend pas toutes vos subtilités. Croit-on que des discours de tribune empêcheront une dispersion des troupes!... Me repousser quand je débarquais à Cannes, je le comprends! M'abandonner aujourd'hui, je ne le comprends pas! Ce n'est pas en présence de l'ennemi à quelques lieues de nous qu'on renverse un gouvernement avec impunité. Pense-t-on en imposer aux canons par des phrases? Si on m'eût renversé il y a quinze jours, il y avait du courage ; mais je fais partie maintenant de ce que l'Europe attaque, je fais donc partie de ce que la France doit défendre. En me livrant, elle se livre elle-même, elle avoue sa faiblesse, elle se reconnaît vaincue ; ce n'est plus la liberté qui me dépose, c'est Waterloo! »

Puis continuant sur un ton plus haut, et feignant, comme un négociateur qui exagère ses conditions pour en obtenir de plus favorables, des intentions qui n'étaient déjà plus dans son âme : « Et quel est donc, ajouta-t-il, le titre de la chambre pour me demander mon abdication? Où est sa mission? Mon devoir à moi, c'est de la dissoudre. »

Il s'animait. La multitude qui se pressait sur les terrasses des jardins de l'Élysée, croyant apercevoir dans les gestes de son héros la résolution de faire appel à sa popularité et à son patriotisme contre l'Assemblée et contre l'étranger, redoubla ses acclamations intermittentes comme pour l'encourager à l'énergie. Cette foule se composait surtout d'hommes dont les costumes attestaient l'indigence. « Vous le voyez, dit l'empereur à Benjamin Constant en étendant la main vers ces amis désintéressés de sa dernière heure, ce ne sont pas ceux que j'ai comblés d'honneurs et de richesses qui assistent des yeux et du cœur à mes revers. Que me doit ce peuple? Rien. Je l'ai trouvé pauvre et je le laisse pauvre ; mais l'instinct de la patrie l'éclaire, la voix du pays parle par sa bouche ; je n'ai qu'à dire un mot, et dans une heure la chambre des députés n'existera plus... Mais non, reprit-il, la vie d'un homme ne vaut pas ce prix ! Je ne suis pas revenu de l'île d'Elbe pour que Paris soit inondé de sang ! » Ces dernières paroles étaient sincères.

L'histoire doit cette justice à Napoléon, que, soit horreur naturelle pour les excès populaires dont le spectacle sanglant avait laissé un sinistre souvenir dans son âme depuis le 10 août, les massacres de septembre et les échafauds ; soit répugnance de soldat pour toute force indisciplinée, soit respect pour son nom dans l'avenir, il se refusa constamment, et à son retour et à sa chute depuis le 20 mars, à se faire une armée de la populace contre la nation. Il aima mieux tomber que de se relever un moment par de pareils auxiliaires. Il recula, en quittant son île et en affrontant les Bourbons et l'Europe, devant le sang des séditions et devant le crime contre la civilisation. Toujours César, jamais Gracchus ; né pour l'empire, non pour la turbulence des factions.

LIVRE VINGT-SEPTIÈME

21 juin. — Réunion de la commission de la chambre des représentants et des ministres. — Déclaration de la commission. — 22 juin. — Séance de la chambre des représentants. — Abdication de l'empereur. — Proposition de M. Dupin et de M. de Mourgens. — Adresse de la chambre des représentants à l'empereur. — Réponse de l'empereur. — Séance de la chambre des pairs. — Son adresse à l'empereur. — Réponse de l'empereur.

I

Pendant ces entretiens avec Benjamin Constant, où l'empereur semblait assister en philosophe et en spectateur, comme un autre Dioclétien, au dépouillement de la majesté impériale sur lui-même, on délibérait son sort aux Tuileries. Les membres de la commission nommée le matin par les deux chambres pour se concerter avec les ministres sur les mesures de salut public y étaient réunis. C'étaient Fouché, Davoust, Caulaincourt, Carnot, Cambacérès, Lanjuinais, La Fayette, Dupont de l'Eure, destiné depuis à présider au renversement de la monarchie qu'il n'avait point préméditée, et à la naissance de la seconde république; Flaugergues, Grenier, Dupin, Boissy d'Anglas, toujours égal aux extrémités de la patrie; Thibaudeau, aussi ennemi de la république que des Bourbons, et que cette double haine livrait à l'empereur.

Lucien, combattu entre les irrésolutions de son frère et l'ascendant croissant de La Fayette, fut faible, et montra des dispositions à transiger. La Fayette fut poli dans les termes, implacable dans les résolutions.

Les dangers s'accumulant avec les heures, l'absence de l'empereur, et son abattement déjà connu par les confidences de ses conseillers, adoucissaient les cœurs et les formes. Après une délibération nocturne, calme et assoupie comme la nuit, la commission décréta : « Que le salut de la patrie exigeait des négociations tentées directement par les deux chambres avec les puissances alliées. »

C'était déposer l'empereur, non encore du trône, mais du gouvernement. Le temps se chargerait du reste. La Fayette, Lanjuinais, Fouché, osèrent demander plus, et se plaignirent de ce que la commission n'imposait pas textuellement l'abdication.

II

Napoléon dormait, pendant que ses ennemis et ses propres ministres le déposaient ainsi aux Tuileries. On s'étonnait autour de lui de cette indifférence et de cette apathie. « Il ne domptait plus comme autrefois la fatigue ou le sommeil, disait Benjamin Constant, sa puissance d'action semblait à son terme. » Il se montra, à son réveil, mécontent, murmurant, aigri, mais non révolté contre ces résolutions. Il remettait tout à la merci de ses familiers, comme déchargé du poids de résolutions trop lourdes pour sa propre volonté.

La chambre des représentants et la chambre des pairs s'ouvrirent avec le jour. On y demandait à grands cris, et avant tout, la communication immédiate des délibérations prises la nuit par la commission des Tuileries. On s'étonnait de ne pas la recevoir. Cette lenteur paraissait aux esprits ombrageux l'indice d'une lutte engagée à l'Élysée contre la chambre. Elle n'était qu'une irrésolution de l'empereur.

Dix mille hommes de différentes armes étaient entrés la nuit dans Paris, et relevaient ses espérances. Les faubourgs s'agitaient à son nom, les fédérés avaient devancé le lever du jour par groupes frémissants et nombreux sous ses fenêtres. Lucien, accouru au lever de son frère, énumérait les ressources qui lui restaient encore : Grouchy, échappé intact à la poursuite des Prussiens, rentré avec quarante mille hommes par Namur, et se rapprochant de Paris pour se joindre aux débris de Waterloo, ralliés par Ney et par Jérôme ; les dépôts de la garde impériale, fiers de leur nom, et incorruptibles aux efforts des chambres ; quinze ou vingt mille fédérés qu'on pouvait armer le jour même, et mêler aux troupes de ligne, sinon pour combattre l'ennemi, du moins pour dominer Paris. Il fallait, disait-il à Napoléon, quitter à l'heure même l'Élysée, halte indécise aux yeux de l'opinion entre l'empire et la déchéance, s'installer aux Tuileries, y convoquer le Conseil d'État et les ministres, ressaisir le gouvernement, ajourner les deux chambres. On retrouverait en elles cette obéissance ou cette lâcheté des assemblées insolentes envers qui les ménage, serviles devant qui les brave. Ces conseils de Lucien semblaient cette fois relever l'affaissement moral de Napoléon. On craignait autour de lui qu'il ne se réveillât par un coup d'audace. Mais déjà ses amis les plus dévoués la veille, Regnault de Saint-Jean d'Angély, Thibaudeau, son frère Joseph lui-même, étaient passés à des partis plus modérés, et avertissaient sous main La Fayette et les meneurs de la chambre des fluctuations belliqueuses de l'Élysée. Joseph et ces conseillers de modération se flattaient d'une transaction entre l'ambition usée de Napoléon et l'opposition des chambres, transaction pour laquelle l'empereur abdiquerait en faveur de son fils, et donnerait à Joseph la régence et la tutelle du roi de Rome. On croyait à ce prix obtenir des puissances alliées la paix, des chambres la sanction, de la France l'abandon des Bourbons. Fouché et ses confidents berçaient de ces illusions dans les chambres et dans le conseil les partisans les plus compromis de Napoléon, et les détachaient ainsi eux-mêmes de sa cause en sauvant en apparence l'honneur et les intérêts du parti napoléonien. Manuel recevait le mot de cette diplomatie de Fouché. Il se chargeait d'endormir, à ce prix, les dernières palpitations de l'impérialisme et de l'énergie militaire dans la chambre et dans le peuple.

« L'abdication, disait Fouché devant l'empereur lui-même, concilie à la fois les intérêts de l'empereur, comme père, comme chef de dynastie, et les intérêts de la patrie découverte et désarmée par le désastre de Waterloo. Plus de prétexte à la guerre, et si les alliés, désintéressés par la retraite volontaire du seul homme qu'ils déclarent inconciliable avec le repos de l'Europe, continuent les hostilités, les chambres, révoltées de cette perfidie et de cet outrage à l'indépendance des nations, lèveront la France entière pour la cause de chaque citoyen. »

Caulincourt et Maret, trop clairvoyants pour croire aux scrupules des alliés vainqueurs et à l'insurrection nationale pour un enfant captif de l'Autriche, mais trop politiques pour pousser l'empereur et la capitale à des extrémités de feu et de sang où tout périrait, même la patrie, se payaient de ces raisons, et autorisaient l'empereur à faiblir par leur faiblesse. Il se promenait à pas interrompus dans la salle du conseil, écoutant tout sans rien résoudre, tantôt approuvant d'un mot, tantôt réfutant d'un geste, et semblant chercher dans l'avis contradictoire de tous une décision qu'il ne trouvait pas en lui-même. Regnault de Saint-Jean d'Angély attendait en vain cette décision promise par lui aux députés pour la porter à la tribune. Elle ne sortait pas des lèvres de Napoléon.

Les représentants, lassés d'attente, usaient leur impatience dans des groupes disséminés, et dans des entretiens tumultueux où la lassitude se traduisait en menaces et en invectives contre cet homme qui ne savait, disaient-ils, ni vaincre, ni reconnaître sa défaite, ni oser, ni régner, ni tomber du trône. Le président Lanjuinais ne pouvait contenir la colère et les murmures. Il donna enfin à midi la parole au général Grenier, rapporteur de la commission des Tuileries. Ce général lut le rapport. On le trouva dérisoire dans un moment où les chambres avaient à prononcer entre le salut de la nation et les velléités d'un seul homme, obstacle, à la fois, à l'indépendance du sol et à la liberté de la représentation. Le rapporteur descend de la tribune sous les clameurs de la chambre irritée. Legrand, jeune représentant de la Creuse, y monte pour énumérer les dangers de la patrie. D'autres clameurs, parties des bancs impérialistes, l'en font descendre et l'accusent de semer les alarmes. Un autre député propose une déclaration aux puissances, portée par cinq commissaires négociateurs, et conçue dans des termes rassurants pour la paix de l'Europe. Duchesne, représentant de l'Isère, veut déchirer le voile, et parle de Napoléon comme du seul obstacle aux négociations. Il allait conclure à l'abdication, quand Regnault de Saint-Jean d'Angély, averti par Lanjuinais de la nécessité de prévenir la déposition par la résignation volontaire et plus décente du trône, s'élance à la tribune, interrompt l'orateur, et annonce à la chambre qu'avant trois heures l'empereur s'expliquera par un message conforme à la pensée de tous.

On s'indigne contre ce délai, on dispute les heures et les minutes à celui à qui on n'a disputé ni la France, ni le trône, ni le sang de la patrie. « Nous n'avons qu'un parti à prendre, s'écrie Duchesne resté à la tribune, c'est d'engager l'empereur, au nom du salut de l'État, au nom de la patrie expirante, de déclarer son abdication. — Oui, oui, s'écrie-t-on dans toutes les parties de l'assemblée, qu'il abdique, s'il veut éviter qu'on le dépose! — Attendez, dit Lanjuinais; le salut de la patrie est dans le message que médite l'Empereur! — Le salut de la patrie, réplique une voix tonnante, n'est que dans l'abdication! » La Fayette se lève. « Si l'abdication temporise, je proposerai, dit-il, la déchéance. » Les applaudissements éclatent. Le général Solignac, un de ces hommes qui sentent la décence des scènes nationales et qui réservent leur dignité même aux vaincus, se jette en travers de cette impatience de La

Fayette pour implorer encore une heure. On semble disposé à accorder ce répit à la fortune. La Fayette, Sébastiani, Dupin, Duchesne, Lacoste, Girod de l'Ain, Roy, Manuel, veulent à grands cris précipiter le dénoûment. L'heure est accordée avec peine et la séance suspendue. L'heure n'était pas encore écoulée, que les représentants, les yeux attachés au cadran de la salle, se montraient du doigt la minute que l'aiguille allait franchir, et sommaient de la voix le président de rouvrir la délibération. « L'accusation! l'accusation! la mise hors la loi! l'arrestation immédiate! » criaient des voix sans pitié. Un billet confidentiel de Fouché à Manuel et communiqué par ce représentant à ses collègues annonça que l'empereur dictait en ce moment son abdication.

III

Napoléon, toujours irrésolu, comme nous l'avons vu la veille, la nuit et le matin, recevait depuis trois heures le double contre-coup des récits qui lui arrivaient de la chambre et des nouvelles qu'il recevait de l'armée. Entouré de ses ministres, de ses conseillers intimes, de ses frères, de la foule à distance qui entourait l'Élysée, et dont le sourd murmure arrivait jusque dans l'intérieur des salons, il ne cessait d'aller de son cabinet au jardin, du jardin dans son cabinet, tantôt seul, tantôt avec un des confidents dont il écoutait tour à tour les inspirations. A chaque retour de ses pas perdus dans les allées de l'Élysée, à chaque dépêche qu'il décachetait, à chaque interlocuteur nouveau qui arrivait de l'Assemblée et du camp, on s'attendait, autour de lui, à lui voir déclarer une résolution définitive. Il en déclarait mille contradictoires. Il lassait mille fois plus ainsi la fortune, ses conseillers, ses frères et lui-même par ses irrésolutions, qu'il ne les aurait lassés par une volonté une et énergique. « Vous le voyez, disait-il à ses ministres, rien n'est perdu, des troupes encore nombreuses me restent. » Il ordonnait à Davoust d'aller faire un rapport rassurant sur l'état de l'armée à la chambre, convaincu que ce tableau de sa force imposerait à l'Assemblée. « On ne m'a pas même écouté, » lui disait tristement Davoust en rentrant à l'Élysée.

Enfin on lui annonce que la chambre ne lui donne plus qu'une heure. A cet outrage, lui qui a déjà tant de fois abdiqué en délibération et en paroles devant son conseil, s'indigne contre la sommation plus que contre la déchéance. « Eh quoi ! s'écria-t-il, de la violence !... Eh bien, puisqu'il en est ainsi, je n'abdiquerai pas !... » A ces mots ses ministres, et Fouché surtout, tremblent que l'orgueil humilié ne lui rende l'énergie du désespoir. Ils se regardent. « Non, répéta-t-il, je n'abdique pas !... La chambre n'est qu'un ramas de Jacobins, d'ambitieux que j'aurais dû dénoncer à la nation et chasser !... Mais le temps que j'ai perdu peut se réparer. »

Ses conseillers se troublent. Regnault de Saint-Jean d'Angély, un des hommes qui laissent parler le plus le cœur dans les affaires, et dont l'attachement est le moins suspect à son maître, le conjure pathétiquement de faire trêve à des illusions mortelles, de ne pas entrer en lutte avec une assemblée qui montrera en lui l'unique obstacle à une paix devenue la nécessité et la passion de la nation.

» Ne vous êtes-vous pas sacrifié une fois au salut commun en 1814? lui dit-il, sacrifiez-vous encore! C'est le seul reproche digne de vous à vos revers et à votre pays! — Est-ce que j'ai jamais refusé d'abdiquer! réplique en murmurant l'empereur, mais je veux qu'on me laisse y songer en paix. Quand j'aurai abdiqué cependant, reprit-il, comme s'il se repentait déjà de cette concession forcée arrachée à son émotion, vous n'aurez plus d'armée, et dans huit jours l'ennemi sera à Paris! » Son regard et son accent, en parlant ainsi, semblaient interroger les ministres et les généraux présents à cette lutte si obstinée, si prolongée et si indécise dans son âme. Les regards et les attitudes ne lui répondaient que par l'incrédulité et par l'abattement. Il reprenait ses promenades solitaires dans les allées les plus sombres de l'Élysée.

IV

Mais les cris de : « Napoléon hors la loi ! » répondaient déjà dans l'Assemblée aux derniers cris de : « Vive l'empereur ! » qui se fatiguaient sous les fenêtres de son palais à provoquer une énergie consumée en paroles. Lanjuinais lui envoya le commandant de la garde du palais législatif pour le supplier de hâter son message, s'il ne voulait pas que la chambre prononçât sa déposition et le décrétât d'accusation. Déjà les mesures étaient prises pour arrêter Napoléon, au milieu du faible groupe qui l'entourait, par les hommes résolus de la chambre, et les exécuteurs de cet ordre se tenaient prêts au premier signe dans les antichambres de l'Élysée. Une obstination aussi prolongée pouvait ensanglanter la scène. L'heure prenait le caractère sinistre des dépositions d'empereur à Rome. Entre un homme et un pays, le glaive pouvait trancher le nœud.

Napoléon passa dans un cabinet écarté, à l'extrémité de l'aile gauche du palais, et, assisté de Lucien son frère, il dicta lentement, et en pesant tous les termes, sa dernière abdication.

« Français ! disait l'empereur, en commençant la guerre pour soutenir l'indépendance nationale, je comptais sur la réunion de tous les efforts, de toutes les volontés, et sur le concours de toutes les autorités nationales. J'étais fondé à en espérer le succès, et j'avais bravé toutes les déclarations des puissances contre moi. Les circonstances me paraissent changées. Je m'offre en sacrifice à la haine des ennemis de la France; puissent-ils être sincères dans leurs déclarations, et n'en avoir voulu réellement qu'à ma personne !

» Ma vie politique est terminée ! et je proclame mon fils, sous le titre de Napoléon II, empereur des Français.

» Les ministres actuels formeront provisoirement le conseil de gouvernement. L'intérêt que je porte à mon fils m'engage à inviter les chambres à organiser sans délai la régence par une loi.

» Unissez-vous tous pour le salut public et pour rester une nation indépendante.

» NAPOLÉON.

» Palais de l'Élysée, 22 juin 1815. »

Son secrétaire, Fleury de Chaboulon, qui était allé chercher à l'île d'Elbe cette seconde fatalité d'une déchéance, reçut de la main de Napoléon le manuscrit de Lucien pour en faire plusieurs copies. Les copies que ce secrétaire remit, un instant après, à l'empereur portaient la trace de quelques gouttes de larmes. Napoléon les aperçut. Jetant au jeune homme, naguère confident de ses espérances, aujourd'hui de son humiliation, un regard plein de reproche à sa destinée : « Ils l'ont voulu ! » dit-il ; rejetant ainsi, par une dernière consolation de l'orgueil, la témérité du retour et les conséquences de Waterloo sur un peuple qui n'avait provoqué ni son ambition ni son désastre.

V

Maret, en lisant l'acte d'abdication, parut craindre que les puissances ne fussent pas satisfaites des termes dans lesquels l'empereur déclarait qu'il descendait du trône. « Que voulez-vous dire? répondit Napoléon. — Que les alliés, répliqua Maret, exigeront peut-être la renonciation de vos frères à la couronne. — Ah! Maret, s'écria l'empereur, jaloux jusqu'au dernier moment des éventualités de sa dynastie, voulez-vous donc nous déshonorer tous? » Napoléon, au moment où tout lui échappait, croyait encore avoir fondé un empire pour les collatéraux de l'humble maison de son père. Le génie ne préserve pas les grands hommes eux-mêmes des illusions et des petitesses de la médiocrité. Un enfant n'aurait pas espéré dans une pareille heure ce que Napoléon affectait d'attendre du destin.

Il rentra, son abdication à la main, dans le grand cabinet du conseil et remit les deux copies à ses ministres. Fouché tenait enfin le fruit si longtemps disputé à son impatience. Il affecta la compassion, reçut l'acte en s'inclinant des mains de l'empereur, et le porta, suivi de Carnot, de Caulaincourt et des autres ministres, à l'Assemblée. Carnot et Caulaincourt, tout en reconnaissant la nécessité de cette capitulation suprême de l'empereur, restaient fidèles et attendris. Cette capitulation affranchissait leurs actes, non leurs cœurs. Ils portaient dans leur attitude et sur leur physionomie le deuil, l'un de l'indépendance de la France, l'autre du détrônement de son ami.

VI

Mais ces sentiments personnels de deuil et d'attendrissement pour l'homme ne pénétraient pas dans l'Assemblée; ou du moins ils y étaient étouffés sous la crainte d'une dernière tentative de Napoléon pour ressaisir l'empire, sous ces ruines et sous la colère de la patrie trompée par ses promesses et par ses revers. Pendant que Napoléon discutait les termes et les formes de son abdication, les cris de déchéance se multipliaient dans la salle. Un de ces hommes que la mobilité et la sensibilité banale de leur âme jettent partout où il y a un mouvement du sort, un drame et des larmes, M. de Laborde, qui avait pleuré de bonne foi en serrant les mains de Louis XVIII à son départ des Tuileries, accourut de l'Assemblée à l'Élysée pour avertir, avec la même émotion, l'empereur que l'heure pressait, et qu'il fallait prévenir le vote de l'Assemblée, s'il ne voulait pas que ce vote fût un outrage. Laborde s'était croisé avec les ministres sans les reconnaître.

« Ils sont donc bien pressés ! s'écria avec humeur Napoléon ; dites-leur de s'apaiser, il y a un quart d'heure que je leur ai envoyé mon abdication. »

Fouché était déjà monté à la tribune, l'acte d'abdication à la main. La vue de cette feuille de papier qui contenait l'obéissance de l'empereur à la chambre et à la destinée calma tout. Il fut aisé à Fouché de se prévaloir lui-même de la compassion qu'un grand peuple doit à un grand homme et à un grand sacrifice. L'acte fut écouté en silence. Il y a des mots qui détendent en un moment les colères des hommes rassemblés. Mais il y a des hommes qui se jettent à propos, et avec une froide prévoyance des retours possibles, dans les événements, pour les achever et les constater par des actes irrévocables, légistes de la fortune qui changent en lois les décrets du sort. Tel fut ce jour-là M. Dupin.

Il s'élança à la tribune, une délibération tout écrite à la main, et proposa, de peur que l'auteur de l'abdication ne pût un jour la retirer, comme il avait fait de celle de Fontainebleau, d'accepter cette abdication par un vote authentique de la chambre, afin que deux parties, la nation et l'empereur, intervenant au contrat, l'une ne pût le retirer sans la participation de l'autre. M. Dupin, jeune et formaliste, ignorait encore que ce n'est pas la forme, mais la victoire ou le revers qui confirme ou qui révoque ces abdications d'empire. Il demanda la création d'une commission chargée de préparer une constitution nouvelle et de la faire jurer par le *prince* choisi par le peuple. Ce mot, qui indiquait aux derniers partisans de l'empire la pensée d'une autre dynastie, souleva des murmures auxquels les ennemis de l'empire ne tenaient pas en ce moment à répondre. Les circonstances parlaient et agissaient assez vite pour eux.

Un autre représentant, Mourgens, demanda que le trône fût déclaré vacant et que l'Assemblée se déclarât constituante. Nouveaux murmures dans les rangs des adhérents de la dynastie de l'empereur. L'un d'eux veut qu'on lise l'article de l'acte du champ de mai qui proscrit à jamais les Bourbons du trône, afin de faire rougir la nation d'un si prompt désaveu d'elle-même. Lanjuinais s'y oppose sous prétexte que cet acte est assez connu.

Regnault de Saint-Jean d'Angély, retrouvant une ancienne éloquence souvent profanée par le servilisme de l'adulation, attendrit une dernière fois la tribune par le contraste entre la grandeur et l'abaissement de la fortune de son maître. Il évita habilement par des concessions oratoires les propositions de M. Dupin et de M. Mourgens, en admettant seulement la moitié de leurs décrets. La chambre, satisfaite de ce qu'elle avait conquis en une heure, vota, sur la demande de Regnault de Saint-Jean d'Angély, une adresse de respectueuse reconnaissance à l'empereur, portée à l'instant à l'Élysée par son président et ses secrétaires. Elle vota en outre la nomination d'une commission de cinq membres, choisis dans les deux chambres, pour exercer provisoirement le gouvernement et confirmer les ministres de Napoléon dans leurs fonctions. Les membres de la commission du gouvernement furent Carnot, Fouché et le général Grenier dans la chambre des députés ; dans la chambre des pairs, Quinette et Caulaincourt.

VII

Cependant l'empereur, laissé à sa solitude dans l'Élysée, à mesure que le pouvoir qui l'abandonnait passait aux chambres, aux commissions, à ses propres ministres, attendait, dans une résignation qui n'était pas sans retours et sans espérances, les actes de la représentation nationale envers lui. Averti de quart d'heure en quart d'heure par Lucien, Regnault et ses affidés, des émotions alternatives de l'Assemblée, il en recevait les contre-coups dans le fond de ses appartements et de ses jardins. Il ne cessait de s'y promener comme sur l'espace étroit d'où il observait les progrès et les revers de ses batailles, avec l'agitation inquiète d'un homme qui trompe la fièvre de l'âme par le mouvement du corps.

La nuit tombait, rien ne lui indiquait encore s'il la passerait libre et actif dans un palais ou dans la prison d'un souverain détrôné. Toutes ses pensées et toutes les pensées de ses frères se concentraient maintenant sur la déposition ou sur le maintien de son fils et de sa dynastie sur le trône. Il ne luttait plus que pour l'ambition de sa famille ou pour l'empire à sa postérité. Détrôné lui-même, il se croyait vainqueur encore, s'il empêchait la France de détrôner du moins son nom.

On lui annonça enfin la députation de la chambre des représentants. Elle était en grande partie composée de ses ennemis. Bien qu'elle déguisât le détrônement sous le respect, l'acte de lui apporter les remercîments de la France pour une abdication libératrice ressemblait plus à une dérision qu'à un hommage. Nul n'ignorait que cette abdication, contestée par lui et arrachée par les menaces de l'opinion, avait été conquise plus qu'obtenue, qu'elle était un sacrifice à la force plus qu'un sacrifice à la patrie. Lui-même, il le savait mieux que personne.

Maître néanmoins de sa physionomie et de son attitude, il prit avec grandeur le rôle que la nécessité lui donnait, et que le respect déguisé de la chambre lui permettait de prendre. Devant Lanjuinais, devant La Fayette, devant Fouché, laisser lire le ressentiment ou l'humiliation, c'était tomber deux fois. Il revêtit l'apparence de la résignation la plus volontaire et du patriotisme le plus désintéressé. Il se dépouilla de toute pompe, comme Dioclétien à Salone, et parla en homme que les événements ne touchent plus que par l'intérêt qu'il porte, du haut de sa gloire et du lointain de son exil, à son pays.

VIII

Seul, debout dans un salon mal éclairé, le visage impassible, quand Lanjuinais, suivi de ses collègues, eut été introduit et lui eut donné lecture de la déclaration honorifique et respectueuse de la chambre, il répondit avec la gravité d'accent et la lenteur méditative d'un homme qui cherche sans solennité ses expressions dans son cœur : « Je vous remercie à mon tour, dit-il à Lanjuinais, de vos sentiments ; je désire que mon abdication puisse faire le bonheur de la France; mais je ne l'espère point, reprit-il avec une sévère incrédulité d'accent, je laisse l'État sans direction politique... Le temps perdu à me renverser, ajouta-t-il d'une voix de reproche et en regardant les républicains de la députation, aurait pu être employé à mettre la France en état d'écraser l'ennemi... Je recommande à la chambre de renforcer promptement les armées... » Triste décision d'un général qui venait de perdre les dernières armées de la France, et qui n'avait pu, en trois mois de dictature absolue, lever pour sa cause que quinze mille volontaires pour renforcer ses vieilles bandes. — « Qui veut la paix doit se préparer à la guerre. Ne mettez pas cette grande nation à la merci des étrangers ! » — Et l'ennemi était sur les pas de celui qui parlait ainsi, aux portes de Paris. — « Craignez d'être déçus dans vos desseins, c'est là qu'est le danger ! » Comme si le danger dans une pareille conjoncture n'eût plus été dans l'invasion du sol découvert par lui à un million d'étrangers, mais dans une question de trône. — « Dans quelque position que je me trouve, je serai toujours heureux si la France est heureuse... Je recommande mon fils à la France... J'espère qu'elle n'oubliera pas que je n'ai abdiqué que pour lui ! » — Mot paternel, mais personnel, qui démentait maladroitement tous les autres désintéressements du langage. — « Je l'ai fait aussi, répéta-t-il cependant, ce grand sacrifice, pour le bien de la nation. » — Puis, se reprenant de nouveau pour mieux inculquer sa pensée vraie dans l'esprit de la France : « Ce n'est qu'avec ma dynastie que la France peut espérer d'être libre, heureuse et indépendante ! »

Le chef et le héros de cette dynastie parlait ainsi en remettant la France envahie, ravagée et asservie par les représailles de l'Europe, à une chambre de représentants qui n'avait d'option qu'entre la ruine du pays ou une capitulation avec la victoire. Napoléon ne songeait évidemment, dans un pareil moment, à tromper personne parmi ses ennemis ou parmi les patriotes impériaux qui l'écoutaient ; mais il songeait à la postérité que les séides de son despotisme devaient travailler trente ans à corrompre avec les textes qu'il leur préparait. Il avait le pressentiment de la puissance du sophisme sur les peuples. Il montra le génie de la divination des aberrations des partis. Il fut grand par son intelligence de notre petitesse, sublime par son mépris pour l'humanité.

Rien des inconséquences de ce discours n'échappa aux membres de la députation, ennemie respectueuse de Napoléon, qui l'entendirent. Aucun ne le releva. La convenance et l'infortune le défendaient. Ils baissèrent les yeux pour qu'il ne pût y lire ni un consentement, ni une réfutation de ces dernières plaintes que la victoire laisse aux vaincus. Ils se retirèrent en silence pour reporter ces paroles confuses et mieux rédigées à l'Assemblée. Elle se suspendit pendant la nuit pour laisser agir les heures et la commission dugouvernement.

IX

Mais la chambre des pairs, composée en plus grande masse des familiers de Napoléon, ne s'était pas suspendue. Une séance de nuit y disputait encore la couronne et l'empire à la nécessité. C'était là que les frères de l'empereur, Lucien, Joseph, Jérôme, son oncle le cardinal Fesch, ses anciens ministres, ses hauts dignitaires, ses conseillers d'État, ses ambassadeurs, ses généraux, ses courtisans, enrichis de dix ans de largesses et grandis de titres et de dotations, représentaient avant tout le parti désespéré de sa fortune. L'empereur comptait encore, non sur leur reconnaissance, — il avait trop vicié le cœur humain pour fonder des espérances sur des vertus, — mais sur des intérêts liés aux siens. Le détrônement de sa dynastie, c'était pour tous une déchéance personnelle. Ils avaient jeté leur sort dans le sien. La ratification de la chambre des pairs était constitutionnellement nécessaire à l'acte de la chambre des députés qui venait d'instituer un gouvernement national, au lieu d'un régime impérial, vœu secret de l'empereur et de sa famille. Cette famille venait protester et lutter.

X

Lucien, le plus intrépide, le plus éloquent et le moins impopulaire de tous les membres de cette cour, monta, à dix heures du soir, à la tribune. Il tenta de surprendre, par un vote d'acclamation et d'enthousiasme, ces hommes déjà énervés par le sentiment de l'affaissement du sol qui ne les portait plus, et dont le plus grand nombre ne pensait déjà qu'à se faire pardonner le 20 mars par la monarchie quelconque que la défaite de Waterloo leur imposerait. « Il s'agit, s'écria brusquement Lucien, à la manière des orateurs antiques, où des tribuns de la Convention et des clubs, parlant à un peuple qu'on enlève aisément de la voix et du geste, il s'agit de savoir ici si la France est une nation indépendante et libre ! L'empereur a abdiqué : « Vive » l'empereur ! » c'est le cri de la France et de la monarchie : tout interrègne est une anarchie. C'est la loi de l'État ! Que la chambre des pairs, qui a juré fidélité à cette loi et à l'empereur, qui a renouvelé naguère son serment au champ de mai, déclare d'un mouvement spontané et unanime devant les Français et devant les étrangers qu'elle reconnaît Napoléon II pour empereur. J'en donne le premier l'exemple ! Je jure fidélité à l'empereur Napoléon II. »

Lucien avait cru parler à un peuple, il parlait à des courtisans. Son acclamation resta froide, isolée et sans écho sur ses lèvres. Sa scène préméditée de l'antiquité ou de la Révolution échoua dans un siècle blasé de drame et expérimenté de quinze ans de servitude. Des rires et des murmures éclatèrent et grondèrent contre son improvisation.

Un homme grave, sensible, respectueux envers le malheur, mais inflexible aux entraînements qui pouvaient perdre sa patrie, M. de Pontécoulant, rompu depuis 1789 aux révolutions et aux assemblées, succéda à Lucien, et jeta le calme patriotique de sa parole mesurée sur la provocation intempestive de Lucien. « Ce que je n'aurais pas dit dans la prospérité de l'empereur, s'écria Pontécoulant, je le dis aujourd'hui que l'adversité l'a frappé. J'ai reçu de lui des bienfaits, des honneurs, je lui dois tout, je lui suis resté fidèle jusqu'à l'heure où il m'a délié de mes serments. Mais on nous propose un acte inusité, une témérité sans délibération ! Qui êtes-vous, vous qui venez de parler ici ? Ce prince étranger est-il Français ? Il l'est peut-être par les talents et par les services qu'à une autre époque il a rendus à la liberté. Je veux bien, moi, le reconnaître pour Français. Mais la constitution le reconnaît-elle ? Non, elle ne voit en lui qu'un prince romain, et Rome ne fait plus partie du territoire depuis 1814. Que veut-il ? Qu'on proclame Napoléon II. Qui est Napoléon II ? Un enfant, un souverain captif à Vienne. Et c'est là le souverain que nous reconnaîtrions pour maître de la France ? Les sénatus-consultes déclarent un prince captif dénationalisé. Il faudrait lui substituer une régence ; laquelle ? C'est ce que vous proclamerez ! »

« Continuer l'empire sans l'empereur le lendemain de Waterloo, dit Boissy d'Anglas, ce serait une démence ! En descendant du trône, l'empereur entraîne l'empire avec lui ! »

Le consentement général à ces paroles de Boissy d'Anglas et de Pontécoulant porta le désespoir dans l'âme du jeune soldat dont la complicité à Grenoble avait entraîné, par l'exemple, la défection de l'armée, la ruine de la patrie. Il ne lui restait pour cause que la cause de Napoléon. Sa chute entraînait sa renommée, son ambition, sa vie peut-être. Il s'agitait sur son banc, retenu en vain par les conseils de ses voisins plus désintéressés et plus froids que sa jeunesse. Il s'élança enfin à la tribune.

C'était Labédoyère. Le vertige de ses remords était lisible sur ses beaux traits. Les hommes sages de l'Assemblée déploraient sa présence à une tribune où ce jeune homme n'avait à choisir qu'entre l'aveu humiliant d'une défection militaire et l'obstination insensée dans la perte de son pays. Il avait déjà parlé le matin en faveur de Napoléon II, refuge des bonapartistes vaincus.

XI

« L'abdication de Napoléon, dit-il avec l'accent de l'indignation injurieuse contre ses collègues, est nulle, je le déclare, si vous ne proclamez pas Napoléon II. » Des murmures d'incrédulité lui répondirent. « Eh! qui donc s'y oppose? reprit-il avec une attitude plus menaçante; des adorateurs de tous les pouvoirs qui savent se détacher d'un monarque avec autant d'habileté qu'ils en montraient à le flatter! » Il oubliait que lui-même s'était détaché des Bourbons, protecteurs de sa famille, après en avoir reçu faveur et grade. « Oui, je les ai vus, ces hommes, poursuivit-il au milieu des marques de dédain et d'inattention de ses collègues qu'il voulait rappeler au silence par l'injure; je les ai vus ramper autour du trône aux pieds du souverain heureux! Ils s'en éloignent quand il est tombé dans le malheur! Ils repoussent Napoléon II parce qu'ils sont pressés de recevoir la loi des étrangers, à qui ils donnent déjà les noms d'alliés et d'amis! » La chambre, soulevée à ces re-reproches, éclata d'indignation. « Eh bien! je le déclare, poursuivit en s'animant davantage par la résistance le jeune général, si Napoléon II n'est pas proclamé, l'empereur doit tirer l'épée! Il se verra à la tête de cent mille hommes! Tous les cœurs généreux viendront à lui. Il sera entouré de ces braves guerriers couverts de blessures et qui lui gardent encore la dernière goutte de leur sang! » Puis, se tournant vers quelques généraux et maréchaux plus impassibles que lui et que sa pensée semblait désigner à la pensée publique :

« Malheur, s'écria-t-il, à ces généraux vils qui l'ont déjà abandonné et qui peut-être méditent en ce moment de nouvelles trahisons! » Le scandale de cette accusation de trahison dans la bouche d'un homme qui avait trahi lui-même ses devoirs gronda dans l'Assemblée. « La nation, continua Labédoyère, serait indigne de l'empereur, si elle l'abandonnait une seconde fois dans ses revers! » A ces mots, on proteste de toutes parts contre ce prétendu abandon trop démenti par le sang de trente mille Français versé pour lui à Waterloo et coulant encore sous les remparts de Paris pour sa cause. « Quoi! ne l'avons-nous pas déjà abandonné une fois? répond le jeune homme étonné de ce démenti; ne sommes-nous pas près de l'abandonner encore? Quoi! il y a quelques jours à peine que, en face de l'Europe, vous juriez de le défendre! Où sont ces serments? cette ivresse? ces milliers d'électeurs organes des volontés du peuple? Napoléon les retrouvera si, comme je le demande, on déclare que tout Français qui désertera son drapeau sera jugé selon la rigueur des lois! que son nom sera déclaré infâme! sa maison rasée! sa famille proscrite!... Alors plus de traîtres! plus de ces manœuvres qui ont occasionné les dernières catastrophes et dont peut-être quelques auteurs siégent ici!... » Labédoyère faisait allusion de la pensée et du regard au maréchal Ney lui-même, qui, dans la séance du matin, avait consterné l'Assemblée et réfuté Labédoyère en avouant les désastres de Waterloo, comme si l'aveu des extrémités de la patrie eût été la réparation de sa défection à Lons-le-Saulnier et le préliminaire de sa réconciliation avec les Bourbons dont il avait montré le retour comme inévitable. Mais ces colères et ce délire de Labédoyère, invoquant les supplices sur les têtes des traîtres supposés, comme pour détourner la foudre de sa propre tête, faisaient bondir les uns de colère, les autres d'impatience, tous d'indignation.

Des cris unanimes invoquent contre lui la sévérité du président et la réparation de ses outrages. « Non, je n'écoute rien ! » répondit-il à ces cris. Valence, vieilli dans les camps, se lève pour lui donner un conseil paternel ; il refuse de l'entendre. Masséna, couvert de ses cheveux blancs, de ses victoires et de sa fidélité à la France, lui crie : « Jeune homme, vous vous oubliez vous-même ! — Il se croit encore au corps de garde, » dit avec dédain le vieux Lameth, qui retrouve dans ces apostrophes les fureurs impuissantes de la Convention autrefois bravées par lui.

Labédoyère, dont la voix est étouffée par les soulèvements de la chambre, promène lentement son regard sur tous les membres de l'Assemblée. « Il est donc écrit, dit-il en recueillant toutes les forces de sa voix, qu'on n'entendra jamais ici que des voix basses ! » A cette injure collective l'Assemblée n'a qu'une âme, qu'une attitude, qu'un geste pour la repousser et pour la renvoyer en mépris à l'orateur. « Oui, répète-t-il avec une attitude de dédain et d'insolence qui aggrave son apostrophe, oui, depuis dix ans cette chambre n'a entendu que des voix avilies. ! »

Le tumulte interrompit de lui-même par son excès la délibération.

XII

Le comte de Ségur demande en termes plus polis et plus modérés que le gouvernement prenne le titre de régence. La nation semblait à ces hommes avoir tellement oublié ses propres titres qu'elle ne pourrait se gouverner que sous le nom d'un maître même absent ! Maret appuie Ségur dans l'intérêt de la dynastie qui les entraîne en s'écroulant. Lameth s'oppose à cette obstination de l'assujettissement de la patrie à une famille qui condamnait la patrie à s'ensevelir avec une dynastie. Le roi Joseph, à qui on a fait entrevoir le titre de régent, insiste en vain. Flahaut et Maret s'acharnent à cette hérédité qui sauve au moins le débris de la famille.

L'Assemblée ne décide rien que la nomination de deux membres pris dans son sein pour compléter le gouvernement provisoire.

La députation de la chambre des pairs, conduite par un des orateurs qui avaient le plus adulé l'empereur heureux, Lacépède, se présenta, au milieu de la nuit, aux portes de l'Élysée, pour annoncer à Napoléon que ses partisans mêmes l'abandonnaient, et que sa famille seule ou sa domesticité avait soutenu le principe de sa dynastie. La députation de la chambre des députés sortait à peine de ses appartements qu'elle se rencontra sur le seuil avec celle de la pairie. Ce fut le dernier coup aux espérances obstinées de Napoléon. Il avait foi dans l'éloquence de Lucien, dans le nombre de ses parents, de ses serviteurs, de ses courtisans qui remplissaient la chambre des pairs. Il croyait trouver là du moins un point d'appui légal contre la mobilité et l'indépendance de la chambre des représentants. Détrompé aux premiers mots de Lacépède, il déguisa mal sa colère. « Je n'ai abdiqué que pour mon fils, dit-il d'un ton menaçant en répétant les termes de son aide de camp Labédoyère ; si les chambres ne le proclamaient pas, mon abdication serait nulle!... Je resterais dans tous mes droits!... »

Ces droits d'un seul homme contestant face à face la disposition de soi-même à une nation étaient ceux qu'il avait pris par la main armée de quelques soldats le 18 brumaire, et repris le 20 mars par l'embauchement de l'armée. Mais la chambre des pairs, sortant elle-même de ces deux sources, ne pouvait lui opposer des droits plus saints; elle l'écoutait en silence. « D'après la marche que l'on prend, ajouta-t-il, on ramènera les Bourbons!... Vous verserez bientôt des larmes de sang!... On se flatte d'obtenir le duc d'Orléans, mais les Anglais ne le veulent pas. D'Orléans lui-même voudrait-il monter sur le trône avant que la branche régnante eût abdiqué?... Ce serait un usurpateur. »

Il discutait déjà avec la sourde et muette nécessité. Celui qui avait si souvent attesté le destin comme le droit suprême le subissait en murmurant à son tour. Le destin, c'était Waterloo, et le contre-coup inévitable d'une défaite sur un empire qui n'avait pour base, depuis le 20 mars, qu'une victoire de l'armée sur le peuple, vengée malheureusement pour la patrie par une défaite de l'armée par l'étranger. Le principe s'écroulait sous les conséquences. L'épée avait tout fait; l'épée brisée, tout s'écroulait: empire, homme, nation.

FIN DU TOME TROISIÈME DE L'HISTOIRE DE LA RESTAURATION

TABLE DES SOMMAIRES

LIVRE VINGTIÈME.

Situation d'esprit de la France après le 20 mars. — Double conduite de Napoléon. — Physionomie du congrès de Vienne. — Remaniement de l'Europe par le congrès. — Politique de M. de Talleyrand. — On apprend à Vienne le départ de Napoléon de l'île d'Elbe, sa marche à travers la France et la fuite de Louis XVIII. — Indignation des souverains contre les Bourbons et la France. — Lutte de M. de Talleyrand contre les alliés. — Conférence du congrès du 13 mars. — Discours de M. de Talleyrand. — Déclaration du 13 mars. — Traité du 25. — Convention de guerre du 31 3

LIVRE VINGT ET UNIÈME.

Réserves de lord Castlereagh dans la convention de guerre. — Ouverture de Napoléon à l'ambassadeur d'Autriche. — Tentative de la reine

Hortense près d'Alexandre. — Lettre de Napoléon aux souverains. — Rapport de Caulaincourt à Napoléon. — Réponse du Conseil d'État à la déclaration des alliés. — Mission de M. de Montrond près de M. de Talleyrand, et du baron de Stassaert près de l'impératrice. — Intrigues de Fouché avec les alliés. — Défiance de l'empereur. — Entrevue de M. Fleury de Chaboulon et de M. de Werner à Bâle. — Soupçons de Napoléon contre Davoust. — Soulèvement de Murat en Italie. — Retour sur sa vie. — Sa famille, son enfance. — Ses commencements à l'armée. — Son mariage. — Ses succès en Italie. — Sa conduite dans l'affaire du duc d'Enghien. — Son expédition en Espagne. — Il devient roi de Naples. — Son caractère et sa vie...................... 43

LIVRE VINGT-DEUXIÈME.

Abandon de Napoléon par la France à la nouvelle des traités de Vienne. — Situation de la cour de Louis XVIII à Gand. — Arrivée du comte d'Artois et du duc de Berri. — Conduite équivoque du duc d'Orléans. — Louis XVIII forme son conseil de gouvernement. — Les favoris de Louis XVIII et du comte d'Artois. — M. de Blacas, M. de Bruges. — M. de La Maisonfort. — Conseils de Barras, de Fouché, de M. de Blacas et de M. de Talleyrand. — Hésitations de Louis XVIII. — Mécontentement de la cour contre M. de Blacas. — Arrivée de M. de Chateaubriand et de M. Guizot à Gand. — Situation de Marmont à la cour. — Conseil privé du comte d'Artois. — M. de Maubreuil. — Nouvelles indécisions de Louis XVIII. — Physionomie de la cour de Gand. — Rapport de M. de Chateaubriand au roi. — Intrigues de Fouché en Vendée. — Sa lettre à Fauche-Borel. — Insurrection de la Vendée. — Débarquement de Louis de La Rochejaquelein. — Sa proclamation. — Il marche sur Maulevrier et rencontre les troupes impériales. — Le général Travot surprend et bat les Vendéens à Aizenay. — Entrée de La Rochejaquelein à Chollet. — Négociations de Suzannet avec Fouché. — La Rochejaquelein reçoit des munitions de la flotte anglaise. — Opposition de La Rochejaquelein à la négociation. — Ses dernières luttes. — Victoire du général Estève. — Mort de La Rochejaquelein. — Combat de la Roche-Servière. — Mort de Suzannet. — Pacification de la Vendée.. 111

TABLE DES SOMMAIRES.

LIVRE VINGT-TROISIÈME.

Situation de Napoléon. — Travaux de Napoléon et de Benjamin Constant. — Acte additionnel. — Décret de convocation des chambres. — Les fédérations. — Adresse des fédérés à Napoléon. — Réponse de l'empereur. — Ratification de l'acte additionnel par le peuple. — Le champ de mai. — Adresse des électeurs à Napoléon. — Discours de l'empereur.. 161

LIVRE VINGT-QUATRIÈME.

Réunion des chambres. — Lanjuinais, président de la chambre des représentants. — Mécontentement de l'empereur. — Motion de M. Dupin sur le refus de serment. — Ouverture des deux chambres. — Entrevue de Napoléon et de La Fayette. — Discours de l'empereur aux chambres. — Adresses des chambres. — Réponses de l'empereur. — Rupture de Napoléon et de Fouché. — L'empereur forme son conseil de gouvernement. — Forces respectives de l'empereur et des alliés. — Plan de campagne de Napoléon. — Son départ de Paris. — Rôle et caractère de Fouché. — Arrivée de Napoléon à Avesnes.................. 190

LIVRE VINGT-CINQUIÈME.

14 juin. — Ordre du jour de l'empereur à son armée. — Ses dispositions. — Position des armées anglaise et prussienne. — Plan de Napoléon. — 15 juin. — L'armée passe la frontière. — Marche du général Gérard sur Charleroi. — Défection de Bourmont. — Passage de la Sambre. — Entrée de Napoléon à Charleroi. — Arrivée de Ney. — Combat contre les Prussiens. — Nouvelles dispositions de l'armée française. — 16 juin. — Ordres à Ney. — Napoléon rencontre Blücher au delà de Fleurus.

— Nouveaux ordres. — Bataille de Ligny. — Inaction de Wellington à Bruxelles jusqu'au 15. — Combat des Quatre-Bras. — Double mouvement de Drouet d'Erlon. — Défiances de l'armée française. — Ordre de Napoléon à Ney. — 17 juin. — Marche de l'empereur contre les Anglais. — Nouveaux ordres. — Grouchy poursuit les Prussiens et s'arrête à Gembloux. — Napoléon aux Quatre-Bras. — Rencontre de l'empereur et de Ney. — Champ de bataille de Waterloo. — Napoléon s'arrête à Planchenoit. — Ses dispositions. — Premier ordre à Grouchy. — 18 juin. — Marche de l'armée française contre les Anglais. — Enthousiasme de l'armée à la vue de Napoléon. — Situation respective des armées française et anglaise. — Deuxième ordre à Grouchy. — Attaque contre l'armée anglaise. — Assaut et combat d'Hougoumont. — Attaque de Ney contre le centre des Anglais au mont Saint-Jean. — Prise de la Haie Sainte. — Apparition de l'armée de Bulow sur la droite de Napoléon. — Troisième ordre à Grouchy. — Prise d'une partie du mont Saint-Jean. — Panique de l'armée anglaise. — Résistance de Wellington. — Charge de la cavalerie anglaise sur l'artillerie de Ney. — Charge des cuirassiers de Milhaud sur le plateau du Mont-Saint-Jean. — Espérance de victoire. — Fuite des paysans et des blessés vers Bruxelles. — Panique de Bruxelles. — Situation de la bataille. — Inaction du maréchal Grouchy. — Sa marche sur Wavres. — Arrivée de Bulow à Saint-Lambert. — Combat de Planchenoit. — Charge de la cavalerie française contre les Anglais. — Assaut de la garde. — Arrivée de Blücher. — Abattement de Napoléon. — Déroute de l'armée française. — Conclusion.................................. 218

LIVRE VINGT-SIXIÈME.

Halte de Napoléon à Philippeville. — Dépêches au conseil des ministres. — Lettre à son frère Joseph. — Il quitte Philippeville et s'arrête à Rocroy. — Délibération de l'état-major de l'empereur à Rocroy. — Arrivée de Napoléon à Laon. — Bulletin de la bataille de Waterloo. — Disposition des esprits à Paris. — Impression de Paris à la nouvelle de la défaite. — Arrivée de Napoléon à Paris. — 20 juin, Napoléon à l'Élysée. — Entrevue de Napoléon avec Caulaincourt et avec ses frères. — Conseil des ministres. — 21 juin. — Intrigues de Fouché. — Attitude de La Fayette. — Son discours à la chambre des représentants.

— Adoption de ses propositions par la chambre. — Résistance de l'empereur. — La chambre nomme une commission chargée de la protéger. — Proposition de Sébastiani. — Appréhensions de la chambre. — Concours du peuple autour de l'Élysée. — Napoléon et Lucien. — Irrésolution de l'empereur. — Message de l'empereur aux chambres. — Séances des deux chambres. — Conseils de Lucien à Napoléon. — Abattement de Napoléon. — Intervention de Benjamin Constant entre les chambres et Napoléon. — Son entrevue avec l'empereur à l'Élysée.. 333

LIVRE VINGT-SEPTIÈME.

21 juin. — Réunion de la commission de la chambre des représentants et des ministres. — Déclaration de la commission. — 22 juin. — Séance de la chambre des représentants. — Abdication de l'empereur. — Propositions de M. Dupin et de M. de Mourgens. — Adresse de la chambre des représentants à l'empereur. — Réponse de l'empereur. — Séance de la chambre des pairs. — Son adresse à l'empereur. — Réponse de l'empereur 385

FIN DU DIX-NEUVIÈME VOLUME.